edition suhrkamp 2414

Im Amerikanischen bezeichnet der Terminus *hate speech* jede verletzende Rede wie Beleidigung, Drohung, Schimpfnamen. Unter Rückgriff auf die Sprechakttheorie von J. L. Austin diskutiert Judith Butler einerseits die gegenwärtige Debatte der *hate speech*, um andererseits zu einer allgemeinen Theorie der Performität des politischen Denkens zu gelangen. Es gelingt ihr zu zeigen, daß das Sprechen zwar durch den gesellschaftlichen Kontext definiert wird, aber dennoch durch die Fähigkeit ausgezeichnet ist, mit diesem Kontext brechen zu können. Diese ambivalente Struktur im Herzen der Performität beinhaltet, daß Widerstands- und Protestbewegungen innerhalb des politischen Diskurses teilweise von den Mächten erzeugt werden, denen man entgegentritt. Die Strategie, der man daher nach Butler folgen sollte, besteht darin, sich die Kraft des verletzenden Sprechens fehlanzueignen, um den verletzenden Verfahren entgegenzutreten.
Judith Butler, geboren 1956, lehrt Rhetorik, Komparatistik und Gender Studies in Berkeley, Kalifornien. Im Suhrkamp Verlag veröffentlichte sie zuletzt *Die Macht der Geschlechternormen und die Grenzen des Menschlichen* (stw 1989) sowie *Anmerkung zu einer performativen Theorie der Versammlung* (stw 2258).

Judith Butler

Haß spricht

Zur Politik des Performativen

Aus dem Englischen
von Kathrina Menke
und Markus Krist

Suhrkamp

Titel der Originalausgabe:
Exitable Speech. A Politics of the Performative,
New York: Routledge 1997;

7. Auflage 2022

Erste Auflage 2006
edition suhrkamp 2414

Satz: Jung Crossmedia Publishing
Druck: C. H. Beck, Nördlingen
Dieses Buch wurde klimaneutral produziert:
climatepartner.com/14438-2110-1001.
Umschlag gestaltet nach einem Konzept
von Willy Fleckhaus: Rolf Staudt
Printed in Germany
ISBN 978-3-518-12414-7

www.suhrkamp.de

Inhalt

»Das Verunglücken ist eine Krankheit, der alle Handlungen ausgesetzt sind, die in allgemein üblichen Formen oder zeremoniell ablaufen müssen, also alle konventionalen Handlungen.«

J. L. Austin

Einleitung

Wie Sprache verletzen kann

Welche Art von Behauptung stellt man eigentlich auf, wenn man sagt, durch Sprache verletzt worden zu sein? Im Grunde schreibt man der Sprache eine Handlungsmacht zu, nämlich die Macht zu verletzen, wobei wir uns selbst in die Position der Objekte dieser Verletzung versetzen. Man behauptet also, daß die Sprache handelt, und zwar gegen uns handelt. Und auch diese Behauptung ist ein sprachliches Geschehen, wie jenes erste der sprachlichen Verletzung; man will es deren Kraft entgegensetzen. Wir machen also auch dann von der Kraft der Sprache Gebrauch, wenn wir versuchen, ihr entgegenzutreten. Wir sind gefangen in einer Bindung, die keine Zensur zu lösen vermag.

Es stellt sich die Frage, ob Sprache uns verletzen könnte, wenn wir nicht in einem bestimmten Sinne »sprachliche Wesen« wären, die der Sprache bedürfen, um zu sein. Beruht unsere Verletzbarkeit durch die Sprache vielleicht darauf, daß es ihre Bedingungen sind, die uns konstituieren? Denn wenn wir sprachlich geprägt sind, dann geht diese prägende Macht jeder Entscheidung, die wir im Hinblick auf sie treffen, voraus und beleidigt uns sozusagen von Anfang an durch ihre vorgängige Kraft.

Doch enthüllt die Beleidigung ihr wahres Ausmaß erst mit der Zeit. Eine der ersten Formen sprachlicher Verletzung, die man kennenlernt, ist die Erfahrung, bei einem Schimpfnamen gerufen zu werden.[1] Aber nicht jede Namensgebung ist verletzend. Einen Namen zu erhalten gehört auch zu den

1 Der Ausdruck »to be called a name« bedeutet, einen Namen bzw. einen Schimpfnamen zu erhalten. Deshalb schwingt hier in jeder »Benennung« die Beschimpfung mit. (A. d. Ü.)

Bedingungen, durch die das Subjekt sich sprachlich konstituiert. Tatsächlich zählt die Benennung zu den Beispielen, die Althusser anführt, um die »Anrufung« zu erläutern.[2] Folgt nun die Macht der Sprache, uns zu verletzen, aus ihrer Macht der Anrufung? Und wenn dem so ist, auf welche Weise schält sich aus dieser ermächtigenden Verletzbarkeit die sprachliche Handlungsmacht heraus?

Das Problem des verletzenden Sprechens wirft die Frage auf, welche Wörter verwunden und welche Repräsentationen kränken, wobei wir zugleich angewiesen sind, unsere Aufmerksamkeit auf die geäußerten, äußerbaren und ausdrücklichen Aspekte der Sprache zu konzentrieren. Allerdings ist die sprachliche Verletzung offenbar nicht nur ein Effekt der Wörter, mit denen jemand angesprochen wird, sondern ist der Modus der Anrede selbst, ein Modus – eine Disposition oder eine konventionelle Haltung –, der das Subjekt anruft und konstituiert.

Durch den Namen, den man erhält, wird man nicht einfach nur festgelegt. Insofern dieser Name verletzend ist, wird man zugleich herabgesetzt und erniedrigt. Doch enthält der Name auch eine andere Möglichkeit, da man durch die Benennung auch eine bestimmte Möglichkeit der gesellschaftlichen Existenz erhält und erst in ein zeitliches Leben der Sprache eingeführt wird, das die ursprünglichen Absichten, die der Namensgebung zugrunde lagen, übersteigt. Während also die verletzende Anrede ihren Adressaten scheinbar nur festschreibt und lähmt, kann sie ebenso eine unerwartete, ermächtigende Antwort hervorrufen. Denn wenn »angesprochen werden« eine Anrufung bedeutet, dann läuft die verletzende Anrede Gefahr, ein Subjekt in das Sprechen einzuführen, das nun seinerseits die Sprache gebraucht, um der verletzenden Benennung entgegenzutreten. Die verletzende Anrede übt ihre Kraft auf denjenigen

2 Louis Althusser, *Ideologie und ideologische Staatsapparate, Aufsätze zur marxistischen Theorie*, Hamburg, Berlin 1977, S. 130.

aus, den sie verletzt. Doch um was für eine Kraft handelt es sich, und wie lassen sich ihre Bruchstellen ausfindig machen?

Um zu erkennen, was der Kraft[3] einer Äußerung ihre Wirksamkeit und ihren performativen Charakter verleiht, muß nach J. L. Austin diese Äußerung zunächst innerhalb der »gesamten Sprechsituation« verortet werden.[4] Allerdings ist nicht leicht zu erkennen, wie diese Gesamtheit am besten abzugrenzen ist. Untersucht man Austins eigene Theorie, so zeigt sich zumindest ein Grund für diese Schwierigkeit: Austin unterscheidet nämlich zwischen »illokutionären« und »perlokutionären« Sprechakten. Die ersteren tun das, was sie sagen, indem sie es sagen, und zwar im gleichen Augenblick. Die zweite Kategorie umfaßt Sprechakte, die bestimmte Effekte bzw. Wirkungen als Folgeerscheinungen hervorrufen: Daraus, daß sie etwas sagen, folgt ein bestimmter Effekt. Der illokutionäre Sprechakt ist also selbst die Tat, die er hervorbringt, während der perlokutionäre Sprechakt lediglich zu bestimmten Effekten bzw. Wirkungen führt, die nicht mit dem Sprechakt selbst zusammenfallen.

In solchen illokutionären Fällen müßte man für die Abgrenzung des »gesamten« Sprechaktes zweifellos untersuchen, wie im Augenblick der Äußerung bestimmte Konventionen aufgerufen werden; ob die Person, die sie aufruft, dazu autorisiert ist; und ob angemessene Umstände für die Äußerung vorliegen. Aber wie läßt sich die Art der »Konvention« abgrenzen, die illokutionäre Äußerungen voraussetzen? Die Äußerungen tun, was sie sagen, im Ereignis des Sagens; sie sind nicht bloß konventional, sondern, in

3 Der Begriff *force* wird in der Sprechakttheorie mit »Rolle« übersetzt und der »Bedeutung« (*meaning*) entgegengesetzt. Um die terminologische Einheitlichkeit zu wahren, wird hier jedoch *force* durchgängig mit »Kraft« wiedergegeben. (A. d. Ü.)

4 John Langshaw Austin, *Zur Theorie der Sprechakte*, Stuttgart.

Austins eigenen Worten, »rituell oder zeremoniell«. Sie funktionieren als Äußerungen nur, insofern sie in Form eines Rituals auftreten, d. h. in der Zeit wiederholbar sind und damit ein Wirkungsfeld aufrechterhalten, das sich nicht auf den Augenblick der Äußerung selbst beschränkt.[5] Der illokutionäre Sprechakt vollzieht die Tat *im Augenblick* der Äußerung. Da dieser jedoch ritualisiert ist, handelt es sich niemals bloß um einen einzelnen Augenblick. Der ritualisierte Augenblick stellt vielmehr eine kondensierte Geschichtlichkeit dar: Er überschreitet sich selbst in die Vergangenheit und die Zukunft, insofern er ein Effekt vorgängiger und zukünftiger Beschwörungen der Konvention ist, die den einzelnen Fall der Äußerung konstituieren und sich ihm zugleich entziehen.

Austins Behauptung, daß die Kraft der Illokution nur erkennbar ist, wenn sich die »gesamte« Situation des einzelnen Sprechaktes bestimmen läßt, birgt also eine konstitutive Schwierigkeit. Wenn die Zeitlichkeit der sprachlichen Konvention – als Ritual betrachtet – den einzelnen Fall ihrer Äußerung übersteigt und wenn dieser Überschuß nicht vollständig identifizierbar oder faßbar ist (denn über Vergangenes und Zukünftiges läßt sich nicht mit Gewißheit berichten), dann wird offenbar die »gesamte« Sprechsituation u. a. gerade dadurch konstituiert, daß die Totalisierung jedes konkreten Falles scheitern muß.

5 Während Pierre Bourdieu die rituelle Dimension der Konventionen, die den Sprechakt bei Austin stützen, hervorhebt, ersetzt Derrida den Begriff »Ritual« durch den der »Iterabilität«. Damit legt er den Akzent auf die strukturelle Darstellung der Wiederholung anstelle eines eher semantischen »Sinns« für das gesellschaftliche Ritual. Im letzten Kapitel dieses Buches werde ich versuchen, zwischen diesen beiden Positionen zu vermitteln, und eine Darstellung der gesellschaftlichen Macht des Sprechakts vorschlagen, die seiner besonderen gesellschaftlichen Iterabilität und gesellschaftlichen Zeitlichkeit Rechnung trägt. Vgl. Pierre Bourdieu, *Was heißt sprechen?: Die Ökonomie des sprachlichen Tauschs*, Wien 1990, und Jacques Derrida, »Signatur Ereignis Kontext«, in: Peter Engelmann (Hg.), *Randgänge der Philosophie*, Wien 1988, S. 291-314.

So genügt es nicht, den entsprechenden Kontext für den fraglichen Sprechakt festzustellen, um seine Effekte einschätzen zu können. Die Sprechsituation ist keine bloße Spielart des Kontextes, der einfach durch sprachliche und zeitliche Grenzen zu definieren wäre. Durch das Sprechen verletzt zu werden bedeutet, daß man Kontext verliert, also buchstäblich nicht weiß, wo man ist. Vielleicht macht tatsächlich gerade das Unvorhersehbare des verletzenden Sprechens die Verletzung aus, der Adressat wird seiner Selbstkontrolle beraubt. Im Augenblick der verletzenden Anrede wird gerade die Fähigkeit gefährdet, die Situation des Sprechaktes abzugrenzen. Auf verletzende Weise angesprochen zu werden bedeutet nicht nur, einer unbekannten Zukunft ausgesetzt zu sein, sondern weder die Zeit noch den Ort der Verletzung selbst zu kennen und diese Desorientierung über die eigene Situation als Effekt dieses Sprechens zu erleiden. In diesem vernichtenden Augenblick wird gerade die Unbeständigkeit des eigenen »Ortes« innerhalb der Gemeinschaft der Sprecher sichtbar. Anders gesagt: Man kann durch dieses Sprechen »auf seinen Platz verwiesen« werden, der aber möglicherweise gar keiner ist.

Man spricht von einem Überleben in der Sprache. Tatsächlich macht der Diskurs über *hate speech* immer wieder solche Andeutungen. Wenn behauptet wird, daß »Sprache verletzt« oder, um die Redewendung von Richard Delgado und Mari Matsuda zu zitieren, daß »Wörter verwunden«, so verknüpfen sich hier ein sprachliches und ein physisches Wortfeld.[6] Der Gebrauch eines Ausdrucks wie

6 Matsuda beschreibt die »tödliche Gewalt, die die ständige verbale Erniedrigung der Unterworfenen begleitet [...]. Die rassistischen Botschaften des Hasses, die Drohungen, Beleidigungen, Schimpfnamen und Herabsetzungen treffen die Mitglieder der Zielgruppe in die Eingeweide.« Vgl. Mari J. Matsuda, Charles R. Lawrence III, Richard Delgado, Kimberlé Williams Crenshaw (Hg.), *Words that Wound: Critical Race Theory, Assaultive Speech and the First Amendment*, Boulder 1993, S. 23.

»verwunden« suggeriert, daß man aufgrund bestimmter Handlungsweisen der Sprache das Hervorrufen eines körperlichen Schmerzes und die Verletzung parallel setzen kann. Charles R. Lawrence III beschreibt die rassistische Rede als »sprachlichen Angriff«, wobei er betont, daß der Effekt rassistischer Beschimpfungen »wie ein Schlag ins Gesicht ist. Die Verletzung erfolgt unmittelbar.« Einige Formen rassistischer Beschimpfung »rufen (auch) physische Symptome hervor, die das Opfer zeitweise außer Gefecht setzen«.[7] Solche Formulierungen suggerieren, daß die sprachliche Verletzung wie eine physische Verletzung verfährt; doch weist gerade die Gleichsetzung darauf hin, daß es sich letztlich um zwei ungleiche Sachverhalte handelt. Der Vergleich könnte aber auch implizieren, daß beide nur metaphorisch gleichzusetzen sind. Allem Anschein nach gibt es für das Problem der sprachlichen Verletzung keine spezifische Sprache, so daß diese sozusagen gezwungen ist, ihr Vokabular der körperlichen Verletzung zu entlehnen. In diesem Sinne scheint die Verknüpfung zwischen physischer und sprachlicher Verletzbarkeit für die Beschreibung der letzteren selbst wesentlich zu sein. Die Tatsache, daß es keine eigentümliche Beschreibung der sprachlichen Verletzung gibt, macht es einerseits schwierig, die Besonderheit der sprachlichen Verletzbarkeit gegenüber der körperlichen zu bestimmen. Andererseits deutet die Tatsache, daß bei nahezu jeder Beschreibung sprachlicher Verletzungen auf körperliche Metaphern zurückgegriffen wird, auf eine besondere Bedeutung dieser somatischen Dimension für das Verständnis des durch Sprache erzeugten Schmerzes hin. Bestimmte Wörter oder Anredeformen wirken nicht nur als Bedrohungen des körperlichen Wohlbefindens; vielmehr gilt in einem strengeren Sinn, daß der Körper durch die Anredeformen wechselweise erhalten und bedroht wird.

7 Ebd., S. 68.

Sprache erhält den Körper nicht, indem sie ihn im wörtlichen Sinn ins Dasein bringt oder ernährt. Vielmehr wird eine bestimmte gesellschaftliche Existenz des Körpers erst dadurch möglich, daß er sprachlich angerufen wird. Um das zu verstehen, muß man sich eine unmögliche Szene vorstellen, nämlich einen Körper, dem noch keine gesellschaftliche Definition verliehen wurde, der für uns also strenggenommen zunächst unzugänglich ist, aber im Ereignis einer Anrede, eines benennenden Rufs, einer Anrufung, die ihn nicht bloß »entdeckt«, sondern allererst konstituiert, zugänglich wird. Auch wenn wir glauben, daß man, um angeredet zu werden, zuerst anerkannt sein muß, scheint hier Althussers Umkehrung von Hegel zutreffend: Die Anrede selbst konstituiert das Subjekt innerhalb des möglichen Kreislaufs der Anerkennung oder umgekehrt, außerhalb dieses Kreislaufs, in der Verworfenheit.

Man könnte einwenden, daß die Situation alltäglicher ist: Ein bestimmtes bereits konstituiertes, leibliches Subjekt wird bei dem einen oder anderen Namen gerufen. Doch warum scheinen diese Namen, die es erhält, beim Subjekt eine Todesangst wachzurufen bzw. die Frage aufzuwerfen, ob es überleben wird oder nicht? Warum sollte eine bloße sprachliche Anrede eine solche Angstreaktion hervorrufen? Ist diese Angst nicht u. a. darauf zurückzuführen, daß die gegenwärtige Anrede jene anderen, prägenden hervorruft und reinszeniert, die die Existenz verliehen und weiter verleihen? Angesprochen zu werden bedeutet also nicht nur, in dem, was man bereits ist, anerkannt zu werden; sondern jene Bezeichnung zu erhalten, durch die die Anerkennung der Existenz möglich wird. Kraft dieser grundlegenden Abhängigkeit von der Anrede des anderen gelangt das Subjekt zur »Existenz«. Das Subjekt »existiert« nicht nur dank der Tatsache, daß es anerkannt wird, sondern dadurch, daß es im grundlegenderen Sinne *anerkenn-*

bar ist.[8] Die sprachlichen Bezeichnungen, die die Anerkennung ermöglichen, sind ihrerseits konventional, d.h. die Effekte und Instrumente eines gesellschaftlichen Rituals, die oftmals durch Ausschluß und Gewalt über die sprachlichen Bedingungen einer Überlebensfähigkeit der Subjekte entscheiden.

Wenn die Sprache den Körper erhalten kann, so kann sie ihn zugleich in seiner Existenz bedrohen. Die Frage, in welcher spezifischen Art und Weise die Sprache Gewalt androht, scheint an die primäre Abhängigkeit gebunden, die jedes sprachliche Wesen durch die anrufende oder konstitutive Anrede des anderen erfährt. In ihrem Buch *The Body in Pain* stellt Elaine Scarry die These auf, daß die Androhung von Gewalt eine Bedrohung *für die* Sprache in ihrer welt-schaffenden und sinnkonstituierenden Möglichkeit ist.[9] Ihre Formulierung stellt tendenziell Gewalt und Sprache als Gegensätze gegenüber. Doch was, wenn Sprache in sich selbst ihre eigene Möglichkeit der Gewalt und Zerschlagung der Welt birgt? Scarry begreift den Körper nicht nur als der Sprache vorgängig, sondern legt überzeugend dar, daß der körperliche Schmerz sprachlich nicht auszudrücken ist, daß er die Sprache zersetzt und daß zugleich die Sprache dem Schmerz entgegentreten kann, selbst wenn sie ihn nicht zu fassen vermag. Durch die Unrepräsentierbarkeit des Schmerzes, den man repräsentieren möchte, wird das moralisch gebotene Bemühen, den Körper in seinem Schmerz zu repräsentieren, unterlaufen (wenn auch nicht ganz unmöglich). Nach Scarry besteht eine der verletzenden Folgen der Folter darin, daß der Gefolterte die Fähigkeit einbüßt, das Geschehen der Folter sprachlich zu bezeugen. Die Folter hat also unter anderem den Effekt, das

8 Eine ausführlichere Darstellung dieses Aspekts findet sich in meinem Buch *The Psychic Life of Power: Theories in Subjection*, Stanford 1997.

9 Elaine Scarry, *The Body in Pain: The Making and Unmaking of the World*, New York 1985, S. 2-27.

eigene Zeugnis auszulöschen. Scarry zeigt, wie bestimmte Diskursformen, z.B. das Verhör, den Folterprozeß unterstützen und ihm Vorschub leisten. Hier kommt die Sprache der Gewalt zu Hilfe, ohne offenbar ihre eigene Gewalt auszuüben. Damit stellt sich die Frage: Wenn bestimmte Formen der Gewalt die Sprache gleichsam außer Kraft setzen, wie läßt sich dann die spezifische Form von Verletzung erklären, die Sprache selbst ausübt?

In ihrer Rede zur Verleihung des Literaturnobelpreises 1993 nimmt Toni Morrison speziell auf »die Gewalt der Repräsentation« Bezug. »Die repräsentative Sprache«, schreibt sie, »repräsentiert nicht nur Gewalt; sie ist Gewalt.«[10] In einer Parabel, in der diese Figur weder falsch noch irreal ist, sondern etwas Wahres über die Sprache aussagt, stellt Morrison die Sprache selbst als »etwas Lebendiges« dar. In der Parabel spielen einige kleine Kinder einer blinden Frau einen grausamen Streich: Sie fordern sie auf, zu raten, ob der kleine Vogel, den die Kinder in den Händen halten, lebendig oder tot ist. Die blinde Frau antwortet, indem sie die Frage zurückweist und verschiebt: »Ich weiß es nicht, doch ich weiß, daß es in eurer Hand liegt... Es liegt in eurer Hand.«[11]

In ihrer nachfolgenden Deutung entschließt sich Morrison, die Frau in der Parabel als erfahrene Schriftstellerin und den Vogel als Figur für die Sprache zu lesen. Sie stellt Vermutungen darüber an, was diese erfahrene Schriftstellerin wohl über die Sprache denkt: »Sie denkt die Sprache sowohl als System wie auch als etwas Lebendiges, größtenteils jedoch als Handlungsmacht, als eine Handlung, die Folgen hat. Somit ist die Frage, die die Kinder stellen, ›Ist er tot oder lebendig?‹, nicht irreal, weil die Frau die Sprache als dem Tod und der Auslöschung unterworfen denkt.«[12]

10 Toni Morrison, Rede zur Verleihung des Literatur-Nobelpreises 1993, S. 16.
11 Ebd., S. 11.
12 Ebd., S. 13.

Morrison beschreibt hier in Form von Mutmaßungen, was die erfahrene Schriftstellerin mutmaßt: eine Spekulation sowohl in als auch über die Sprache und ihre konjekturellen Möglichkeiten. Ferner verkündet Morrison, weiterhin innerhalb des figurativen Rahmens, dessen »Realität«, und zwar in figurativen Begriffen. Wenn die Frau die Sprache als etwas Lebendiges denkt, führt Morrison uns die Ausführung dieses Akts der Ersetzung vor, jene Gleichsetzung, durch die Sprache als Leben vorgestellt wird. Das »Leben« der Sprache wird also durch den Vollzug der Gleichsetzung veranschaulicht. Doch wie geschieht diese Gleichsetzung?

Sprache wird »größtenteils als Handlungsmacht gedacht, als eine Handlung, die Folgen hat«, ein erweitertes Tun oder Performatives mit bestimmten Effekten. Das ist eine recht knappe Definition. Schließlich wird die Sprache als Handlungsmacht »gedacht«, d. h. als solche gesetzt oder konstituiert. Doch wird sie *als* Handlungsmacht gedacht; der Gedanke von der Handlungsmacht der Sprache wird erst durch eine figurative Ersetzung möglich. Und insofern diese Formulierung ihrerseits in der Sprache dargeboten wird, ist die »Handlungsmacht« der Sprache nicht nur das Thema dieser Formulierung, sondern ihr eigenes Tun. Diese Setzung und diese Figuration erläutern also die sprachliche Handlungsmacht.

Man mag einwenden, daß man der Sprache keine Handlungsmacht zuschreiben kann, da nur Subjekte »Dinge mit der Sprache tun« können und die Handlungsmacht in den Subjekten wurzelt. Ist aber die Handlungsmacht der Sprache dieselbe wie die des Subjekts? Oder gibt es eine Möglichkeit, beide voneinander abzuheben? Morrison beschreibt nicht nur die Handlungsmacht als Figur für Sprache, sondern umgekehrt auch Sprache als Figur für die Handlungsmacht, deren »Realität« unbestreitbar sei. Sie schreibt: »Wir sterben, und darin liegt vielleicht der Sinn des Lebens. Doch wir ›tun die Sprache‹, und hierin liegt möglicherweise das Maß unseres Lebens.«[13] Morrison stellt nicht einfach fest: »Sprache ist Handlungsmacht«, denn diese Art von Behauptung würde der Sprache gerade die Handlungsmacht entziehen, die Morrison vermitteln will. Durch ihre Weigerung, auf die grausame Frage der Kinder zu antworten, verschiebt die blinde Frau nach Morrison »die Aufmerksamkeit von den Behauptungen der Macht hin zu dem Instrument, mittels dessen diese Macht ausgeübt wird«.[14] In ähnlicher Weise weigert sich Morrison, dogmatische Aussagen über das Wesen der Sprache aufzustellen, weil diese verschleiern würden, auf welche Weise das »Instrument« der Aussagen am Wesen der Sprache teilhat. Gerade weil keine Aussage auf ihr Instrument reduzierbar ist, wird Sprache als »in sich geteiltes« Wesen begründet. Das Scheitern der Sprache daran, ihre eigene Instrumentalität abzuschütteln, d. h. ihre Rhetorizität, ist im genauen Sinn das Unvermögen der Sprache, sich selbst auszulöschen, sei es im Erzählen einer Geschichte oder in der Referenz auf eine existierende Sache oder aber in den flüchtigen Szenarien des Gesprächs.

Bezeichnenderweise bedeutet »Handlungsmacht« für Morrison weder dasselbe wie »Kontrolle« noch eine Funktion des Systemcharakters der Sprache. Anscheinend kann man nicht zuerst von menschlichem Handlungsvermögen berichten, um dann, im zweiten Schritt, die besondere Form der Handlungsmacht zu bestimmen, die die Menschen in der Sprache innehaben. Wir »›tun die Sprache‹, und hierin liegt möglicherweise das Maß unseres Lebens«.

Wir tun Dinge mit der Sprache, rufen mit der Sprache Effekte hervor, und wir tun der Sprache Dinge an; doch zugleich ist Sprache selbst etwas, was wir tun. Sprache ist ein

13 Ebd., S. 22.
14 Ebd., S. 12.

Name für unser Tun, d. h. zugleich das, »was« wir tun (der Name für die Handlung, die wir typischerweise vollziehen), und das, was wir bewirken; also die Handlung und ihre Folgen.

In der Parabel, die Morrison erzählt, wird die blinde Frau mit einer erfahrenen Schriftstellerin gleichgesetzt. Diese Deutung weist darauf hin, daß das Schreiben in gewissem Maße blind ist, weil es nicht wissen kann, in welche Hände es fallen wird, wie es gelesen und gebraucht werden wird oder aus welchen letzten Quellen es sich herleitet. Die Szene in der Parabel ist eine Gesprächssituation, in der die Kinder die Blindheit der Frau ausnutzen, um sie vor eine Wahl zu stellen, die sie nicht treffen kann; während die Frau gerade die Kraft dieser Anrede liest und damit eine Handlungsmacht ausübt, die die Anrede ihr absprechen wollte. Die blinde Frau trifft also keine Wahl, sondern lenkt die Aufmerksamkeit auf »das Instrument, mittels dessen die Macht ausgeübt wird«, wodurch sie deutlich macht, daß die Wahl in den Händen ihrer Gesprächspartner liegt, die sie nicht sehen kann. Nach der Interpretation von Morrison kann die Frau nicht wissen, ob die Sprache in den Händen derer, die sich des Sprechens mit grausamer Kraft bedienen, leben oder sterben wird. Sowohl in der Parabel als auch in der Lesart von Morrison ist die Frage der Verantwortung von zentraler Bedeutung, bildlich dargestellt in den »Händen« der Kinder bzw. derer, die die Verantwortung dafür übernehmen, ob die Sprache leben oder sterben wird. Die Schriftstellerin ist blind für die Zukunft der Sprache, in der sie schreibt. Somit wird Sprache »größtenteils als Handlungsmacht« gedacht, im Unterschied zu den Formen der Beherrschung oder Kontrolle einerseits und der Geschlossenheit des Systems andererseits.

Morrisons Analogie beinhaltet, daß die Sprache wie etwas Lebendiges lebt oder stirbt und daß die Frage des Überlebens von zentraler Bedeutung für das Problem ist, wie die Sprache gebraucht wird. Morrison behauptet, daß die »repressive Sprache [...] Gewalt ist« und nicht bloß eine Repräsentation von Gewalt darstellt. Die repressive Sprache vertritt nicht die Stelle der Erfahrung von Gewalt; sie übt ihre eigene Form von Gewalt aus. Die Sprache bleibt dann lebendig, wenn sie es ablehnt, die Ereignisse und Leben, die sie beschreibt, »einzuschließen« oder »einzufangen«.[15] Wenn sie dies versucht, verliert die Sprache nicht nur ihre Lebendigkeit, sondern erlangt eine eigene Gewaltsamkeit, die Morrison durch ihre ganze Lektüre hindurch mit einer statischen Sprache und der Zensur assoziiert. »Die Lebendigkeit der Sprache liegt in ihrer Fähigkeit, das aktuelle, imaginierte und mögliche Leben ihrer Sprecher, Leser und Schreiber zu veranschaulichen. Auch wenn sie manchmal gelassen die Erfahrung verschiebt, ist sie nicht deren Ersatz. Sie zielt auf den Ort, wo die Bedeutung liegt.«[16] Und Morrison fährt fort: »Ihre Kraft, ihre Glückseligkeit besteht in ihrem Verlangen nach dem Unsagbaren.«[17] Die Gewalt der Sprache liegt in ihrem Bemühen, das Unsagbare einzufangen und damit zu zerstören bzw. das zu fassen, was der Sprache gerade entzogen bleiben muß, wenn sie als lebendige Sache wirksam sein soll.

Die Frage der Kinder ist nicht deshalb grausam, weil feststeht, daß sie den Vogel getötet haben, sondern weil der Sprachgebrauch, der der blinden Frau eine Wahl abverlangt, selbst ein sprachlicher Zugriff ist, dessen Kraft sich der evozierten Vernichtung des Vogels verdankt. Die *hate speech* der Kinder versucht, die blinde Frau im Moment der Erniedrigung zu fangen und die dem Vogel zugefügte Gewalt auf die Frau selbst zu übertragen, wobei diese Übertragung zu der besonderen Zeitlichkeit der Drohung gehört. Denn in gewissem Sinne vollzieht die Drohung bereits, was sie

15 Ebd., S. 12.
16 Ebd., S. 20.
17 Ebd., S. 21.

androht. Doch indem sie diese Handlung nicht vollständig ausführt, versucht sie, die Zukunft, in der die Drohung ausgeführt werden wird, mittels der Sprache als Gewißheit festzuschreiben.

Obgleich die sprachliche Drohung nicht unmittelbar die Handlung ist, auf die sie hinweist, ist sie immer noch ein Akt, nämlich ein Sprechakt. Dieser Sprechakt kündigt nicht nur die kommende Handlung an, sondern zeigt eine bestimmte Kraft in der Sprache auf, eine Kraft, die eine nachfolgende Kraft sowohl ankündigt wie bereits einleitet. Während die Drohung normalerweise eine bestimmte Erwartung erzeugt, zerstört die Gewaltandrohung jede Möglichkeit von Erwartungen. Denn sie eröffnet eine Zeitlichkeit, in der man gerade die Zerstörung der Erwartung erwartet und damit zugleich gar nicht erwarten kann.

Auch wenn die Drohung eine Handlung ankündigt, wäre es ein Fehlschluß zu sagen, daß die Drohung lediglich in der Sprache stattfindet, während die angedrohte Handlung in einem materiellen Feld jenseits der Sprache zwischen und unter den Körpern ausgetragen würde. Es liegt in der geläufigen Vorstellung von einer Drohung, daß die sprachliche Äußerung ankündigt, was der Körper tun könnte; die Handlung, auf die sich die Drohung bezieht, ist eine, die man wirklich vollziehen könnte. Diese Sichtweise verkennt jedoch, daß *das Sprechen selbst eine körperliche Handlung ist.*

In ihrem Buch *Le Scandale du corps parlant* erinnert Shoshana Felman daran, daß das Verhältnis zwischen Sprechen und Körper skandalös ist, eines, das »sowohl durch Inkongruenz als auch durch Untrennbarkeit gekennzeichnet ist [...]. Der Skandal besteht darin, daß der Akt nicht wissen kann, was er tut.«[18] Felman behauptet also, daß der

18 Shoshana Felman, *Le Scandale du corps parlant. Don Juan avec Austin ou La séduction en deux langues*, Paris 1980, S. 131f.

Sprechakt als Handlung eines sprechenden Körpers immer in bestimmtem Maße unwissend gegenüber dem ist, was er ausführt, bzw. daß er immer etwas Unbeabsichtigtes sagt und somit keineswegs als jenes Emblem von Herrschaft und Kontrolle gelten kann, als das er gelegentlich erscheint. Felman macht darauf aufmerksam, in welchen Formen der sprechende Körper Zeichen setzt, wobei diese nicht darauf reduzierbar sind, was der Körper »sagt«. In diesem Sinne ist der Sprecher ebenso »blind« wie die erfahrene Schriftstellerin bei Morrison: Die Bedeutungen, die der Körper ausführt, fallen nicht genau mit denen zusammen, die gerade vorgetragen werden oder überhaupt vorgetragen werden können. Während Morrison die Aufmerksamkeit auf das »Instrument« lenkt, »mittels dessen Behauptungen gemacht werden«, setzt Felman dieses Instrument mit dem Körper gleich, der die Rede äußert. Der Körper wird zum Zeichen der Unwissenheit, weil seine Handlungen niemals vollständig bewußt gesteuert oder willentlich bestimmt sind. Nach Felman läßt sich das, was in einer körperlichen Handlung wie dem Sprechen unbewußt bleibt, als »Instrument« auffassen, mittels dessen die Behauptung aufgestellt wird. In ähnlichem Sinne markiert der unwissende Körper die Grenze der Intentionalität des Sprechaktes. Der Sprechakt sagt immer mehr oder sagt es in anderer Weise, als er sagen will.

Dies bedeutet für Felman jedoch nicht, daß Sprechen und Körper radikal getrennt werden können, sondern nur, daß die Vorstellung von einem vollkommen intentionalen Sprechakt fortwährend von jenem Moment im Sprechen unterhöhlt wird, das die Intentionalität unterläuft: »Wenn das Problem der menschlichen Handlung im Verhältnis zwischen Sprache und Körper liegt, begründet sich dies darin, daß – sowohl in der performativen Analyse als auch in der Psychoanalyse – die Handlung als etwas gilt, was im selben Augenblick die Trennung und Gegensätzlichkeit beider problematisiert. Die Handlung, ein rätselhaftes und problematisches Erzeugnis des sprechenden Körpers, zerstört die metaphysische Dichotomie zwischen dem Gebiet des ›Geistigen‹ und dem Gebiet des ›Physischen‹; sie zerschlägt den Gegensatz zwischen Körper und Geist, zwischen Materie und Sprache.«[19]

Doch zieht dieser Zusammenbruch des Gegensatzes zwischen Materie und Sprache für Felman keine schlichte Einheit der beiden Terme nach sich. Sie bleiben in inkongruenter Weise aufeinander bezogen. Im Sprechen wird die Handlung, die der Körper ausführt, nie vollständig verstanden. Der Körper ist gleichsam der blinde Fleck des Sprechens: das, was über das Gesagte hinaus, jedoch gleichzeitig in ihm und durch es agiert. Die These, daß der Sprechakt eine körperliche Handlung ist, bedeutet, daß er sich im Augenblick des Sprechens verdoppelt: Neben dem, was gesagt wird, gibt es eine Weise des Sagens, die das körperliche »Instrument« der Äußerung ausführt.

So ist eine Äußerung denkbar, die auf der Basis einer rein grammatikalischen Analyse nicht als Drohung erscheint. Die Drohung tritt erst genau durch die Handlung in Erscheinung, die der Körper ausführt, indem er den Sprechakt spricht. Oder die Drohung tritt als sichtbarer Effekt eines performativen Aktes in Erscheinung, nur um durch dessen Körpersprache unschädlich gemacht zu werden (wie jede Theorie des Handelns weiß). Die Drohung kündigt nicht

19 Ebd., S. 128f. In einer wunderbaren Lektüre, die besonders Austins Humor und Ironie hervorhebt, zeigt Felman, wie das wiederkehrende Problem der performativen »Versager« offenbart, daß die Performanz immer von einem unerklärlichen Scheitern heimgesucht wird. Denn die performative Ausübung der Performanz wird von keiner Konvention ganz beherrscht und von keiner bewußten Intention vollständig bestimmt. Diese unbewußte Dimension jedes Sprechakts taucht in Austins Text als die Tragikomödie der performativen »Versager« auf. Felman zitiert an einer Stelle nach Lacan: »Das Scheitern (der Versager) läßt sich als das Sexuelle in jeder menschlichen Handlung definieren.« (Ebd., S. 156)

nur eine körperliche Handlung an oder verspricht sie, sondern ist selbst bereits ein körperlicher Akt, der in seiner Gestik die Umrisse der kommenden Handlung entwirft. Auch wenn sich selbstverständlich die Handlung der Drohung und die angedrohte Handlung unterscheiden, sind sie in der Form eines Chiasmus miteinander verknüpft. Obgleich nicht identisch, sind beide körperliche Handlungen: Die erste, d. h. die Drohung, macht nur Sinn in Hinblick auf die Handlung, die sie ankündigt. Die Drohung eröffnet einen zeitlichen Horizont, innerhalb dessen die angedrohte Handlung das organisierende Ziel bildet. Sie eröffnet die Handlung, durch die möglicherweise die Erfüllung des angedrohten Aktes erreicht wird. Allerdings kann eine Drohung abgelenkt oder entschärft werden oder die Ausführung der angedrohten Handlung verfehlen. Obgleich die Drohung die drohende Gewißheit einer anderen bevorstehenden Handlung behauptet, kann sie diese nicht wie einen notwendigen Effekt produzieren. Dieses Scheitern, die Drohung auszuführen, stellt jedoch nicht den Status des Sprechakts als Drohung in Frage, sondern nur dessen Wirksamkeit. Die Selbsttäuschung, die der Drohung ihre Macht verleiht, besteht darin, daß der Sprechakt der Drohung die angedrohte Handlung vollständig verkörpern soll. Dagegen ist dieses Sprechen verwundbar, anfällig für ein Mißlingen – und genau diese Verletzlichkeit muß man ausnutzen, um der Drohung entgegenzutreten.

Damit die Drohung funktioniert, bedarf es einer Reihe von bestimmten Umständen. Dazu gehört ein Schauplatz der Macht, damit sich die performativen Effekte verwirklichen können. Die Teleologie der durch die Drohung beschworenen Handlung ist anfällig für Störungen verschiedenster Art. Nichtsdestoweniger wird die Drohung durch das Phantasma einer souveränen Handlung strukturiert, nach dem eine bestimmte Art des Sagens zugleich die Ausführung der Handlung ist, auf die sich die Aussage bezieht.

Dies entspräche der illokutionären Äußerung Austins, die unmittelbar tut, was sie sagt. Allerdings kann die Drohung auch eine völlig unvorhergesehene Antwort hervorrufen und damit unbeabsichtigt einen Widerstand miterzeugen, angesichts dessen sie das souveräne Gefühl der Erwartung verliert. Statt jede Möglichkeit der Erwiderung auszulöschen und den Adressaten vor Angst erstarren zu lassen, kann sich die Drohung einem andersartigen performativen Akt gegenübersehen, der ihre eigene Ambivalenz (d. h. den Gegensatz zwischen dem intentionalen und dem nichtintentionalen Aspekt jedes Sprechens) ausnutzt, um den einen Teil gegen den anderen zu wenden und damit die performative Macht der Drohung zu verwirren.

Da die Drohung als Sprechakt zugleich ein körperlicher Akt ist, entzieht sie sich bereits zum Teil ihrer eigenen Kontrolle. Genau darauf weist Morrison hin: Die blinde Frau sendet die von den Kindern ausgesprochene, implizite Drohung zurück, indem sie auf die »Hände« derjenigen, die den Vogel halten, verweist, d. h. indem sie den Körper des Sprechenden beleuchtet oder der Drohung mit einem Akt entgegentritt, der gerade das beleuchtet, was den Übermittlern der Drohung am unbekanntesten ist. Die blinde Frau beleuchtet damit die Blindheit, die den Sprechakt der Kinder motiviert. Oder anders formuliert: Sie wirft die Frage auf, was die Kinder im körperlichen Sinne tun werden, angesichts dessen, was sie bereits körperlich getan haben, indem sie sprachen, wie sie gesprochen haben.

Die Vorstellung, daß Sprechen verwundet, scheint also auf der ebenso unlösbaren wie inkongruenten Beziehung zwischen Körper und Sprechen und damit auch zwischen dem Sprechen und seinen Effekten zu beruhen. Wenn der Sprecher seinen oder ihren Körper an den Adressaten richtet, dann bringt er nicht nur den eigenen Körper, sondern ebenso den des Adressaten ins Spiel. Der Sprecher spricht nicht nur, sondern wendet den eigenen Körper an den anderen und enthüllt damit, daß der Körper des anderen durch die Anrede verletzbar ist. Als »Instrument« einer gewaltsamen Rhetorik übersteigt der Körper des Sprechers die ausgesprochenen Worte und enthüllt den angesprochenen Körper, insofern dieser nicht mehr unter der eigenen Kontrolle steht (und niemals gänzlich stand).

Unerwartete Anrufe

Um die Frage zu entscheiden, was eine Drohung ist oder was ein verwundendes Wort, reicht es nicht, die Wörter einfach zu prüfen. Deshalb scheint eine Untersuchung der institutionellen Bedingungen erforderlich, um zu bestimmen, mit welcher Wahrscheinlichkeit bestimmte Wörter unter bestimmten Umständen verwunden werden. Doch auch die Umstände allein bewirken nicht, daß Worte verwunden. So drängt sich die These auf, daß jedes Wort verwunden kann, je nachdem wie es eingesetzt wird, und daß die Art und Weise dieses Einsatzes von Wörtern nicht auf die Umstände ihrer Äußerung zu reduzieren ist. Letzteres erscheint sinnvoll, doch vermag eine solche Sichtweise nicht zu erklären, warum bestimmte Wörter so verwunden, wie sie es augenscheinlich tun, oder warum bestimmte Wörter schwerer als andere von ihrer Macht, zu verwundern, abzulösen sind.

Tatsächlich scheitern neuere Versuche, die unbestreitbar verwundende Macht bestimmter Wörter zu begründen, offenbar an der Frage, wer diese Interpretation vornimmt, was diese Worte bedeuten und welche Sprechakte sie vollziehen. Neuere Bestimmungen zur Regelung der lesbischen und schwulen Selbstdefinition in der Armee oder neuere Kontroversen um die Rap-Musik weisen darauf hin, daß kein eindeutiger Konsens über die Frage möglich ist, ob es eine klare Verbindung zwischen den geäußerten Worten und ihrer mutmaßlichen verletzenden Macht gibt.[20] Die These einerseits, daß der anstößige Effekt der Wörter vollständig vom Kontext abhängt und daß dessen Verschiebung diesen Effekt vergrößern oder verringern könnte, enthält noch keine Aussage über die Macht, die solche Worte angeblich ausüben. Die Behauptung andererseits, daß diese Äußerungen immer, d. h. unabhängig vom Kontext, anstößig sind und gleichsam so mit ihrem Kontext verwoben, daß sie ihn kaum abschütteln können, bietet immer noch keine Möglichkeit zu verstehen, wie der Kontext im Augenblick der Äußerung aufgerufen und neu inszeniert wird.

Keine dieser Thesen trägt der Reinszenierung und Resignifizierung der anstößigen Äußerung Rechnung, d. h. jenen Einsatzformen der Sprachmacht, die versuchen, den beleidigenden Sprachgebrauch sowohl vorzuführen als auch ihm entgegenzutreten. Diesen Aspekt werde ich ausführlicher in den folgenden Kapiteln untersuchen, möchte jedoch kurz zu bedenken geben, wie oft solche Ausdrücke einer Resignifizierung ausgesetzt sind. Die Verdoppelung des verletzenden Sprechens findet nicht nur in der Rap-Musik und in den verschiedenen Spielarten der politischen Parodie und Satire statt, sondern auch in der politischen und gesellschaftlichen Kritik an diesem Sprechen, in der das »Anführen«[21] der verletzenden Ausdrücke für die jeweils

20 Eine gründliche Analyse der Rap-Musik und ihres komplizierten Verhältnisses zur Gewalt findet sich bei Tricia Rose, *Black Noise: Rap Music and Black Culture in Contemporary America*, Hannover 1994. George Lipsitz zeigt in einer scharfen Analyse, daß die Zensur des Rap ein Versuch ist, das kulturelle Gedächtnis zu regulieren und zu zerstören. »Censorship of Commercial Culture: Silencing Social Memory and Suppressing Social Theory«, unveröffentlicher Vortrag auf der Getty Center Conference zum Thema »Censorship and Silencing« in Los Angeles, Dezember 1995.

21 Die Unterscheidung zwischen dem »Gebrauch« und dem »Anführen« bestimmter Begriffe geht auf Gottlob Frege zurück, nach dem man sich auf einen Begriff beziehen, d. h. ihn anführen kann, ohne ihn im genauen Sinne zu gebrauchen. Diese Unterscheidung ist im Fall

vorgetragene Beweisführung von zentraler Bedeutung ist. Dies gilt selbst für die juristische Argumentation, die nach der Zensur ruft und zugleich unweigerlich die beanstandete Rhetorik im Kontext des rechtlichen Sprechens vervielfältigt. Paradoxerweise bemerken namentlich juristische und politische Argumentationen, die das verletzende Sprechen in bestimmte Kontexte einbinden möchten, daß dieses Sprechen selbst im eigenen Diskurs zum Zitat wird und mit seinen früheren Kontexten bricht bzw. neue Kontexte erhält, für die es ursprünglich nicht bestimmt war. Der kritische und der juristische Diskurs über *hate speech* ist also selbst eine Reinszenierung der Performanz der *hate speech*. Der gegenwärtige Diskurs bricht zwar mit den vorhergehenden Diskursen, jedoch nicht im absoluten Sinne. Im Gegenteil, der gegenwärtige Kontext und sein scheinbarer »Bruch« mit der Vergangenheit sind selbst nur unter dem Vorzeichen dieser Vergangenheit lesbar. Der gegenwärtige Kontext arbeitet zwar einen neuen Kontext für dieses Sprechen aus, der aber als zukünftiger noch nicht beschreibbar und damit noch gar kein Kontext im eigentlichen Sinne ist.

Die Argumente, die für eine Gegen-Aneignung oder Reinszenierung des beleidigenden Sprechens gelten können, werden also offenbar von jener Position unterhöhlt, die besagt, daß der beleidigende Effekt des Sprechakts *notwendigerweise* mit dem Sprechakt, d. h. seinem ursprünglichen oder fortbestehenden Kontext oder seinen ursprünglichen Absichten oder Einsatzformen, verbunden ist. Die Neubewertung eines Ausdrucks wie z. B. »queer« deutet allerdings darauf hin, daß man das Sprechen in anderer Form an seinen Sprecher »zurücksenden« und gegen seine ursprünglichen Zielsetzungen zitieren und so eine Umkeh-

von *hate speech* nicht zu halten, weil die Beispiele, in der *hate speech* »angeführt« wird, immer noch eine bestimmte Form des Gebrauchs darstellen. Vgl. G. Frege, »Über Sinn und Bedeutung«, in: *Funktion, Begriff, Bedeutung, Fünf logische Studien*, Göttingen 1962, S. 41.

rung der Effekte herbeiführen kann. Allgemeiner bedeutet dies, daß die veränderliche Macht solcher Ausdrücke eine Art diskursiver Performativität markiert, die nicht aus diskreten Reihen von Sprechakten, sondern aus einer rituellen Kette von Resignifizierungen besteht, deren Ursprung und Ende nicht feststehen und nicht feststellbar sind. In diesem Sinne stellt eine »Handlung« kein singuläres Geschehen dar. Vielmehr ist sie ein Netz von zeitlichen Horizonten bzw. die Kondensierung einer Iterabilität, die den Augenblick ihres Geschehens übersteigt. Die Möglichkeit, daß ein Sprechakt einen früheren Kontext resignifiziert, hängt ihrerseits von dem Spalt ab, der sich zwischen dem ursprünglichen Kontext bzw. der ursprünglichen Intention einer Äußerung einerseits und den Effekten andererseits auftut, die die Äußerung hervorruft. Damit beispielsweise eine Drohung eine Zukunft hat, die nie beabsichtigt war, damit sie in anderer Form zu ihrem Sprecher zurückkehren und durch diese Rück- und Umkehr entschärft werden kann, müssen die Bedeutungen, die der Sprechakt erlangt, und die Effekte, die er ausübt, seine beabsichtigten Bedeutungen und Effekte übersteigen. Außerdem darf der Kontext, den er erhält, sich nicht genau mit dem Kontext decken, dem er ursprünglich entstammt (wenn sich ein solcher Ursprung überhaupt bestimmen läßt).

Es werden wohl alle Theoretiker, die versuchen, mit letzter Gewißheit eine Verbindung zwischen Sprechakten und verletzenden Effekten festzustellen, die zeitliche Offenheit des Sprechakts beklagen. Daß kein Sprechakt die Verletzung als Effekt vollziehen *muß*, beinhaltet auch, daß keine Erforschung des Sprechakts einen Maßstab liefern kann, anhand dessen sich die Verletzungen durch das Sprechen letztendlich beurteilen lassen. Diese Auflösung des Bandes zwischen Akt und Verletzung eröffnet indes die Möglichkeit eines Gegen-Sprechens, eine Art von Zurück-Sprechen, das durch die Feststellung einer solchen festen Verbindung ausgeschlossen wäre. Somit hat die Kluft, die den Sprechakt von seinen künftigen Effekten trennt, auch günstige Auswirkungen: Sie eröffnet nämlich eine Theorie der sprachlichen Handlungsmacht, die eine Alternative zu der endlosen Suche nach rechtlichen Gegenmitteln darstellt. Das Intervall zwischen den einzelnen Fällen der Äußerung ermöglicht nicht nur eine Wiederholung und Resignifizierung der Äußerung. Vielmehr zeigt es darüber hinaus, wie die Wörter mit der Zeit von ihrer Macht zu verletzen abgelöst und als affirmativ rekontextualisiert werden. Es ist hoffentlich deutlich geworden, daß »affirmativ« hier die »Eröffnung der Möglichkeit einer Handlungsmacht« meint und nicht bedeutet, eine souveräne Autonomie im Sprechen wiederherzustellen oder die konventionellen Modelle der Beherrschung zu kopieren.

Das Hauptanliegen dieses Buches ist sowohl rhetorischer als auch politischer Art. Juristisch versteht man unter *excitable speech* (»erregtes Sprechen«) solche Äußerungen, die unter Zwang erfolgen, d. h. normalerweise Geständnisse, die vor Gericht nicht verwendet werden können, weil sie nicht den ausgeglichenen Geisteszustand ihres Sprechers widerspiegeln. Meine These ist nun, daß das Sprechen sich stets in gewissem Sinne unserer Kontrolle entzieht. In einer Formulierung, die Felmans Lesart des Sprechakts vorwegnimmt, schreibt Austin, »daß Handlungen im allgemeinen (nicht immer), zum Beispiel unter Zwang oder versehentlich oder auf Grund eines Fehlers oder in anderer Weise ohne Absicht getan werden können«. Anschließend ergreift Austin die Gelegenheit, den Sprechakt in bestimmten Fällen vom Subjekt abzukoppeln: »In vielen derartigen Fällen werden wir auf keinen Fall sagen, daß der Mensch das und das ›getan‹ habe.«[22] Diese Ablösung des Sprechakts vom souveränen Subjekt begründet einen anderen Begriff der

22 J. L. Austin, *Zur Theorie der Sprechakte*, a. a. O., S. 43.

Handlungsmacht und letztlich der Verantwortung, der stärker in Rechnung stellt, daß die Sprache das Subjekt konstituiert und daß sich das, was das Subjekt erschafft, zugleich von etwas anderem herleitet. Während einige Theoretiker die Kritik der Souveränität als Zerstörung der Handlungsmacht mißverstehen, setzt meiner Ansicht nach die Handlungsmacht gerade dort ein, wo die Souveränität schwindet. Wer handelt (d. h. gerade nicht das souveräne Subjekt), handelt genau in dem Maße, wie er oder sie als Handelnde und damit innerhalb eines sprachlichen Feldes konstituiert sind, das von Anbeginn an durch Beschränkungen, die zugleich Möglichkeiten eröffnen, eingegrenzt wird.

Das Trugbild der Souveränität taucht im Diskurs der *hate speech* in vielfältiger Gestalt auf. Wer *hate speech* spricht, wird im Besitz einer souveränen Macht vorgestellt, zu tun, was er gesagt hat. Ähnlich nimmt das »Sprechen« des Staates eine souveräne Form an; beispielsweise ist das Aussprechen einer Erklärung oft wörtlich ein »Gesetzes-Akt«. Allerdings sah sich Austin bei dem Versuch, solche illokutionären Fälle des Sprechens zu verorten, bestimmten Schwierigkeiten gegenüber, so daß er eine Liste von Vorbehalten und neuen Unterscheidungsmerkmalen aufstellte, um der Vielschichtigkeit des performativen Feldes Rechnung zu tragen. Denn nicht alle Äußerungen, die die Gestalt des Performativen (sei es illokutionärer oder perlokutionärer Art) haben, funktionieren auch tatsächlich. Diese Einsicht hat gewaltige Konsequenzen für die Einschätzung der vermeintlichen Wirksamkeit von *hate speech*.

Rhetorisch betrachtet setzt die Behauptung, daß ein Sprechen nicht nur ein Haßgefühl vermittelt, sondern einen verletzenden Akt darstellt, nicht nur voraus, daß die Sprache handelt, sondern zudem, daß sie sich in verletzender Weise gegen einen Adressaten richtet. Hierbei handelt es sich freilich um zwei höchst unterschiedliche Behauptungen; denn nicht alle Sprechakte wirken sich mit solcher Kraft auf einen anderen aus. Wenn ich beispielsweise sage: »ich verurteile dich«, kann ich zwar einen Sprechakt äußern, der in Austins Sinn durchaus illokutionär ist. Doch wenn ich nicht die Position innehabe, daß meine Worte als bindend gelten können, habe ich nur einen Sprechakt geäußert, der in Austins Sinn »unglücklich« oder »verunglückt« ist, d. h. der Adressat entkommt ihm unversehrt. Viele solcher Sprechakte sind also im engen Sinne ein »Verhalten«, ohne daß alle die Macht hätten, Effekte hervorzurufen oder eine Kette von Folgen auszulösen. Tatsächlich erscheinen viele Sprechakte unter dieser Perspektive betrachtet eher komisch, und man könnte Austins *How to do Things with Words* (dt. *Theorie der Sprechakte*) auch als amüsanten Katalog von solch verfehlten performativen Äußerungen lesen.

Ein Sprechakt kann also eine Handlung sein, ohne unbedingt effektiv zu sein. Wenn ich eine verfehlte performative Äußerung ausspreche, also einen Befehl erlasse, und niemand hört zu oder gehorcht, oder wenn ich ein Versprechen gebe, und es existiert niemand, dem oder vor dem dieses Versprechen gegeben wird, führe ich dennoch eine Handlung aus, allerdings nur mit einem geringen oder gar keinem Effekt (oder zumindest nicht mit dem Effekt, den dieser Sprechakt vorstellt). Eine geglückte performative Äußerung ist dadurch definiert, daß ich die Handlung nicht nur ausführe, sondern damit eine bestimmte Kette von Effekten auslöse. Sprachlich zu handeln bedeutet nicht zwangsläufig, auch Effekte hervorzurufen, und in diesem Sinne ist ein Sprechakt nicht immer ein effektiver Akt. Oder anders formuliert: Die Gleichsetzung von Sprechen und Handeln beinhaltet nicht unbedingt, daß Sprechen auch effektiv handelt.

Austin bietet eine vorläufige Typologie der verschiedenen Arten von Lokutionen performativer Art an. Der illokutionäre Akt ist dadurch bestimmt, daß jemand, indem er etwas sagt, gleichzeitig etwas tut. Der Richter, der sagt: »ich verurteile Sie«, äußert nicht eine Absicht, etwas zu tun, und beschreibt auch nicht, was er tut; seine Aussage ist vielmehr selbst ein Tun. Illokutionäre Sprechakte rufen also Effekte hervor und werden nach Austin durch sprachliche und gesellschaftliche Konventionen gestützt. Perlokutionäre Akte hingegen sind solche Äußerungen, die eine Kette von Folgen auslösen: Für einen perlokutionären Sprechakt gilt: »Wenn etwas gesagt wird, dann wird das [...] gewisse Wirkungen [...] hervorrufen«,[23] ohne daß das Sagen und die hervorgerufenen Wirkungen zeitlich zusammenfallen. Die Folgen sind nicht dasselbe wie der Sprechakt, sondern eher die Ergebnisse oder das »Nachspiel« der Äußerung. Während illokutionäre Akte sich mittels Konventionen vollziehen, vollziehen sich perlokutionäre Akte mittels Konsequenzen.[24] Diese Unterscheidung beinhaltet also, daß illokutionäre Sprechakte ohne zeitlichen Aufschub Effekte hervorrufen, daß hier das »Sagen« dasselbe ist wie das »Tun« und daß beide gleichzeitig erfolgen.

Austin stellt ferner fest, daß einige Folgen einer Perlokution unbeabsichtigt sein können. Als Beispiel führt er die unbeabsichtigte Beleidigung an, womit er die verbale Verletzung in den Horizont der Perlokution einordnet. Austin legt also nahe, daß die Verletzung nicht in den Konventionen wurzelt, die ein gegebener Sprechakt aufruft, sondern in den spezifischen Folgen, die er hervorruft.

In neuerer Zeit wurde Austins Werk von Juristen und Philosophen (u. a. Catharine MacKinnon und Rae Langton[25]) zitiert, um den performativen Charakter pornogra-

23 Ebd., S. 118.

24 Vgl. ebd. S. 133ff.

25 Catharine MacKinnon, *Nur Worte*, Frankfurt a. M. 1994; und Rae Langton, »Speech Acts and Unspeakable Acts«, in: *Philosophy and Public Affairs*, Nr. 22, Herbst 1993, S. 293-330.

phischer Darstellungen zu untermauern. Dieser soll darin bestehen, daß diese Repräsentationen keinen Standpunkt äußern oder über eine Realität berichten, sondern eine bestimmte Art von Verhalten darstellen. Die Autoren behaupten ferner, daß dieses Verhalten jene »zum Schweigen bringt«, die in den pornographischen Repräsentationen in einer untergeordneten Position dargestellt werden.

Ich werde auf diese Argumente ausführlich in den folgenden Kapiteln eingehen. Einleitend ist nur wichtig zu bemerken, daß hier die Pornographie als eine Form von *hate speech* konstruiert und daß ihre performative Kraft als illokutionäre beschrieben wird. Bezeichnenderweise hat sich MacKinnons Kritik gegen die Pornographie von der begrifflichen Rückbindung an das perlokutionäre Modell zu einem illokutionären Modell verschoben.[26] Auch in den Schriften von Mari Matsuda wird *hate speech* als eine Handlung verstanden, die nicht nur auf den Zuschauer einwirkt (eine perlokutionäre Szene), sondern auch zur gesellschaftlichen Konstitution ihres Adressaten beiträgt (und damit zu einem Prozeß der gesellschaftlichen »Anrufung« gehört).[27] Nach diesem Verständnis nehmen die Zuschauer eine gesellschaftliche Position ein oder sind mit ihr synonym geworden, wobei die Positionen selbst in einem statischen, hierarchischen Verhältnis zueinander stehen. Kraft der gesellschaftlichen Position, die er oder sie einnimmt, werden die Zuschauer aufgrund der Äußerung verletzt. Die Äußerung verweist das Subjekt erneut auf eine untergeordnete gesellschaftliche Position. In dieser Perspektive ruft ein solches Sprechen ein strukturelles Herrschaftsverhältnis wieder auf bzw. schreibt es wieder ein und bietet damit die sprachliche Möglichkeit, diese strukturelle Herrschaft zu rekonstituieren. Obgleich diese Theorie der *hate speech*

26 Ebd., S. 21.
27 Vgl. Matsudas Einführung in *Words that Wound*, a. a. O.

zuweilen eine Reihe von Folgen aufzählt, die dieses Sprechen hervorruft (perlokutionäres Modell), finden sich andere Formulierungen, in denen die Kraft der Performation durch konventionelle Mittel sichergestellt wird (illokutionäres Modell). In der Formulierung von Mari Matsuda beispielsweise *spiegelt* das Sprechen nicht nur ein soziales Herrschaftsverhältnis *wider*, sondern *inszeniert* diese Herrschaft und wird damit zum Vehikel der Wiederherstellung der gesellschaftlichen Struktur. Nach diesem illokutionären Modell *konstituiert hate speech* ihren Adressaten im Augenblick der Äußerung. Sie beschreibt keine Verletzung und ruft auch keine Verletzung als Folge hervor; vielmehr ist *hate speech* in der Äußerung selbst die Ausführung der Verletzung, wobei »Verletzung« als gesellschaftliche Unterordnung verstanden wird.[28]

Was der Sprechakt also tut, ist, das Subjekt in einer untergeordneten Position zu konstituieren. Doch woher bezieht der Sprechakt die Macht, das Subjekt so wirksam zu konstituieren? Ist die *hate speech* so geglückt, wie es in dieser Darstellung erscheint? Oder gibt es Bruchstellen, die bewirken, daß ihre konstituierende Macht weniger glückt, als die obige Beschreibung behauptet?

Ich möchte im Augenblick die Annahme in Frage stellen, daß *hate speech* immer funktioniert, und zwar nicht, um den durch sie hervorgerufenen Schmerz herunterzuspielen, sondern um die Möglichkeit ihres Scheiterns als Bedingung einer kritischen Antwort offenzulassen. Wenn die theoretische Darstellung der Verletzung durch *hate speech* die Möglichkeit einer kritischen Antwort verwirft, bestätigt sie nur deren totalisierende Effekte. Diese Argumentation mag in juristischen Kontexten oft nützlich sein, doch wird sie kontraproduktiv, wenn es um die Möglichkeit geht, For-

28 Vgl. die Argumente, die Patricia Williams vorträgt, um die konstruktivistische Macht rassistischer Sprechakte zu untermauern: *The Alchemy of Race and Rights*, Cambridge 1991, S. 236.

men der Handlungsmacht und des Widerstands zu denken, die nicht auf den Staat fixiert sind.

Selbst wenn *hate speech* funktioniert, indem sie durch diskursive Mittel ein Subjekt konstituiert, stellt sich die Frage, ob diese Konstitution unbedingt endgültig und effektiv ist. Oder anders gefragt: Gibt es eine Möglichkeit, die durch dieses Sprechen hervorgerufenen Effekte zu stören und zu unterlaufen? Ist eine Bruchstelle erkennbar, die dazu führen könnte, diesen Prozeß der diskursiven Konstitution aufzulösen? Und welche Art von Macht schreibt man dem Sprechen zu, wenn es die Macht besitzen soll, das Subjekt so erfolgreich zu konstituieren?

Matsudas Argumentation setzt voraus, daß im Augenblick der haßerfüllten Äußerung eine gesellschaftliche Struktur artikuliert wird. *Hate speech* ruft die Position der Herrschaft wieder auf und rekonsolidiert sie im Augenblick der Äußerung. Als sprachliche Reartikulation gesellschaftlicher Herrschaft wird *hate speech* für Matsuda zum Schauplatz einer mechanistischen, voraussagbaren Reproduktion der Macht. Dagegen betont Austin wiederholt die Frage des mechanischen Zusammenbruchs oder der »Versager« und der Unvorhersagbarkeit des Sprechakts, indem er der unterschiedlichen Art und Weise nachgeht, in der ein Sprechakt fehlschlagen kann. Allgemeiner formuliert, erscheint die Frage berechtigt, ob in *hate speech* ein statischer Begriff der »Gesellschaftsstruktur« verdoppelt wird oder ob diese Strukturen dadurch, daß sie reiteriert, wiederholt und reartikuliert werden, eher aufgelöst werden. Könnte man den Sprechakt der *hate speech* als weniger effektiv und zugleich offener für eine Erneuerung und Subversion denken, wenn man das zeitliche Leben der Struktur in Betracht zieht, die der Sprechakt angeblich artikuliert? Denn wenn eine Gesellschaftsstruktur für ihr Fortbestehen auf die Artikulation angewiesen ist, dann stellt sich die Frage ihres Fortbestehens gerade am Schauplatz der Artikulation. Ist also eine Artikulation denkbar, die diese Struktur aussetzt oder durch ihre Wiederholung im Sprechen untergräbt? Als Akt der Anrufung erinnert *hate speech* einerseits an frühere Akte und ist andererseits für ihr eigenes Fortdauern auf eine zukünftige Wiederholung angewiesen. Ist also eine Wiederholung denkbar, die den Sprechakt von den ihn stützenden Konventionen ablösen kann und damit seine verletzende Wirksamkeit eher in Verwirrung bringt als konsolidiert?

Szenarien der Äußerung

Es wäre ein Mißverständnis zu denken, daß die Entfaltung der theoretischen Problematik des Sprechakts zugleich eine Reihe von klärenden Lösungen für dessen gegenwärtiges politisches Wirken bieten könnte. Das Verhältnis zwischen Theorie und Politik stellt sich eher umgekehrt dar: Die theoretischen Positionen werden in politischen Kontexten übernommen und eingesetzt, die zugleich etwas über den strategischen Wert der Theorie offenbaren. Ein kursorischer Überblick über die politischen Fälle, in denen der Sprechakt auftaucht, verweist auf eine bezeichnende Unstimmigkeit in der Frage, ob Sprechakte eher als »Verhalten« denn als »Sprechen« im juristischen Sinne gelten sollen. In dieser Debatte neigen die weithin beachteten Argumente für den Zusammenbruch der Unterscheidung »Sprechen vs. Verhalten« dazu, die Seite der staatlichen Regulierung zu stärken und die Berufung auf den Ersten Zusatz der amerikanischen Verfassung auszusetzen. Die Argumente dagegen, die Sprechakte weiterhin als Sprechen und nicht als Verhalten deuten, wirken sich ihrerseits tendenziell zugunsten einer Aufhebung der staatlichen Intervention aus. Im ersten Kapitel werde ich beschreiben, wie im Fall *R. A.V. vs. St. Paul* eine Mehrheit des Obersten Gerichtshofs eine örtliche Verfügung zu Fall brachte. Diese

Verfügung begriff den strittigen Fall, in dem vor dem Haus einer schwarzen Familie ein Kreuz verbrannt worden war, als »Provokation« (*fighting words*: rechtswidrige, offensive Sprache, Anm. d. Übs.) und warf die Frage auf, ob diese Art von Sprechen tatsächlich einfach »eine Botschaft übermittelt« und nur »einen Standpunkt« – selbst wenn er als »verwerflich« gilt – zum Ausdruck bringt.[29] Der Oberste Gerichtshof ließ hingegen eindeutig ein neueres juristisches Argument außer Betracht, wonach das brennende Kreuz sowohl ein Sprechen als auch ein Verhalten darstellt, d. h. sowohl eine Botschaft der Minderwertigkeit vermittelt als auch ein Akt der Diskriminierung ist (in dem Sinne, wie das Zeichen »Whites only« sowohl eine Vorstellung zum Ausdruck bringt als auch selbst ein diskriminierendes Verhalten ist).

In ihrem neuesten Werk *Nur Worte* begreift MacKinnon die Pornographie gleichermaßen als Sprechen und als Verhalten, nämlich als »performative Äußerung«, die nicht nur in verletzender Weise »gegen Frauen handelt« (eine perlokutionäre These), sondern durch ihre Darstellung die Klasse der Frauen als unterlegene Gruppe konstituiert (eine illokutionäre These). Das brennende Kreuz wird als Analogon der pornographischen Äußerung verstanden, da beide eine Verletzung darstellen und zugleich ausführen. Doch kann man wirklich bezüglich der Pornographie von demselben illokutionären Modell ausgehen wie bezüglich des brennenden Kreuzes? In beiden Fällen weichen die jeweilige Theorie der Repräsentation und die der Performativität entscheidend voneinander ab. Ich möchte darstellen, daß der visuelle Text der Pornographie von seiner Gattung her nicht ebenso »drohen«, »erniedrigen« oder »herabwürdi-

29 Eine gründliche Darstellung der »fighting words« und eine interessante Überlegung zum Ersten Verfassungszusatz bietet Kent Greenawalt in: *Fighting Words: Individual, Communities and Liberties of Speech*, Princeton 1995.

gen« kann wie das brennende Kreuz. Die Behauptung, daß beide Beispiele dieselbe Art von sprachlichem Verhalten veranschaulichen, ist nicht nur ein Fehlurteil, sondern benutzt zugleich ein Zeichen rassistischer Gewalt, um durch eine metonymische Verschiebung die angeblich verletzende Macht der Pornographie zu unterstreichen.

Erst kürzlich war von einem Sprechen zu lesen, das zu bestimmten Taten »aufhetzen« soll. Die israelische Presse widmete sich eingehend der Brandrhetorik des rechten Flügels in Israel und warf die Frage auf, ob diese Rhetorik als verantwortlich für die Ermordung von Jitzhak Rabin gelten kann. Wie kommt es, daß wir in solchen Fällen annehmen, daß sich die Äußerung gleichsam von selbst in Handlungen umsetzt? Wie hört, nach dieser Vorstellung, der Zuhörer das Sprechen oder nimmt es als Motivation auf? Setzt es sich mechanisch oder durch Ansteckung in Handeln um? Einige »Pro-Life«-Aktivisten haben, allerdings mit begrenztem juristischen Erfolg, angeführt, daß Ausdrücke wie »Abtreibung«, die im Internet auftauchen, selbst eine »Obszönität« darstellen. Vor kurzem sah ich im Flugzeug einen Film, in dem das Wort »Abtreibung« von einem Piepton überlagert wurde, als es ausgesprochen wurde. Nach diesem Verständnis beleidigt die Äußerung nicht nur eine bestimmte Sensibilität, sondern stellt selbst eine Verletzung dar, so als würde das Wort selbst die Handlung ausführen und als wäre die verletzte Partei das wehrlose »Ungeborene«. Auch in der amerikanischen Armee wird dem Wort eine solche magische Wirksamkeit zugeschrieben, indem die Erklärung, homosexuell zu sein, so verstanden wird, als würde sie etwas von der Homosexualität übertragen und als stellte sie selbst die eine oder andere homosexuelle Handlung dar.

In den politischen Fällen dagegen, in denen das Sprechen fast gewaltsam vom Verhalten getrennt wird, ist diese magische Sichtweise der performativen Äußerung bezeichnenderweise nicht wirksam. Die Bereitschaft des Gerichtshofs, das brennende Kreuz in der Sache *R. A.V. vs. St. Paul* als potentiell durch Redefreiheit geschütztes »Sprechen« zu behandeln, deutet darauf hin, daß sich die nicht-performative Sichtweise des Sprechens so erweitern läßt, daß man damit rassistisches Verhalten unterschiedlichster Art verteidigen kann. Diese Verteidigung manipuliert die Unterscheidung zwischen Sprechen und Verhalten, um bestimmte politische Zielsetzungen durchzusetzen. Doch auch MacKinnons Appell an den Staat, die Pornographie als performatives Sprechen und die pornographische Repräsentation als verletzendes Verhalten zu behandeln, klärt nicht die theoretische Frage nach dem Verhältnis zwischen Repräsentation und Verhalten. MacKinnon läßt die Unterscheidung zwischen Sprechen und Verhalten fallen, um die Macht staatlicher Eingriffe gegenüber eindeutig sexuellen Repräsentationen zu stärken.

In vielerlei Hinsicht stellt jedoch gerade diese Ausdehnung der staatlichen Macht eine der größten Bedrohungen für das diskursive Vorgehen der lesbischen und schwulen Politik dar. Denn für diese Politik ist eine Reihe von Sprechakten, die man als anstößiges und sogar verletzendes Verhalten bewerten konnte und bewertet hat, von zentraler Bedeutung: die *überdeutliche Selbstdarstellung* (z. B. in der Photographie von Mapplethorpe); die *offene Selbstdefinition* (z. B. in der Praxis des Coming out); und die *ausdrückliche Sexualerziehung* (z. B. in der AIDS-Aufklärung). In allen drei Fällen ist es wichtig, daß die Darstellung von Homosexualität nicht mit ihrer Ausführung zusammenfällt, selbst wenn sie eine bedeutende performative Dimension hat. Wenn jemand offen seine Homosexualität erklärt, ist der performative Akt die Erklärung, nicht die Homosexualität – außer man wollte die merkwürdige These aufstellen, daß Homosexualität selbst nichts anderes als eine Art von Erklärung ist. Ähnlich wichtig ist der Hinweis, daß die Repräsentation von Sexualpraktiken in den AIDS-Aufklärung weder AIDS verbreitet noch zu irgendeiner Art von Sexualität aufruft (außer insofern die Aufklärung zu *Safer Sex* aufrufen will). In vergleichbarer Weise gilt: Wenn konservative Kritiker den Gangsta Rap für die städtische Kriminalität und die Entwürdigung von Frauen verantwortlich machen, stellen sie die Repräsentation nicht nur als performativ, sondern als Ursache hin. Als William Bennett und C. Delores Tucker zum öffentlichen Widerstand gegen den Gangsta Rap aufriefen,[30] kämpften sie nicht für den staatlichen Eingriff gegen die Verbände, die diese Musik finanzieren. Vielmehr brachten sie die Ansicht in Umlauf, daß diese Musik (und ihre Texte) perlokutionäre Effekte habe; und präsentierten die Repräsentation selbst, als würde sie zur kriminellen Gewalt führen. Das Zusammenfallen von Sprechen und Verhalten wird also eingesetzt, um die »Ursache« für Gewalt in Städten dingfest zu machen oder um, wie im Falle der israelischen Beschäftigung mit der Brandrhetorik, eine Debatte über die breiteren institutionellen Bedingungen, die die rechte Gewalt begünstigen, zu vermeiden. Auch die Wendung gegen die Texte des Gangsta Rap in den USA soll von einer grundlegenderen Analyse der Rassen- und Armutsprobleme und des damit verbundenen Zorns sowie von der Frage ablenken, wie sich diese Bedingungen in den städtischen afroamerikanischen Genres der Popmusik seismographisch widerspiegeln.[31]

Unglücklicherweise neigen anscheinend einige Auseinandersetzungen mit *hate speech* dazu, die Effekte der rassistischen Verletzung herunterzuspielen, während sie umgekehrt das Feld möglicher sexueller Verletzung ausdehnen. Der konservative Angriff gegen den Rap hat die feministischen Argumente gegen eine verletzende Repräsentation stillschweigend übernommen. Neue »Regeln des Anstands« fordern, daß bestimmte städtische Bedingungen der

30 Vgl. New York Times, 2. Juni 1995.
31 Vgl. George Lipsitz, »Censorship of Commercial Culture«, a. a. O.

Gewalt nicht mehr dargestellt werden. Gleichzeitig soll die sexuelle Verletzung der Frauen in rassistischen Tropen begriffen werden: Die Würde der Frau würde also nicht durch die Aufweichung ihrer Rechte auf freie Fortpflanzung und den weitverbreiteten Verlust an öffentlicher Unterstützung, sondern in erster Linie durch singende afroamerikanische Männer bedroht.

Theorien, die das Wirkungsmodell des Performativen sowohl in seiner illokutionären wie in seiner perlokutionären Spielart vertreten, können also zugleich feministisch und antifeministisch, rassistisch und antirassistisch, homophobisch und anti-homophobisch sein. Die Theorien über die Wirksamkeit des Sprechens lassen sich nicht einfach mit den entsprechenden allgemeinen politischen Ansichten oder, genauer, mit einer bestimmten Rechtsauslegung des Ersten Verfassungszusatzes in Verbindung setzen. Dennoch stützen sich die weitverbreiteten rechtlichen Präzedenzfälle, die für eine Einschränkung des »Sprechens« plädieren, offenbar auf den Gebrauch eines illokutionären Modells der *hate speech*. Je enger die Verbindung zwischen Sprechen und Verhalten gefaßt und je mehr der Unterschied zwischen geglückten und verunglückten Akten verdeckt wird, um so berechtigter erscheint die These, daß Sprechen nicht nur eine Verletzung hervorruft, sondern selbst eine Verletzung ist und damit unzweideutig zu einer Form des Verhaltens wird. Das Zusammenfallen von »Sprechen« und »Verhalten« und die damit einhergehende Verdeckung der Kluft zwischen beiden unterstützt tendenziell die Befürworter staatlicher Eingriffe. Denn wenn sich das »Sprechen« in einem der oben dargestellten Fälle unter die Kategorie »Verhalten« vollständig subsumieren läßt, wird der Erste Verfassungszusatz umgangen. Auf der Kluft zwischen Sprechen und Verhalten zu bestehen bedeutet dagegen, die Rolle der nicht-juridischen Oppositionsformen zu stärken, die das Sprechen in anderen Kontexten, die die gerichtlich festgestellten überschreiten, reinszenieren und resignifizieren. Die rechtlichen Strategien, wie sie fortschrittliche rechtliche und soziale Bewegungen propagieren, bergen nämlich die Gefahr, daß sie genau gegen diese Bewegungen gewendet werden können, weil sie die Staatsmacht, insbesondere die gesetzliche, in bezug auf die dargestellte Problematik ausweiten. Sei es, daß sie die Bandbreite des Begriffs »Obszönität« erweitern oder versuchen, eine Rechtsauffassung zur »provozierenden Rede« (*fighting words*) durchzusetzen (bislang erfolglos) oder das Anti-Diskriminierungsgesetz zu erweitern, so daß es auch Sprechen als diskriminierendes Verhalten umfaßt – tendenziell fördern diese Strategien sämtlich den staatlichen Eingriff zur Regelung dieser Fragen, womit sie potentiell dem Staat die Macht verleihen, sich später auf Präzedenzfälle zu berufen, um sie gegen soziale Bewegungen einzusetzen, die einst auf deren Anerkennung als gültige Rechtsauffassung drängten.

Sprechakte als Anrufung

Wenn *hate speech* in illokutionärer Form handelt, indem sie im und durch den Augenblick des Sprechens verletzt und das Subjekt durch die Verletzung konstituiert, übt sie eine anrufende Funktion aus.[32] Zunächst scheint der Austinsche Begriff der illokutionären Äußerung mit dem Althusserschen Begriff der Anrufung unvereinbar. Nach Austin geht das sprechende Subjekt dem Sprechen voraus, während nach Althusser umgekehrt der Sprechakt dem Subjekt vor-

32 Eine umfassendere Auseinandersetzung mit Althussers Theorie der Anrufung findet sich in meinem Aufsatz »Conscience Doth Make Subjects of Us All«, der zuerst in *Yale French Studies* 88, Winter 1995, S. 6-26 erschien und in *The Psychic Life of Power* (a. a. O.) aufgenommen wurde.

ausgeht, das er zur sprachlichen Existenz bringt. Somit bildet anscheinend die »Anrufung«, die bei Althusser das Subjekt erst erzeugt, die Voraussetzung für jene im Subjekt zentrierten Sprechakte, die Austins Analysen bevölkern. Allerdings macht Austin deutlich, daß für ihn die Funktionsweise des Performativen nicht stets von der Absicht des Sprechers abhängt. Er weist alle Formen des Psychologismus zurück, nach denen das Versprechen – einer der ersten Sprechakte, den er untersucht – stets mit »märchenhaften inneren Akten«[33] einhergehen muß, um den Sprechakt zu garantieren. Auch wenn eine »gute Absicht« ein geglücktes Versprechen geben kann, beraubt umgekehrt die Absicht, ihn nicht zu erfüllen, den Sprechakt doch nicht seines Status als Versprechen: Das Versprechen wurde dennoch gegeben.[34] Man muß also die Kraft des Sprechens von seiner Bedeutung trennen, wobei die illokutionäre Kraft durch Konventionen sichergestellt wird.[35] Nach Austin ist die Konvention, die die Institution des Versprechens regelt,

33 J. L. Austin, *Zur Theorie der Sprechakte*, a. a. O., S. 32.

34 Vgl. ebd. S. 33f.

35 Einen hervorragenden Überblick über die laufende Debatte zum Status der sprachlichen Konvention bietet Mette Hjort (Hg.), *Rules and Conventions: Literature, Philosophy, Social Theory*, Baltimore 1992. Besonders beachtlich ist hier der Aufsatz »The Temporality of Convention: Convention Theory and Romanticism« von Claudia Brodsky Lacour. Von zentraler Bedeutung für nahezu jede post-Austinsche analytische Diskussion der Konvention ist das Buch von David K. Lewis, *Convention: A Philosophical Study*, Cambridge 1986. Stanley Cavell argumentiert überzeugend dafür, Austins Theorie in Richtung der Sprachphilosophie Wittgensteins zu erweitern, und bringt damit implizit den Begriff der »Konvention« in die umfassendere Konzeption der Alltagssprache (*ordinary language*) ein. Cavell verteidigt Austin gegen die Kritiker, die Austins Sprachauffassung im Gegensatz zur literarischen Sprache sehen. Vgl. Cavell, »What did Derrida Want of Austin?«, in: *Philosophical Passages: The Bucknell Lectures in Literary Theory*, Cambridge 1995, S. 42-65. Siehe auch seinen Aufsatz »Counter-Philosophie and the Pawn of Voice«, in: *A Pitch of Philosophy: Autobiographical Exercises*, Cambridge 1994, S. 53-128.

verbal anerkannt, selbst im Fall eines Versprechens, das niemand einzuhalten gedenkt – in derselben Weise, wie für Althusser jeder bereits in das Ritual der Ideologie eingetreten ist, gleichgültig ob zuvor ein »echter« Glaube an diese Ideologie existiert oder nicht.

Austins Theorie, daß der illokutionäre Sprechakt durch seine konventionale, d. h. »rituelle« oder »zeremonielle« Dimension bedingt ist, findet ihr Gegenstück in Althussers wiederholtem Hinweis, daß die Ideologie eine »rituelle« Form hat und daß dieses Ritual »die materielle Existenz eines ideologischen Apparates« ausmacht.[36] Das Ritual ist insofern »materiell«, als es produktiv ist, d. h. insofern es den Glauben erzeugt, der angeblich »hinter« ihm steht. Um die rituelle Dimension der Ideologie zu erklären, beruft sich Althusser »skandalöserweise« auf Pascals Ausführungen zum religiösen Glauben: »Pascal sagt ungefähr folgendes: ›Knie nieder, bewege die Lippen zum Gebet und Du wirst glauben.‹«[37] Die heilige Geste erfüllt sich mit der Zeit; im Laufe der ritualisierten Wiederholung der Konvention werden die entsprechenden Ideen produziert. Ideen gehen nach Althusser den Handlungen nicht voraus, ihre Existenz ist vielmehr »eingeschrieben in die Handlung der Praxen, die durch Rituale geregelt werden«.[38] In der berühmten Anrufungsszene, die Althusser anführt, ruft ein Polizist einem Passanten »Hallo, Sie da!« zu. Der Passant, der sich selbst wiedererkennt und sich umwendet, um auf den Ruf zu antworten – d. h. fast jeder –, existiert im strengen Sinne nicht vor diesem Ruf. Was bedeutet nun diese sehr anschauliche Szene? Indem der Passant sich umwendet, erhält er eine bestimmte Identität, die sozusagen um den Preis der Schuld erkauft ist. Der Akt der Anerkennung wird zu ei-

36 Althusser, *Ideologie und ideologische Staatsapparate*, a. a. O., S. 138.
37 Ebd.
38 Ebd., S. 139.

nem Akt der Konstitution; die Anrede ruft das Subjekt ins Leben.

Weder das Austinsche Versprechen noch das Althussersche Gebet sind für ihre jeweilige »Ausführung« auf einen vorhergehenden psychischen Zustand angewiesen. Doch während Austin ein sprechendes Subjekt voraussetzt, postuliert Althusser in der oben dargestellten Szene, daß das Subjekt durch eine Stimme hervorgebracht wird. Das Austinsche Subjekt spricht konventional, d. h. mit einer Stimme, die niemals völlig einzigartig ist. Das Subjekt beschwört eine Formel (d. h. nicht, daß es ein Ritual befolgt), was ohne Reflexion auf den konventionellen Charakter des Gesagten geschehen kann. Die rituelle Dimension der Konvention beinhaltet, daß der Augenblick der Äußerung durch frühere und sogar künftige Augenblicke geprägt ist, die er zugleich verdeckt. Denn wer spricht, wenn die Konvention spricht? Und in welcher Zeit spricht sie? In gewissem Sinne spricht hier eine überlieferte Reihe von Stimmen, ein Echo von anderen, in Gestalt des »Ich«.[39]

Um eine Brücke zwischen Austins und Althussers Theorien zu schlagen, müßte man darstellen, wie das durch die Anrede des anderen konstituierte Subjekt zu einem Subjekt wird, das seinerseits andere ansprechen kann. In diesem Falle stellt das Subjekt weder einen souveränen Handlungsträger dar, der ein bloß instrumentelles Verhältnis zur Sprache hat, noch einen bloßen Effekt, dessen Handlungsmacht sich in reiner Komplizenschaft mit den vorgängigen Verfahren der Macht erschöpft. Keine Übernahme der Handlungsmacht kann die Verletzbarkeit durch den anderen überwinden, die durch die dem Subjekt vorausgehende An-

39 Aufgrund dieses Merkmals der Iteration bei Austin vergleicht Felman Austins Werk mit dem von Lacan. Siehe Felman, *Le scandale du corps* …, a. a. O., Kapitel 4. Zu dieser »Gleichgültigkeit« der sprachlichen Konvention gegenüber dem »Ich«, das sie ermöglicht, vgl. Felmans Diskussion von Benveniste im selben Werk.

rede bedingt ist (auch aus diesem Grund fällt »Handlungsmacht« nicht mit »Beherrschung« zusammen).

Damit nähert sich die Behauptung, daß *hate speech* ein illokutionärer Sprechakt ist und das Subjekt in einer untergeordneten Position hervorbringt, der Theorie an, daß das Subjekt durch eine vorhergehende Stimme, die ein Ritual vollzieht, angerufen wird. Tatsächlich ist es eines der stärksten Argumente für eine staatliche Regelung von *hate speech*, daß bestimmte Äußerungen – wenn sie aus einer Machtposition heraus gegenüber einer bereits untergeordneten Person ausgesprochen werden – den Effekt haben, ihren Adressaten neuerlich zu unterwerfen.

Damit diese Theorie überzeugend wird, müssen zunächst die gesellschaftlich kontingenten und vermeidbaren Verletzungen von den Formen der Unterordnung abgehoben werden, die sozusagen die Möglichkeitsbedingung des Subjekts darstellen. Diese Unterscheidung zu treffen ist schwierig, aber nicht unmöglich, da die erstere Art des Sprechens die Möglichkeit der zweiten voraussetzt. *Hate speech* offenbart eine vorgängige Verletzbarkeit durch die Sprache, die uns anhaftet, insofern wir als gleichsam »angerufene Wesen« von der Anrede des anderen abhängen, um zu sein. Freilich muß die Tatsache, daß man durch die Abhängigkeit vom anderen ins »Sein« kommt – ein Hegelsches, ja sogar Freudsches Postulat –, in linguistischen Begriffen neu formuliert werden, da die Bestimmungen, die die Anerkennung regeln, verteilen und verweigern, Teil größerer gesellschaftlicher Rituale der Anrufung sind. Es gibt keinen möglichen Schutz vor der Verletzbarkeit und Empfänglichkeit für den Anruf der Anerkennung, der gleichsam die Existenz herbeiruft, oder vor der primären Abhängigkeit von einer Sprache, die wir nicht selbst gemacht haben, damit wir einen zumindest vorläufigen ontologischen Status erhalten. So halten wir manchmal an Ausdrücken fest, die uns weh tun, weil sie uns wenigstens irgendeine Form der gesellschaftlichen und diskursiven Existenz bieten.[40] Die Anrede, die die Möglichkeit der Handlungsmacht eröffnet, verwirft im selben Atemzug die Möglichkeit einer radikalen Autonomie. In diesem Sinne wird die Verletzung bereits durch den Akt der Anrufung vollzogen, der die Möglichkeit einer Autogenese des Subjekts durchstreicht (und zugleich diese Phantasie gebiert). Der potentiell verletzende Effekt der Sprache läßt sich niemals vollständig regulieren, ohne dabei ein grundsätzliches Moment der Sprache und genauer: der sprachlichen Konstituierung des Subjekts zu zerstören. Je deutlicher man bemerkt, wie unvermeidlich unsere Abhängigkeit von den Formen der Anrede ist, um überhaupt eine Handlungsmacht auszuüben, um so dringlicher wird eine kritische Perspektive auf die Sprachformen, die die Regulierung und Konstitution des Subjekts bestimmen.

Die Äußerungen der *hate speech* gehören zu dem fortgesetzten, ununterbrochenen Prozeß, dem wir unterworfen sind. Diese fortwährende Unterwerfung (*assujetissement*) ist nichts anderes als der Vollzug der Anrufung, jene wiederholte Handlung des Diskurses, der die Subjekte in der Unterwerfung formt. Die anstößigen Begriffe, die einen diskursiven Ort der Gewalt abstecken, gehen jeder Äußerung, die sie gleichsam in Szene setzt, voraus und zeitigen sie. Die Äußerung bietet lediglich die Gelegenheit, den Vorgang der Anrufung zu erneuern. Dieser Vorgang vollzieht sich mit oder ohne das »sprachliche Verhalten«, auch wenn dieses ihn veranschaulicht. Denn man kann auch gerade durch das Schweigen, durch die Tatsache, nicht angesprochen zu werden, angerufen oder auf seinen Platz verwiesen

40 Ähnlich betont J. G. A. Pocock den »unvollkommenen Charakter aller sprachlichen Äußerungen, aufgrund dessen eine Antwort und damit die menschliche Kommunikation möglich wird«, in: »Verbalizing a Political Act: Towards a Politics of Speech«, in: Michael J. Shapiro, *Language and Politics*, New York 1984, S. 25-43.

werden bzw. einen Platz erhalten – was schmerzhaft deutlich wird, wenn wir entdecken, daß wir lieber erniedrigt als gar nicht angesprochen werden.

Man könnte versucht sein anzunehmen, daß die Existenz der verletzenden Sprache eine ethische Fragestellung aufwirft, z. B. die Frage, welche Art von Sprache man gebrauchen sollte. Wie wirkt sich die Sprache, die wir gebrauchen, auf andere aus? Wenn *hate speech* Zitatcharakter hat, bedeutet das, daß der Sprecher für den Gebrauch dieses Sprechens nicht verantwortlich ist? Kann man sagen, daß er von jeder Verantwortung frei ist, da ein anderer dieses Sprechen erfunden hat, das er selbst nur gebraucht? Ich würde dagegenhalten, daß der Zitatcharakter des Diskurses unser Verantwortungsgefühl eher stärken und vertiefen kann. Der Sprecher einer *hate speech* ist verantwortlich dafür, daß er dieses Sprechen in bestimmter Form wiederholt und wiederbelebt und die Kontexte von Haß und Verletzung aktualisiert. Die Verantwortlichkeit des Sprechers besteht nicht darin, die Sprache ex nihilo neu zu erfinden, sondern darin, mit der Erbschaft ihres Gebrauchs, die das jeweilige Sprechen einschränkt und ermöglicht, umzugehen. Um dieses Verantwortungsgefühl, das gleichsam von Anfang an mit einer Unreinheit behaftet ist, zu verstehen, müssen wir begreifen, daß die Sprecher durch die Sprache, die er oder sie gebrauchen, geprägt sind. Dieses Paradox deutet ein Dilemma an, das bereits am Ursprung des Sprechens gärt.

Die Frage, wie man das Sprechen am besten gebrauchen sollte, kann als explizit ethische Fragestellung erst später aufgeworfen werden. Sie setzt eine Reihe von Fragen voraus: Wer sind »wir«, daß wir nicht ohne Sprache sein können? Und was heißt es, innerhalb der Sprache zu »sein«? Wie kommt es, daß die verletzende Sprache gerade diese Möglichkeitsbedingung, diese Bedingung des sprachlichen Fortbestehens und Überlebens, erschüttert? Wenn das sprechende Subjekt durch die Sprache, die es spricht, konstituiert wird, dann stellt die Sprache die Bedingung seiner oder ihrer Möglichkeit und nicht bloß sein oder ihr Ausdrucksinstrument dar. Somit ist die »Existenz« des Subjekts in eine Sprache »verwickelt«, die dem Subjekt vorausgeht und es übersteigt, eine Sprache, deren Geschichtlichkeit eine Vergangenheit und Zukunft umfaßt, die diejenigen des sprechenden Subjekts übersteigen. Und dennoch wird das Sprechen des Subjekts gerade durch diesen »Überschuß« ermöglicht.

Foucault verweist auf diesen Verlust der Kontrolle über die Sprache, wenn er schreibt: »Der Diskurs ist nicht das Leben; seine Zeit ist nicht die deine.«[41] Offenbar meint Foucault hier, daß das Leben nicht auf den Diskurs, den jemand spricht, oder auf die Diskurssphäre reduzierbar ist, die sein Leben beseelt. Allerdings versäumt er es, darauf hinzuweisen, daß die Zeit des Diskurses, selbst in ihrer radikalen Inkommensurabilität mit der Zeit des Subjekts, die Redezeit des Subjekts *ermöglicht*. Der sich der Kontrolle des Subjekts entziehende Bereich der Sprache wird zur Bedingung der Möglichkeit der Kontrolle über jeden Bereich, die das sprechende Subjekt auszuüben vermag. Autonomie im Sprechen ist, soweit sie existiert, durch eine radikale und ursprüngliche Abhängigkeit von der Sprache bedingt, deren Geschichtlichkeit die Geschichte des sprechenden Subjekts in alle Richtungen übersteigt. Und diese überschüssige Geschichtlichkeit und Struktur ermöglicht ebenso das sprachliche Überleben des Subjekts wie potentiell seinen sprachlichen Tod.

41 Michel Foucault, »Politics and the Study of Discourse«, in: Graham Burchell, Colin Gordon, Peter Miller (Hg.), *The Foucault Effect: Studies in Governmentality*, Chicago 1991, S. 71.

Benennung als verletzende Handlung

Obgleich die verletzende Sprache teilweise vom Gebrauch von Namen abhängt, also von der Benennung oder Beschimpfung eines anderen, beruhen andere Formen der Verletzung eher auf Beschreibungen oder sogar auf Formen des Schweigens. Dennoch könnten einige Aspekte der sprachlichen Verletzbarkeit durch eine Untersuchung der Macht des Namens verständlich werden. Wenn nach Lacan der Name die Zeit des Objekts ist, ist er doch auch die Zeit des anderen. Durch die Benennung wird man sozusagen an einen sozialen Ort und in eine soziale Zeit versetzt. Um einen Namen zu erhalten, die Bezeichnung, die angeblich Einzigartigkeit verleiht, sind wir voneinander abhängig. Gleichgültig, ob wir den Namen mit anderen teilen, der Name als Konvention besitzt eine Allgemeinheit und Geschichtlichkeit, die keinesfalls radikal einzigartig ist, selbst wenn ihm diese Macht, Einzigartigkeit zu verleihen, zugesprochen wird, zumindest im allgemeinen Verständnis des *Eigennamens.* Allerdings stellt sich die Frage, ob andere Arten von Namen oder von Beschreibungen und sprachlichen Haltungen (einschließlich des Schweigens) etwas von der konstituierenden Macht des Eigennamens entlehnen oder ableiten. Verleihen auch sie eine räumliche und zeitliche Besonderheit und eröffnen eine Zeit des Subjekts, die nicht mit der Zeit der Sprache zusammenfällt, und unterstreichen damit das Gefühl für die Endlichkeit des Subjekts, das aus solcher Inkommensurabilität folgt?

Betrachten wir für einen Augenblick die allgemeineren Bedingungen der Namensgebung. Zuerst wird ein Name durch einen einzelnen oder eine Gruppe angeboten, gegeben, jemandem auferlegt und beigelegt. Der Name erfordert einen intersubjektiven Kontext und gleichzeitig einen *Modus der Anrede.* Denn der Name erscheint als *Anrede, die dem anderen eine Prägung zuspricht und diese zugleich für »passend« oder »geeignet« erklärt.* Die Szene der Benennung erscheint so zunächst als einseitige Handlung: Einige Personen richten ihr Sprechen an andere und entleihen, verschmelzen und prägen einen Namen, den sie von einer verfügbaren sprachlichen Konvention ableiten, wobei sie diese Ableitung im Akt der Benennung zur passenden oder »geeigneten« erklären. Allerdings setzt diese Szene voraus, daß der Benennende, der innerhalb der Sprache arbeitet, um einen Namen für einen anderen zu finden, seinerseits bereits benannt und in die Sprache eingegangen ist als einer, der bereits der begründenden oder initiierenden Anrede unterworfen worden ist. Damit zeigt sich, daß dieses Subjekt in der Sprache sowohl die Position des Adressaten als auch die des Adressierenden innehat. Die Möglichkeit, andere zu benennen, erfordert, daß man selbst bereits benannt worden ist. Das bereits benannte Subjekt des Sprechens verwandelt sich potentiell in jemanden, der mit der Zeit einen anderen benennen könnte.

Auch wenn wir diese Handlung zuerst und vor allem als Verleihung eines Eigennamens betrachten, nimmt sie nicht unbedingt diese Gestalt an. Die grelle, sogar schreckliche Macht der Benennung erinnert anscheinend an die ursprüngliche Macht des Namens, die sprachliche Existenz zu eröffnen und aufrechtzuerhalten und Einzigartigkeit in Raum und Zeit zu verleihen. Auch nachdem das Subjekt einen Eigennamen erhalten hat, bleibt es der Möglichkeit unterworfen, erneut benannt zu werden. In diesem Sinne stellt die mögliche Verletzung durch Benennung eine fortwährende Bedingung des sprechenden Subjekts dar. Man kann sich vorstellen, jemand müßte alle Namen zusammentragen, mit denen er jemals benannt wurde. Käme da nicht seine Identität in Verlegenheit? Würden nicht manche Namen den Effekt anderer auslöschen? Müßte er entdecken, daß er grundlegend auf eine widersprechende Zusammenstellung von Namen angewiesen ist, um daraus sich selbst abzuleiten? Wenn wir uns selbst in den Namen wiederfinden, die sozusagen von anderswo an uns gerichtet werden, stoßen wir dann auf unsere Selbstentfremdung in der Sprache? Benveniste hat gezeigt, daß die Bedingungen der Möglichkeit, in der Sprache ein »Ich« zu werden, gegenüber dem »Ich«, das jemand wird, indifferent bleiben. Je mehr wir uns in der Sprache suchen, um so mehr verlieren wir uns gerade am Ort der Suche nach uns selbst.

Das Subjekt, das sich zugleich in der Position des Adressaten wie des Adressierenden befindet und seine Haltungen innerhalb jenes gekreuzten Vektors der Macht einnimmt, ist nicht nur insofern durch den anderen begründet, als es der Anrede bedarf, um zu sein. Seine Macht leitet sich zudem von der Struktur der Anrede ab, insofern diese zugleich als sprachliche Verletzbarkeit und Ausübung der Sprache bestimmt ist. Wenn das Subjekt durch die Anrede ins Sein kommt, läßt es sich dann unabhängig von seiner sprachlichen Haltung vorstellen? Ein solches Subjekt wäre in der Tat unvorstellbar, oder die Subjekte wären nicht, was sie sind, abgelöst von der konstitutiven Möglichkeit, andere anzusprechen oder von anderen angesprochen zu werden. Wenn diese Subjekte ohne die sprachliche Haltung zueinander nicht sein könnten, wer sie sind, dann ist diese Haltung hierfür offenbar wesentlich oder etwas, ohne das man nicht sagen könnte, daß die Subjekte existieren. Ihre sprachliche Haltung zueinander, ihre sprachliche Verletzbarkeit durch einander, tritt nicht einfach zu ihren sozialen Beziehungen zueinander hinzu. Vielmehr ist sie eine der ursprünglichen Formen, die diese sozialen Beziehungen annehmen.[42]

42 Habermas und andere würden aus diesem zutiefst Heideggerschen Aspekt folgern, daß wir, kraft dessen, was in jedem Sprechakt normalerweise vorausgesetzt wird, an einer universellen Schicksalsgemeinschaft teilhaben. Das scheint mir eine unzulässige Ausdehnung oder Überdehnung unserer geläufigen Anschauung. Eine beschränk-

In der sprachlichen Szene, die wir gerade betrachtet haben, stehen die Subjekte in einem Verhältnis des Anredens und des Angeredet-Werdens zueinander, wobei die Fähigkeit, jemanden anzureden, sich offenbar von der Tatsache ableitet, angeredet zu werden. Diese Umkehrbarkeit konstituiert eine bestimmte Subjektivierung in der Sprache. Allerdings muß sich unser Verständnis der Anrufung keineswegs auf die Voraussetzung einer dyadischen Beziehung beschränken.

Denken wir an eine Situation, in der jemand benannt wird, ohne davon zu wissen, wie es schließlich uns allen zu Beginn unseres Lebens (und manchmal sogar noch zuvor) widerfährt. Wenn der Name jemanden gesellschaftlich konstituiert, so geschieht dies ohne das Wissen der Person. Tatsächlich kann man ein Selbstbild haben, das in einigen Zügen der eigenen gesellschaftlichen Konstituierung diametral entgegengesetzt ist. Wir können diesem gesellschaftlichen Ich überraschend begegnen, mit Schrecken oder Freude oder sogar mit einem Schock. In einer solchen Begegnung wird deutlich, daß der Name seine sprachliche Konstitutionsmacht indifferent gegen den Träger des Namens ausübt. Wir müssen nicht unbedingt erkennen oder bemerken, wie wir konstituiert werden, damit die Konstitution wirksam wird. Denn ihr Maß wird nicht von ihrer reflexiven Aneignung bestimmt, sondern vielmehr von einer Bezeichnungskette, die den Kreislauf der Selbsterkenntnis übersteigt. Die Zeit des Diskurses ist nicht die Zeit des Subjekts.

In diesem Sinne bedarf Althussers Modell der Anrufung einer Überarbeitung. Das Subjekt muß sich nicht immer

tere und plausiblere These besagt, daß der gesellschaftliche Kontext der Sprache innewohnt. Eine ausgezeichnete Betrachtung dazu, wie die gesellschaftlichen Kontexte dem literarischen Sprachgebrauch und dem Sprechakt innewohnen, bietet William F. Hanks, »Notes on Semantics in Linguistic Practice«, in: Craig Calhoun, Edward LiPuma, Moishe Postone (Hg.), *Bourdieu: Critical Perspectives*, Chicago 1993, S. 139-154.

umwenden, um als Subjekt konstituiert zu werden. Und der Diskurs, der das Subjekt anfänglich einsetzt, muß keineswegs die Gestalt einer Stimme annehmen.

In *Ideologie und ideologische Staatsapparate* versucht Althusser, die subjektkonstituierende Macht der Ideologie durch den Rückgriff auf die Figur einer göttlichen Stimme zu beschreiben, die benennt und dabei ihre Subjekte/Untertanen ins Sein bringt. Der göttliche Name schafft, was er benennt, um es zugleich zu unterwerfen. Mit der These, daß die gesellschaftliche Ideologie ähnlich wie die göttliche Stimme verfährt, gleicht Althusser unbeabsichtigt die gesellschaftliche Anrufung an die göttliche Performation an. Damit übernimmt das Beispiel der Religion den Status eines Paradigmas für die gesamte Theorie der Ideologie: Die Autorität der »Stimme« der Ideologie oder der Anrufung erscheint in der Figur einer Stimme, der sich niemand verweigern kann. Althusser leitet die Kraft der Anrufung von bemerkenswerten Beispielen ab, nämlich von der Stimme Gottes in der Benennung von Petrus (und Moses) und von deren säkularisierter Fassung, der angenommenen Stimme eines Repräsentanten der Staaatsmacht, des Polizisten, der dem eigenwilligen Fußgänger zuruft: »Hallo, Sie da!«

Mit anderen Worten, die Theorie der Anrufung, die die ideologische Konstitution des Subjekts erklären soll, wird durch die göttliche Macht der Benennung strukturiert. Wenn Gott »Petrus« benennt, begründet diese Anrede Gott als Ursprung von Petrus.[43] Der Name bleibt Petrus dauerhaft zugeordnet, und zwar kraft der impliziten, fortdauernden Präsenz, die im Namen dessen liegt, der ihn benennt. In den von Althusser angeführten Beispielen kann sich die Benennung indes nicht ohne eine bestimmte Bereitschaft oder einen vorgreifenden Wunsch von seiten des Adressaten er-

43 Vgl. Althusser, *Ideologie und ideologische Staatsapparate*, a. a. O., S. 145.

füllen. Insofern die Benennung eine Anrede ist, geht ihr immer bereits ein Adressat voraus. Geht man jedoch davon aus, daß die Anrede als Namensgebung erschafft, was sie benennt, so gibt es offenbar keinen »Petrus« ohne den Namen »Petrus«. Somit existiert »Petrus« nicht ohne den Namen, der eine sprachliche Existenzgarantie liefert. Als vorgängige und wesentliche Bedingung für die Bildung des Subjekts gibt es also eine gewisse Bereitschaft des Adressaten, durch die Anrufung der Autorität genötigt zu werden. Diese Bereitschaft läßt vermuten, daß er sozusagen bereits in einer bindenden Beziehung zu der göttlichen Stimme steht, bevor er ihrem Ruf verfällt. Oder anders formuliert: Der Benannte ist bereits von der Stimme in Anspruch genommen, die den Namen ruft, und bereits der Autorität untergeordnet, der er sich anschließend ergibt.

Wie zweckmäßig das Schema von Althusser auch immer erscheinen mag – es schränkt den Begriff der Anrufung auf das Handeln einer Stimme ein, indem es dieser eine schöpferische Macht zuschreibt, die an die göttliche Stimme und ihre Fähigkeit, das hervorzurufen, was sie benennt, gemahnt und sie wieder konsolidiert. Man muß die Anrufung von der Figur der Stimme ablösen, damit sie als Instrument und Mechanismus von Diskursen hervortritt, deren Wirksamkeit sich nicht auf den Augenblick der Äußerung reduzieren läßt. Man denke nur an die Kraft der geschriebenen oder reproduzierten Sprache, gesellschaftliche Effekte hervorzubringen und vor allem Subjekte zu konstituieren. Wichtiger ist jedoch, daß die Stimme zu einem Bild der *souveränen* Macht gehört, in dem sich eine als Emanation eines Subjekts vorgestellte Macht in einer Stimme vortut, dessen Effekte als die magischen Effekte dieser Stimme erscheinen. Mit anderen Worten, die Macht wird nach dem Vorbild der göttlichen Macht der Benennung begriffen, nach dem die Äußerung zugleich den geäußerten Effekt erschafft. Menschliches Sprechen ahmt jedoch diesen göttlichen Effekt nur selten nach; Ausnahmen sind die Fälle, in denen das Sprechen von der Staatsmacht gestützt wird, wie bei einem Richter, bei der Einwanderungsbehörde oder bei der Polizei. Doch selbst dann gibt es Möglichkeiten, der sprachlichen Macht zu widerstehen. Wenn wir festhalten, daß, wer mit Macht spricht und das Gesagte tatsächlich geschehen läßt, zu seinem oder ihrem Sprechen ermächtigt ist, weil er oder sie zuerst angeredet und dadurch in eine Sprachkompetenz eingeführt wurde, dann folgt daraus, daß die Macht des sprechenden Subjekts immer in bestimmtem Maße abgeleitet ist und daß ihr Ursprung nicht im sprechenden Subjekt selbst liegt.

Der Polizist, der den Menschen auf der Straße anruft, ist zu dieser Handlung nur aufgrund der Kraft der reiterierten Konvention in der Lage. Der Anruf gehört zu den Sprechakten der Polizei, wobei die Zeitlichkeit der Handlung die Zeit der fraglichen Äußerung übersteigt. In gewisser Hinsicht zitiert der Polizist die Konvention des Anrufens und nimmt an einer Äußerung teil, bei der es gleichgültig ist, wer sie ausspricht. Die Handlung »funktioniert« zum Teil aufgrund der Zitat-Dimension des Sprechaktes oder aufgrund der Geschichtlichkeit der Konvention, die den Augenblick der Äußerung übersteigt und ermöglicht. Nach Althusser muß es jemanden geben, der sich umwendet und den Ausdruck, mit dem er angerufen wird, reflexiv übernimmt. Erst wenn diese Geste der Übernahme oder Aneignung stattgefunden hat, wird der Ruf zur Anrufung. Akzeptiert rnan jedoch die Vorstellung, daß die sprachliche Konstituierung des Subjekts auch ohne das Wissen des Subjekts vonstatten gehen kann, wenn jemand gleichsam außer Hörweite konstituiert wird, z. B. der Referent des Diskurses eines Dritten, dann kann sich die Anrufung auch ohne das »Umwenden« vollziehen, also ohne daß irgend jemand erwidert: »Hier bin ich!«

Stellen wir uns die durchaus plausible Szene vor, daß eine

Person sich umdreht, um gegen den Namen zu protestieren, den man ihr zugerufen hat: »Das bin ich nicht, das muß ein Irrtum sein!« Und nun stellen wir uns vor, daß der Name sich ihr weiterhin aufzwingt, den Raum umgrenzt, den sie einnimmt, und weiterhin eine gesellschaftliche Position konstruiert. Unabhängig von den Protesten wirkt die Kraft der Anrufung weiter. Die Person wird – allerdings in der Entfernung zu sich selbst – weiterhin durch den Diskurs konstituiert. Die Anrufung ist eine Anrede, die ihr Ziel regelmäßig verfehlt: Sie verlangt die Anerkennung einer Autorität, und indem sie dieses Ziel erreicht, verleiht sie zugleich eine Identität. Identität ist eine Funktion dieses Kreislaufs; sie geht ihm nicht voraus. Das Ziel der Anrufung ist nicht deskriptiver, sondern inaugurativer Art. Die Anrufung versucht nicht, eine bereits existierende Realität zu beschreiben, sondern eher eine Realität einzuführen, was ihr durch das Zitat der existierenden Konvention gelingt. Die Anrufung ist ein Sprechakt, dessen »Inhalt« weder wahr noch falsch ist, weil ihre erste Aufgabe gar nicht in der Beschreibung besteht. Ihre Absicht ist vielmehr, ein Subjekt in der Unterwerfung zu zeigen und einzusetzen sowie seine gesellschaftlichen Umrisse in Raum und Zeit hervorzubringen. Ihr reiteratives Verfahren hat den Effekt, ihre »Position« über die Zeit hinweg zu sedimentieren.

Der anrufende Name kann ohne einen Sprecher auftreten in bürokratischen Formen wie in Volkszählungen, Adoptionsunterlagen oder Einstellungsformularen. Doch wer äußert diese Worte? Die bürokratische und disziplinäre Diffusion der souveränen Macht bringt das Gebiet einer diskursiven Macht hervor, die ohne Subjekt verfährt und dabei zugleich das Subjekt konstituiert. Dies bedeutet nicht, daß es keine Individuen gibt, die schreiben und diese Formen verbreiten, sondern lediglich, daß diese Individuen nicht die Urheber des Diskurses sind, den sie weiterleiten, und daß ihre Absichten, wie stark sie auch immer sein mögen, letztlich die Bedeutung des Diskurses nicht kontrollieren.

Obgleich das Subjekt zweifellos spricht und es kein Sprechen ohne Subjekt gibt, übt das Subjekt nicht die souveräne Macht über das aus, was es sagt. Nach der Diffusion der souveränen Macht liegt der letzte Ursprung der Anrufung im Ungewissen. Denn von wem geht die Anrede aus, und an wen wendet sie sich? Wenn derjenige, der die Anrede aussendet, sie nicht als Autor verfaßt, und derjenige, den sie kennzeichnet, nicht durch sie beschrieben wird, dann übersteigen die Funktionsweisen der anrufenden Macht das Subjekt, das durch sie konstituiert ist, wie umgekehrt die solchermaßen konstituierten Subjekte die Anrufung übersteigen, durch die sie gleichsam ins Leben gerufen werden.

Die Funktionsweisen der Anrufung sind zwar notwendig, ohne aber deshalb bereits mechanisch oder vollständig vorhersagbar zu sein. Die Macht eines Namens, uns zu verletzen, unterscheidet sich von der Wirksamkeit, mit der diese Macht ausgeübt wird. Denn die Macht läßt sich nicht so leicht identifizieren oder verorten, wie manche Sprechakttheorien zu behaupten scheinen.[44] Das Subjekt, das *hate speech* spricht, ist zweifellos für dieses Sprechen verantwortlich, jedoch nur selten sein Urheber. Das rassistische Sprechen vollzieht sich durch die Anrufung der Konvention: Es zirkuliert, und obgleich es ein Subjekt erfordert,

44 Eine bemerkenswerte Ausname von dieser Regel ist offenbar die Arbeit von Stanley Cavell über J. L. Austin. Nach Cavell widerspricht der Versuch, dem Sprechakt eine bestimmende Absicht zuzuordnen, dem Hinweis von Austin, daß die Absichten nicht so entscheidend sind wie die Konventionen, die dem illokutionären Akt seine bindende Macht verleihen. Zu einer detaillierteren Ausführung sowie einer Reihe von Deutungsvorschlägen, wie man Austin zur Frage der Ernsthaftigkeit lesen kann, vgl. Stanley Cavell, »What did Derrida Want of Austin?«, a. a. O. Michel Foucault, *Sexualität und Wahrheit*, Bd. I, *Der Wille zum Wissen*, Frankfurt a. M. 1983, S. 114.

um gesprochen zu werden, beginnt oder endet es nicht mit dem sprechenden Subjekt oder mit dem jeweils verwendeten Namen.

Foucault hat davor gewarnt, Macht auf bestimmte Orte begrenzt zu denken. Seine Theorie der Macht hat damit auch Auswirkungen für das Bemühen, Macht im Namen zu verorten. Foucaults Überlegungen kreisen jedoch weniger um die Macht des Namens als um den *Namen der Macht* und die nominalistischen Voraussetzungen des Versuchs, Macht als einen Namen zu konstruieren.

Foucault schreibt: »Zweifellos muß man Nominalist sein: die Macht ist nicht eine Institution, ist nicht eine Struktur, ist nicht eine Mächtigkeit bestimmter Mächtiger. *Die Macht ist der Name, den man einer komplexen strategischen Situation* in einer Gesellschaft *gibt*«[45] (Hervorh. J. B.). Macht ist also ein Name, der einer Komplexität zugesprochen wird, die sich nicht einfach benennen läßt. Macht tritt zunächst nicht in Gestalt eines Namens in Erscheinung; ihre Strukturen und Institutionen sind nicht derart, daß der Name perfekt zu ihrem wie immer gearteten Wesen passen würde. Ein Name tendiert dazu, das Benannte festzuschreiben, es erstarren zu lassen, zu umgrenzen und als substantiell darzustellen. Er ruft eine Metaphysik der Substanz, der wohlunterschiedenen, singulären Arten von Seiendem in Erinnerung. Der Name gleicht nicht dem undifferenzierten zeitlichen Prozeß oder dem komplexen Schnittpunkt von Relationen, die unter die Kategorie »Situation« fallen. Doch dieser Komplexität wird der Name Macht zugesprochen, der sich damit an die Stelle dieser Komplexität setzt und gleichsam »griffig« macht, was sonst als zu ungreifbar oder vielschichtig erscheinen könnte und in seiner Komplexität sich der beschränkenden und substantialisierenden Ontologie, die der Name voraussetzt, widersetzen könnte.

45 Ebd.

Wenn Foucault behauptet, daß die Macht der Name ist, den man einer strategischen Situation gibt, scheint Macht nichts anderes als der beigelegte Name zu sein, der seinerseits eine willkürliche, verkürzte Version des Wesens der Macht darstellt. Doch bietet Foucault eine Beschreibung an: »eine strategische Situation in einer Gesellschaft«, womit sich die Frage stellt, ob diese Beschreibung in irgendeiner Hinsicht weniger willkürlich und verkürzt ist als der Name, durch den sie ersetzt wird und der als Substitution für die Beschreibung steht. Anders gefragt: Ist diese Beschreibung nicht ebenso ein Ersatz wie der Name?

Worin besteht Macht nach dieser Theorie? Wenn sie nicht eine bestimmte »Mächtigkeit« ist, mit der wir ausgestattet sind, kommt diese »Mächtigkeit« dann der Sprache zu? Wenn aber weder das eine noch das andere zutrifft, d. h. wenn man nicht sagen kann, daß die Macht jedem Subjekt oder irgendeiner Reihe von Namen als »Mächtigkeit« innewohnt, dann stellt sich die Frage, wie man jenen Fällen Rechnung tragen soll, in der sie gerade in der einen oder anderen Form in Erscheinung tritt.

Macht operiert mittels Verstellung: Sie tritt als etwas anderes als sie selbst in Erscheinung, nämlich als *ein Name.* Foucault schreibt »die« Macht, er setzt sie in Anführungszeichen, es ist die sogenannte Macht, die Macht, von der man gemeinhin spricht. Macht, der Name, ist u. a. der Gesamteffekt, der sich aus den Beweglichkeiten ergibt, »die Verkettung, die sich auf die Beweglichkeiten stützt und *sie wiederum festzumachen sucht*«[46] (Hervorh. J. B.). Macht ist eine Bewegung, eine Verkettung, die sich auf die Beweglichkeiten stützt, aber zugleich in bestimmtem Sinne von ihnen abgeleitet ist. Sie ist die von den Beweglichkeiten abgeleitete Verkettung, die sich gegen diese wendet und die Bewegung selbst stillzustellen versucht. Ist der Name vielleicht eine

46 Ebd.

Form, in der diese Stillstellung vollzogen wird? In dieser merkwürdigen Perspektive erscheint Macht als eine Stillstellung der Bewegung, als eine Bewegung, die – durch die Nominalisierung – an einen Stillstand kommt oder sich selbst stillstellt. Der Name trägt in sich die Bewegung einer Geschichte, die er zum Stillstand bringt.

Offenbar haben die verletzenden Namen eine Geschichte, die im Augenblick der Äußerung aufgerufen und wieder gefestigt, jedoch nie ausdrücklich erzählt wird. Es geht nicht einfach um eine Geschichte ihres Gebrauchs in bestimmten Kontexten und zu bestimmten Zwecken. Es geht vielmehr darum, wie diese Geschichten durch den Namen gleichsam eingesetzt und stillgestellt werden. Der Name besitzt also eine *Geschichtlichkeit* in dem Sinne, daß seine Geschichte in den Namen selbst eingezogen ist und seine aktuelle Bedeutung konstituiert. Seine Geschichtlichkeit ist die Sedimentierung und Wiederholung seiner Gebrauchsweisen, die zum Bestandteil des Namens selbst geworden sind, eine Sedimentierung und Wiederholung, die erstarren läßt und dem Namen seine Kraft verleiht.[47]

Wenn man die Kraft des Namens als Effekt seiner Geschichtlichkeit versteht, erscheint sie nicht mehr als bloße

47 Heidegger schreibt, daß die Geschichtlichkeit nicht einfach ein immanenter, sondern der wesentliche Vorgang der Geschichte ist. Er tritt gegen eine Reduzierung der Geschichtlichkeit auf die Summe der Augenblicke an: »Das Dasein existiert nicht als Summe der Momentanwirklichkeiten von nacheinanderkommenden und verschwindenden Erlebnissen, [...] das Dasein füllt nicht erst durch die Phasen seiner Momentanwirklichkeiten eine irgendwie vorhandene Bahn oder Strecke ›des Lebens‹ aus, sondern erstreckt sich selbst dergestalt, daß im vorhinein sein eigenes Sein als Erstreckung konstruiert ist.« *Sein und Zeit*, Tübingen 1986, S. 374. Auch Gadamer betont, daß die Geschichtlichkeit nicht an den Augenblick gebunden ist, dem sie scheinbar innewohnt. Im Anschluß an Heidegger schreibt er: »Es macht die geschichtliche Bewegtheit des menschlichen Daseins aus, daß es keine schlechthinnige Standortgebundenheit besitzt und daher auch niemals einen wahrhaft geschlossenen Horizont.« Hans-Georg Gadamer, *Wahrheit und Methode. Grundzüge einer philosophischen Hermeneutik*, Tübingen 1975, S. 288.

Kausalfolge oder ein ausgeteilter Schlag. Vielmehr wirkt die Kraft teilweise durch ein kodiertes Gedächtnis oder ein Trauma, das in der Sprache weiterlebt und in ihr weitergetragen wird. Die Kraft des Namens hängt nicht nur von seiner Intentionalität ab, sondern auch von einer Wiederholung, die sich mit dem Trauma verknüpft. Das Trauma wird im strengen Sinn nicht erinnert, sondern wiedererlebt, und zwar in und durch die sprachliche Substitution des traumatischen Ereignisses. Das traumatische Ereignis ist eine erweiterte Erfahrung, die einerseits der Repräsentation trotzt und sie andererseits fortführt.[48] Das gesellschaftliche Trauma nimmt nicht die Gestalt einer Struktur an, die sich mechanisch wiederholt, sondern vielmehr die einer fortwährenden Unterwerfung, einer Unterwerfung, die die Verletzung mittels Zeichen, die die Szene gleichzeitig verdecken und reinszenieren, immer wieder durchspielt. Die Frage ist, ob die Wiederholung sowohl ermöglichen kann, das Trauma zu wiederholen, als auch mit der Geschichtlichkeit zu brechen, in deren Bann sie steht. Wie läßt sich in die Szene des Traumas eine umgekehrte Weise des Zitierens einführen? Wie kann *hate speech* gleichsam gegen sich selbst zitiert werden?

Alle Bemühungen, *hate speech* zu regulieren, führen letztendlich dazu, daß man dieses Sprechen in aller Ausführlichkeit zitiert, lange Listen von Beispielen anführt, das Sprechen zu regulierenden Zwecken kodifiziert oder pädagogisch den Kanon der Verletzungen durchnimmt, die *hate speech* auslöst. Offenkundig ist die Wiederholung un-

48 Nach Cathy Caruth wird »das Trauma nicht bloß als Verdrängung oder Verteidigung erlebt, sondern als zeitweiliger Aussetzer, der dem Individuum über den Schock des ersten Augenblicks hinweghilft. Das Trauma ist das wiederholte Erleiden dieses Ereignisses.« Siehe »Psychoanalysis, Culture and Trauma«, *American Imago* 48.1, Frühjahr 1991, S. 6. Siehe auch Shoshana Felman und Dori Laub, *Testimony: Crises of Witnessing in Literature, Psychoanalysis and History*, New York 1992.

ausweichlich, wobei die strategische Frage, wie man sie am besten gebraucht, offenbleibt. Es geht nicht um eine distanzierte Ausübung der Handlungsmacht, sondern gerade um einen Kampf, der innerhalb der Beschränkungen des traumatischen Zwangs geführt wird. Was *hate speech* betrifft, so lassen sich die Effekte offenbar nicht abschwächen, es sei denn durch ihre Rezirkulation, selbst wenn diese im Kontext eines öffentlichen Diskurses stattfindet, der gerade für die Zensur von *hate speech* plädiert. Auch der Zensor ist gezwungen, das Sprechen zu wiederholen, das er verbieten möchte. Wie stark der Widerstand gegen *hate speech* auch sein mag, das Trauma wird noch in seiner Rezirkulation reproduziert. Es ist z. B. unmöglich, in einem Unterrichtsraum Beispiele rassistischen Sprechens anzuführen, ohne das sensible Thema des Rassismus, des Traumas und bei einigen auch die damit verbundene Erregung wachzurufen.

Eine schwierige Erfahrung im Sommer 1995 in der Dartmouth School for Criticism and Theory lehrte mich, daß man durch das Anführen solcher Beispiele in einigen Fällen gerade zum Gebrauch solcher Sprache aufwiegeln kann. Offenbar als Reaktion auf das Thema hatte ein Kursteilnehmer an verschiedene Mitstudenten haßerfüllte Briefe versandt, in denen er oder sie »eingeweihte« Spekulationen über deren ethnische Zugehörigkeit und Sexualität niederschrieb. Er/sie schrieb diese Briefe anonym und versuchte, namenlos und Beschimpfungen aussendend, das Verfahren der Anrufung in eine einseitige Anrede zu überführen, indem er oder sie andere anredete, ohne selbst angesprochen werden zu können. Das Trauma des Beispiels kehrte gewissermaßen im Trauma des unsignierten Briefes wieder. Als später im Kurs das Trauma wieder zu Lehrzwecken reiteriert wurde, wurde es durch die »Anstiftung« zum Diskurs darüber nicht gemildert, auch wenn sich durch die affektlose Untersuchung der entsprechenden Ausdrücke die Welle der Erregung, die sich für einige mit der Äußerung verband, etwas legte. Der liberale Bezug auf diese Begriffe, als würde man sie nur erwähnen, ohne sie zu gebrauchen, kann also die Struktur der Verleugnung stützen, die die verletzende Zirkulation ermöglicht. Im Augenblick der Äußerung werden die Worte sowohl geäußert als auch verleugnet, so daß der kritische Diskurs gerade zum Instrument für das Begehen der Verletzung wird.

Diese Geschichte macht die Grenzen und Risiken der Resignifizierung als einer Strategie des Widerstandes deutlich. Ich möchte nicht behaupten, daß die pädagogische Rezirkulation von Beispielen von *hate speech* grundsätzlich jeden Versuch untergräbt, sich *hate speech* entgegenzustellen und sie zu entschärfen. Doch enthalten ihre Ausdrücke Konnotationen, die die ursprünglichen Zwecke übersteigen und damit die diskursiven Bemühungen, sich diesem Sprechen entgegenzustellen, hemmen und vereiteln können. Wenn man umgekehrt diese Ausdrücke ungesagt und unsagbar läßt, wird man sie damit möglicherweise festschreiben, ihre Macht zu verletzen erhalten und mögliche Umarbeitungen blockieren, die ihren Kontext und ihre Zwecke verschieben könnten.

Daß die Sprache ein Trauma in sich trägt, ist kein Grund, ihren Gebrauch zu untersagen. Es gibt keine Möglichkeit, Sprache von ihren traumatischen Ausläufern zu reinigen, und keinen anderen Weg, das Trauma durchzuarbeiten, als die Anstrengung zu unternehmen, den Verlauf der Wiederholung zu steuern. Vielleicht ist das Trauma ja eine merkwürdige Ressource und die Wiederholung ein zwar ärgerliches, jedoch vielversprechendes Instrument. Schließlich ist jede Benennung durch einen anderen traumatisch, weil diese Handlung meinem Willen vorausgeht und mich in eine sprachliche Welt versetzt, in der ich erst beginnen kann, meine Handlungsmacht auszuüben. In den fortwährenden Anrufungen des gesellschaftlichen Lebens wiederholt sich eine grundlegende Unterordnung und damit die

Szene der Handlungsmacht. Ich habe einen bestimmten Namen erhalten, und weil ich einen Namen erhalten habe, bin ich in das sprachliche Leben eingeführt worden: Das heißt, ich beziehe mich durch die Sprache, die andere mir gegeben haben, auf mich selbst – wenn auch nie genau in denselben Begriffen, die meine Sprache nur nachahmt. Die Bezeichnungen, die man uns beilegt, decken sich selten mit denen, die wir selbst wählen (Versuche, protokollarisch festzulegen, wie man uns nennen darf, scheitern in aller Regel). Doch diese Bezeichnungen, die wir nie wirklich wählen, machen das möglich, was wir weiterhin als »Handlungsmacht« bezeichnen können, nämlich die Wiederholung der ursprünglichen Unterordnung zu anderen Zwekken, deren Zukunft zum Teil noch offen ist.

Schema

Wenn sich die Handlungsmacht nicht von der Souveränität des Sprechers herleitet, ist die Kraft des Sprechakts nicht souverän. Vielmehr verbindet sich diese »Kraft« – wie inkongruent auch immer – mit dem Körper, dessen Kraft durch das Sprechen gleichsam abgelenkt und weitergeleitet wird. Das »erregte«, »unzurechnungsfähige« Sprechen ist der zugleich gewollte wie ungewollte Effekt eines Sprechers. Der Sprecher ist nicht der Urheber des Sprechens, da das Subjekt in der Sprache durch einen vorhergehenden performativen Sprachgebrauch, die »Anrufung«, hervorgebracht wird. Darüber hinaus ist die Sprache, die das Subjekt spricht, konventionell und gleicht in diesem Sinne dem Zitat. Die juristischen Bemühungen, das verletzende Sprechen einzudämmen, neigen dazu, den »Sprecher« als schuldigen Handlungsträger zu isolieren, so als stünde er am Ursprung dieses Sprechens. Damit wird aber die Verantwortlichkeit des Sprechers fehlkonstruiert: Tatsächlich ist der Sprecher gerade wegen des Zitatcharakters des Sprechens für seine Äußerungen verantwortlich. Der Sprecher erneuert die Zeichen der Gemeinschaft, indem er dieses Sprechen wieder in Umlauf bringt und damit wiederbelebt. Die Verantwortung ist also mit dem Sprechen als Wiederholung, nicht als Erschaffung verknüpft.

Wird der Vollzug des verletzenden Sprechens als perlokutionärer Akt verstanden (das Sprechen führt zu bestimmten Wirkungen oder Effekten, ohne selbst dieser Effekt zu sein), dann übt dieses Sprechen nur insofern eine verletzende Wirkung aus, als es eine Reihe von nicht notwendigen Effekten erzeugt. Es ist nur dann möglich, diese Äußerungen anzueignen, umzukehren und zu rekontextualisieren, wenn sie andersartige Effekte hervorrufen können. Wenn einige juristische Ansätze umgekehrt von dem illokutionärem Charakter von *hate speech* ausgehen (das Sprechen selbst übt unmittelbar und notwendig verletzende Effekte aus), schließen sie zugleich die Möglichkeit aus, die Kraft dieses Sprechens zu entschärfen. Bezeichnenderweise stellt der juristische Diskurs, in dem der performative Status von *hate speech* verhandelt wird, selbst eine performative Ausübung dieses Sprechens dar. Bedingt durch das gegenwärtige politische Klima in den USA, wird das Gesetz zur Frage von *hate speech* widersprüchlich ausgelegt, um reaktionäre politische Zielsetzungen zu fördern. Wenn es um die überdeutliche Repräsentation der Sexualität geht, wird die Handlung des Sprechens unzweideutig als verletzendes Verhalten gewertet. Ein Beispiel sind die schwulen und lesbischen Selbsterklärungen in der Armee. In Fällen rassistischen Sprechens dagegen wird das Verhältnis zwischen Sprechen und Verhalten von den Gerichten als doppeldeutig, wenn nicht als unentscheidbar betrachtet.

Meiner Ansicht nach greifen die konservativen Gerichtshöfe die theoretischen Ansätze, die Sprechen als Verhalten begreifen möchten, nur deshalb auf, weil sie die Ansicht stützen, daß sexuelles Sprechen zugleich sexuelles Handeln ist. Sobald es um die rassistische Sprache geht, versuchen die Gerichte dagegen, die Verschmelzung von Sprechen und Verhalten zu bestreiten. Dies wird in den Fällen schmerzhaft deutlich, in denen ethnische Minderheiten als Quelle oder Ursprung sexuell verletzender Repräsentationen dargestellt werden (wie im Falle der Rap Musik) oder wenn die pornographische Erniedrigung sogar vom Staat selbst ausgeht: So wird dem Sprechen von Anita Hill jegliche Glaubwürdigkeit abgesprochen, indem es als sexualisiertes Rassenspektakel wiedergegeben wird. Die Übertragung des *Hate-speech*-Modells von der Rasse auf den Sexus gelingt also nur um den Preis einer ganzen Reihe politisch höchst problematischer Konsequenzen. Um falsche Analogien zum Sexus zu ziehen, werden rassistische Tropen eingesetzt, ohne daß man die Schnittstelle zwischen beiden kritisch hinterfragt.

Im vorliegenden Buch möchte ich ebenso den Einzelheiten der gegenwärtigen Debatte um *hate speech* nachgehen wie auch eine allgemeine Theorie der Performativität des politischen Diskurses umreißen. Dabei geht es nicht darum, die politischen Folgen einer Theorie der Performativität aufzulisten; vielmehr soll gezeigt werden, wie eine solche Theorie in der Ausübung des politischen Diskurses bereits am Werk ist (eine Theorie kann auch implizit und in kaum faßlicher Weise wirksam werden). Begreift man die Performativität als erneuerbare Handlung ohne klaren Ursprung oder Ende, so wird das Sprechen letztlich weder durch den jeweiligen Sprecher noch durch seinen ursprünglichen Kontext eingeschränkt. Das Sprechen wird nämlich durch den gesellschaftlichen Kontext nicht nur definiert, sondern zeichnet sich auch durch die Fähigkeit aus, mit diesem Kontext zu brechen. Die Performativität besitzt eine eigene gesellschaftliche Zeitlichkeit, indem sie gerade durch jene Kontexte weiter ermöglicht wird, mit denen sie bricht.

Diese ambivalente Struktur im Herzen der Performativität beinhaltet, daß Widerstands- und Protestbedingungen innerhalb des politischen Diskurses teilweise von den Mächten erzeugt werden, denen man entgegentritt (was nicht bedeutet, daß der Widerstand auf die Macht reduzierbar oder stets im vorhinein vereinnahmt ist).

Wenn man die Kraft des Sprechakts gegen die Kraft der Verletzung setzt, enthält das eine politische Möglichkeit, nämlich daß man sich diese Kraft fehlaneignet und sie dazu aus ihren früheren Kontexten herauslöst. Die Sprache, die den Verletzungen des Sprechens entgegentritt, muß diese Effekte wiederholen, ohne sie einfach erneut in gleicher Form durchzuspielen. Diese Strategie beinhaltet, daß *hate speech* die Handlungsmacht, auf die eine kritische Erwiderung angewiesen ist, nicht zerstört. Die Gegenthese, daß *hate speech* eine »Opferschicht« erzeugt, verleugnet die kritische Handlungsmacht und unterstützt tendenziell Eingriffe, in denen die Handlungsmacht vollständig an den Staat übergeht. Anstelle einer staatlich gestützten Zensur geht es um einen gesellschaftlichen und kulturellen Sprachkampf, in dem sich die Handlungsmacht von der Verletzung herleitet und ihr gerade dadurch entgegentritt.

Die Strategie, sich die Kraft des verletzenden Sprechens fehlanzueignen, um seinen verletzenden Verfahren entgegenzutreten, widersetzt sich also einerseits der Lösung durch eine staatlich gestützte Zensur und anderseits der Rückkehr zur unmöglichen Vorstellung von der »souveränen Freiheit des Individuums«. Das Subjekt wird in der Sprache konstituiert (oder »angerufen«), und zwar durch einen Ausleseprozeß, der die Bedingungen der lesbaren und intelligiblen Subjektivität regelt. Selbst wenn das Subjekt benannt wird, hängt die Frage, »wer« es ist, ebenso von den Namen ab, die es niemals erhalten hat: Durch den Namen werden die Möglichkeiten des sprachlichen Lebens ebenso eröffnet wie verworfen.

Die Sprache konstituiert das Subjekt also teilweise durch die Verwerfung, eine Art inoffizieller Zensur oder ursprünglicher Einschränkung des Sprechens, die zugleich die Möglichkeit der Handlungsmacht im Sprechen konstituiert. Denn die Formen des Sprechens, die sich an der Grenze zum Unsagbaren halten, versprechen die schwankenden Grenzen der Legitimität im Sprechen zu offenbaren. Als ein weiteres Kennzeichen ihrer Abgrenzung gegen die »Souveränität« verweist diese Sichtweise darauf, daß sich die Handlungsmacht von den Beschränkungen in der Sprache herleitet und daß die Beschränkung keineswegs nur negative Auswirkungen hat. Denkt man an die Welten, die eines Tages denkbar, sagbar und lesbar werden könnten, so zeigt sich, daß sich das Gebiet des sprachlichen Überlebens nur durch ein »anstößiges Vergehen« erweitern läßt, das auch die Erschließung des Verworfenen und das Sagen des Unsagbaren umfaßt. Die Resignifizierung des Sprechens erfordert, daß wir neue Kontexte eröffnen, auf Weisen sprechen, die noch niemals legitimiert wurden, und damit neue und zukünftige Formen der Legitimation hervorbringen.

1. Flammende Taten, verletzendes Sprechen[1]

Der Titel von J. L. Austins *How to Do Things with Words* (dt. *Zur Theorie der Sprechakte*) stellt die Frage der Performativität, nämlich was es heißt, wenn etwas mit Worten getan wird. Performativität hängt damit direkt mit dem Problem transitiver Wirkungen zusammen. Was heißt es, wenn ein Wort nicht nur etwas benennt, sondern etwas performativ herbeiführt, und zwar genau das, was es benennt? Einerseits könnte es so aussehen, daß das Wort – und im Moment soll noch unbestimmt bleiben, um welche Art von Worten es sich dabei handelt – ausführt, was es benennt, wobei dieses »Was« deutlich von seiner sprachlichen Benennung selbst und seiner performativen Ausführung unterschieden bleibt. Immerhin fragt der Titel von Austins Schrift, wie etwas »mit« Worten getan wird, so daß die Worte als Instrumente für dieses Tun erscheinen. Bekanntlich unterscheidet Austin zwischen illokutionären und perlokutionären Sprechakten, also zwischen Handlungen, die kraft der Worte, und solchen, die als Folge von Worten ausgeführt werden. Diese Unterscheidung ist allerdings heikel und nicht immer stabil. Vom perlokutionären Standpunkt aus sind Worte die Instrumente, mittels deren Handlungen ausgeführt werden, jedoch nicht die Handlungen selbst, zu deren Ausführung sie beitragen. Diese Version der performativen Äußerung legt nahe, daß Worte und die Dinge, die mit ihnen getan werden, in keiner Hinsicht identisch sind. Nach Austins Auffassung des illokutionären Sprechaktes

1 Ich danke Wendy Brown, Robert Gooding-Williams, Morris Kaplan, Robert Post und Hayden White für die Aufmerksamkeit, mit der sie eine frühere Fassung dieses Kapitels gelesen haben. Für alle Ungenauigkeiten und Fehldeutungen bin ich natürlich ganz allein verantwortlich. Ferner danke ich Jane Malmo für ihre Hilfe bei der Fertigstellung des Manuskripts.

hingegen ist die sprachliche Bezeichnung *selbst* performativ: Indem sie geäußert wird, führt sie selbst eine Tat aus. Die Äußerung ist zugleich ein Akt des Sprechens und die sprachliche Realisierung einer Handlung. Bei solchen Handlungen läßt sich nicht sinnvoll nach einem »Referenten« fragen, denn die Wirkung eines Sprechaktes besteht nicht darin, daß er auf etwas außerhalb seiner selbst referiert, sondern darin, daß er sich selbst vollzieht und eine merkwürdige sprachliche Immanenz in Szene setzt oder realisiert.

Austins Titel *How to Do Things with Words* zufolge könnte man glauben, daß es erst das perlokutionäre Handeln gibt, das Gebiet der ausgeführten Handlungen, und dann das instrumenteile Feld der »Worte«. Das würde auch bedeuten, daß der Handlung eine bewußte Absicht vorausgeht und daß sich die Worte von dem, was sie tun, klar trennen lassen.

Aber was geschieht, wenn wir den Titel eher mit Betonung auf der illokutionären Dimension des Sprechaktes lesen? Die Frage würde dann lauten, was es heißt, wenn ein Wort eine »Handlung ausführt«, und das weniger in einem instrumentellen als in einem transitiven Sinn. Oder anders gefragt: Was heißt es, wenn eine Handlung mittels eines Wortes, und d. h. hier »in« einem Wort, ausgeführt wird? Unter welchen Bedingungen ließe sich eine solche Handlung von dem Wort trennen, »mit« oder »in« dem sie ausgeführt wird, und unter welchen Bedingungen ist umgekehrt diese Verbindung nicht aufzulösen? Wenn man sagt, daß ein Wort etwas »tut«, dann wird deutlich, daß ein Wort nicht nur etwas bezeichnet, sondern daß diese Bezeichnung auch etwas ausführt. Die Bedeutung (*meaning*) der performativen Handlung liegt anscheinend genau darin, daß Bezeichnung und Ausführung zusammenfallen.

Und trotzdem scheint der »Handlungscharakter« der performativen Äußerung noch auf einer anderen Ebene zu liegen. Zweifellos war Paul de Man auf der richtigen Fährte, als er überlegte, ob wir vielleicht eine Trope ins Spiel bringen, wenn wir behaupten, daß Sprache »handelt« bzw. daß Sprache sich in einer Abfolge von distinkten Handlungen setzt und daß dieses periodische Handeln als ihre primäre Funktion verstanden werden kann. Bezeichnenderweise bleibt in der geläufigen Übersetzung von Nietzsches Darstellung der metaleptischen Beziehung zwischen Tun und Tat unklar, welchen Status die »Tat« hat. Denn Nietzsche behauptet, daß bestimmte Moralauffassungen ein Subjekt erfordern und deshalb das Subjekt setzen. Das Subjekt wird als Instanz eingesetzt, die der Tat vorausgeht, um eine Schuldzuweisung vorzunehmen und den Schmerz zu erklären, den manche Handlungen hervorrufen. Jemand wird verletzt – um nun diesen Schmerz moralisch zu werten, identifiziert das entsprechende Vokabular ein Subjekt, das mit Absicht handelt und als Ursprung der verletzenden Handlung fungiert. Nach Nietzsche handelt es sich um eine Moralisierung, die erstens Schmerz und Verletzung gleichsetzt und zweitens den Schmerz an eine verursachende Absicht bindet. Damit wird nicht nur das Subjekt als Ursprung und Ursache des Schmerzes, der jetzt als Verletzung fungiert, hergestellt, sondern zugleich wird das verletzende Handeln, die kontinuierliche Gegenwart eines »Tuns«, auf eine »singuläre Tat« reduziert.

Normalerweise wird folgende Stelle aus *Zur Genealogie der Moral* mit Betonung darauf gelesen, daß rückwirkend ein Täter gesetzt wird, der dem Tun vorausgeht. Aber dabei ist zu beachten, daß zugleich mit dieser rückwirkenden Setzung das kontinuierliche Tun moralisch in eine periodische Tat aufgelöst wird. Nietzsche schreibt, daß es kein »Sein« hinter dem Tun, Wirken, Werden gibt; »der Täter« sei zum Tun bloß hinzugedichtet – das Tun sei alles.[2] Hier liegt kein Bezug auf *die Tat* vor, sondern nur auf *das Tun* und *den Tä-*

2 Friedrich Nietzsche, *Zur Genealogie der Moral, Gesammelte Werke*, Bd. III, hg. von Karl Schlechta, Frankfurt a. M., Berlin 1984.

ter. Und es ist nicht von einem »Missetäter«, sondern ganz neutral von einem »Täter« die Rede. Es ist in erster Linie die Begrifflichkeit, mit der dem Tun rückwirkend ein Subjekt, das mit Absicht handelt, »hinzugedichtet« wird, die den Täter als »Missetäter« setzt. Darüber hinaus wird im Subjekt ein fiktiver Ursprung der Handlung festgemacht, um die Handlung einem Subjekt zuschreiben zu können. An die Stelle eines »Tuns« tritt eine von grammatischen und juridischen Zwängen geprägte Denkform, die überhaupt erst ein Subjekt als verantwortlichen Urheber einer verletzenden Handlung schafft. Damit werden das Subjekt und seine Handlungen mit einer moralischen Kausalität verklammert, die beide von dem ihnen vorausgehenden, zeitlich weiter gefaßten »Tun« abtrennt, das von diesen moralischen Erfordernissen nichts weiß.

Nach Nietzsche tritt das Subjekt nur infolge der Forderung nach »Verantwortlichkeit« in Erscheinung: Die schmerzhaften Effekte eines »Tuns« werden in eine moralische Begrifflichkeit gebracht, die ihnen als »Ursache« einen einzelnen bewußten Handlungsträger zuweist. Das Funktionieren dieser moralischen Begrifflichkeit ist durch eine bestimmte Ökonomie der paranoiden Herstellung und Effizienz geprägt. *Somit geht die Frage, wer sich für eine Verletzung verantwortlich machen läßt, dem Subjekt begründend voraus, und das Subjekt selbst entsteht dadurch, daß es in diesen grammatischen und juridischen Ort eingesetzt wird.*

In einem bestimmten Sinne entsteht das Subjekt bei Nietzsche erst im Rahmen eines moralischen Diskurses der Verantwortlichkeit und seiner Anforderungen. Weil Schuld zugeschrieben werden muß, figuriert das Subjekt als »Ursache« einer Tat. In diesem Sinne gibt es kein Subjekt ohne schuldhafte Handlungen, es gibt keine »Tat« außerhalb eines Diskurses, der Verantwortung zuschreibt, und, Nietzsche zufolge, ohne Strafinstitutionen.

Doch an dieser Stelle offenbart Nietzsches Erklärung der Subjektbildung, wie sie in *Zur Genealogie der Moral* dargelegt ist, auch etwas von ihrer eigenen Unmöglichkeit. Denn wenn das »Subjekt« erst durch eine Anschuldigung ins Leben gerufen bzw. als Ursprung verletzender Handlungen beschworen wird, dann müßte diese Anschuldigung von einer performativen Anrufung ausgehen, die dem Subjekt vorausgeht und ein vorgängiges wirkungsvolles Sprechen voraussetzt. Damit stellt sich die Frage, wer diesen das Subjekt konstituierenden Urteilsspruch fällt. Oder anders gefragt: Wenn es eine Strafinstitution gibt, in der das Subjekt gebildet wird, muß dann nicht auch eine Figur des Gesetzes existieren, das Urteile spricht und damit performativ das Subjekt ins Leben ruft? Setzt Nietzsche hier nicht in einem gewissen Sinn voraus, daß es noch ein vorgelagertes und mächtigeres Subjekt gibt? Nietzsches eigene Formulierung »der Täter ist zum Tun bloß hinzugedichtet« weicht diesem Problem aus, denn die Passivform des Verbs »hinzugedichtet« (d. h. poetisch oder fiktiv hinzugesetzt, beigefügt oder angewendet) läßt offen, wer oder was diesen folgenreichen Bildungsprozeß bewirkt.

Wird also das Subjekt, sobald es um Schmerz geht, der Handlung nachträglich als deren Ursprung und anschließend die Handlung dem Subjekt als dessen Effekt zugeschrieben, dann tritt zu dieser doppelten Zuschreibung noch eine verwirrende dritte hinzu: nämlich daß dem Subjekt und seiner Tat die verletzenden Folgen zugeschrieben werden. Die Frage ist, ob man unbedingt ein Subjekt setzen und eine einzelne, klar bestimmte Handlung sowie deren verletzende Wirksamkeit feststellen muß, um innerhalb des Gebiets der Verantwortlichkeit eine verletzende Folge begründen zu können. Wenn sich die Verletzung auf eine bestimmbare Tat zurückführen läßt, dann läßt sie sich rechtlich verfolgen: Man kann vor Gericht gestellt und dafür verantwortlich gemacht werden. So wird die Verletzung auf die Handlung eines Subjekts zurückgeführt und die Sphäre des Rechts als bevorzugter Ort dargestellt, an dem man sich mit gesellschaftlichen Verletzungen befaßt. Doch bleibt fraglich, ob eine Analyse, wie genau Verletzung diskursiv hergestellt wird, nicht unversehens behindert wird, indem man das Subjekt und seine Sprachhandlungen als geeigneten Ausgangspunkt nimmt. Und wenn Worte verwunden – um Richard Delgados Formulierung aufzugreifen –, wie läßt sich dann die Beziehung zwischen Wort und Verwundung verstehen? Wenn es sich nicht um eine kausale Beziehung und auch nicht um die materiale Verwirklichung einer Absicht handelt, geht es dann vielleicht um eine diskursive transitive Funktion, die in ihrer Geschichtlichkeit und ihrer Gewaltsamkeit erst bestimmt werden muß? Und welche Beziehung besteht zwischen dieser transitiven Funktion und der Macht zu verletzen?

In seinem beeindruckenden Aufsatz »Violence and the Word« hat Robert Cover herausgearbeitet, daß die Gewaltsamkeit der Rechtsauslegung »jene Gewalt ist, die Richterinnen mit den Instrumenten des modernen Nationalstaates ausüben«.[3] »Richterinnen«, so behauptet er, »befassen sich mit Schmerz und Tod«, »denn wenn die Richterin das Gesetz auslegt und dabei mit dem Begriff von Strafe arbeitet, dann handelt sie zugleich – wenn auch vermittelt durch andere –, und zwar indem sie den Inhaftierten einschränkt, verletzt, hilflos macht und sogar tötet.« (Dieses Zitat zeigt übrigens, welche unglückseligen Folgen der liberale Feminismus hat, der das Weibliche zum Universalen erklärt.) Covers Analyse ist deswegen für das Problem einer rechtlichen Verfolgung von *hate speech* wichtig, weil er betont, welche Macht die *Justiz* hat, Gewalt durch Sprechen auszuüben. Die Befürworter einer rechtlichen Verfolgung mußten den Ansatzpunkt ihrer Analyse verschieben, um zu be-

3 Robert M. Cover, »Violence and the Word«, 96 *Yale Law Journal* 1595, 1601 n I (1986).

rücksichtigen, daß nicht nur die Regierung und ihre verschiedenen Unterinstanzen die Macht haben, mit Worten zu verletzen. Tatsächlich werden Staatshandlungen und die Handlungen eines Staatsbürgers analog gesetzt, so daß beide die Macht haben, die durch den Gleichheitssatz der Verfassung geschützten Rechte und Freiheiten zu entziehen. Die gegenwärtigen Bestrebungen, eine Rechtsprechung gegen *hate speech* durchzusetzen, stehen damit vor dem Problem, daß die *state action doctrine* einen Rekurs auf den Gleichheitssatz nahelegt und damit voraussetzt, daß nur eine Regierung als Träger einer verletzenden Handlung auftreten kann, die Rechte und Freiheiten entzieht.[4] Wenn man einräumen will, daß auch Staatsbürger untereinander sich mit Worten Rechte und Freiheiten nehmen können, dann muß man sich über die einschränkenden Vorgaben der *state action doctrine* hinwegsetzen.[5]

Zwar betont Cover die juristische Macht, sprachlich Schmerzen zuzufügen. Doch die jüngste Rechtsprechung hat ihren begrifflichen Fokus von der Gewalt, die Nationalstaaten mit ihrer Rechtsauslegung ausüben, auf jene Form von Gewalt verlagert, mit der Staatsbürger als Subjekte die Angehörigen von Minderheiten unterdrücken. Mit dieser Verlagerung werden nicht nur die Handlungen von Staatsbürgern wie Staatshandlungen konzipiert, sondern darüber hinaus werden in der staatlichen Macht die Machtmöglichkeiten begriffen, über die Staatsbürger als Subjekte verfügen. Wenn also Befürworter einer rechtlichen Verfolgung

4 »Die ›state action doctrine‹ hält daran fest, daß auch eine Behandlungsweise, die man normalerweise als Freiheitsberaubung oder als Verletzung der Gleichheit vor dem Gesetz beschreiben würde, keinen Verstoß gegen die Verfassung darstellt, wenn nicht Vertreter der Regierung oder des Staates daran beteiligt sind.« Frank Michelman, »Conceptions of Democracy in die American Constitutional Argument: The Case of Pornography Regulation«, 56 *Tennessee Law Review* 291, 306 (1986).

5 Charles R. Lawrence III, »If He Hollers Let Him Go: Regulating Racist Speech on Campus«, in: Matsuda et al. (Hg.), *Words that Wound*, a. a. O., S. 65.

von *hate speech* die *state action doctrine* »verabschieden«, »verabschieden« sie möglicherweise zugleich eine kritische Auffassung der Staatsmacht, indem sie deren Attribute auf jene Handlungs- und Wirkungsmöglichkeiten übertragen, über die Staatsbürger als Subjekte verfügen. Indem der Staat mit seinem Rechtssystem über die Verfolgung von *hate speech* entscheiden soll, erscheint er stillschweigend als eine Form der neutralen Rechtsdurchsetzung. Die »Aufhebung« der *state action doctrine* beinhaltet also zweierlei: Zum einen nimmt man eine kritische Perspektive auf staatliche Macht und staatliche Gewalt – im Sinne von Cover – zurück; und zweitens verschiebt man die Attribute der staatlichen Macht auf den einzelnen Staatsbürger und die gesamte Bürgerschaft, die nun als souveräne Herrscher figurieren und deren Sprechen genauso wie der Staat die Macht hat, den anderen »Souveränen« Grundrechte und -freiheiten zu nehmen.[6]

Diese Verschiebung der Aufmerksamkeit von der Gewalt, die der Staat ausübt, auf die Gewalt, die Staatsbürger und nichtstaatliche Institutionen gegenüber Staatsbürgern ausüben, impliziert zugleich, daß die Frage, wie im und durch den Diskurs Macht ausgeübt wird, neu zu überdenken ist. Wenn die verwundenden Worte nicht mehr Taten von Nationalstaaten sind und wenn sogar der Staat bzw. seine rechtlichen Instanzen in solchen Fällen von den Staatsbürgern als Schiedsrichter angerufen werden, stellt sich die Frage, wie sich die analytische Perspektive auf die mit Worten ausgeübte Gewalt verändert. Unterstützt eine Politik, die davon ausgeht, daß die Gerichte in Fragen von *hate speech* gerecht und wirkungsvoll entscheiden, nicht unversehens die Gewalt der Rechtssprechung? Und nehmen die Möglichkeiten staatlicher Gewaltausübung nicht

6 Ich danke Robert Post für diesen Vergleich, den er mir im Gespräch vorgeschlagen hat.

gerade in dem Maß zu, in dem die *state action doctrine* zurückgenommen wird?

Auch in Austins Theorie der Performativität wird das Subjekt als souverän hingestellt: So figurieren der Richter und andere Vertreter des Gesetzes den Sprecher, der mit seinem Sprechen performativ das ausführt, was er sagt. Ein Richter spricht ein Urteil, und dieser Akt ist rechtlich verbindlich, sofern der Richter tatsächlich Richter ist und den Erfüllungsbedingungen für die Äußerung Genüge getan wird. Jemand, der performative Äußerungen wirkungsvoll einsetzt, spricht mit unbestrittener Macht. Der Arzt, der das Kind in Händen hält und sagt: »Es ist ein Mädchen«, steht am Beginn einer langen Kette von Anrufungen, durch die das Mädchen transitiv seine Geschlechtsidentität zugewiesen bekommt. Geschlechtsidentität ist das Ergebnis einer rituellen Wiederholung, die sowohl das Risiko des Scheiterns birgt als auch sich langsam sedimentieren und festigen kann. Kendali Thomas hat argumentiert, daß die »Rassenzugehörigkeit« eines Subjekts in einer ähnlichen Form erzeugt wird – sie wird dem Subjekt ebenfalls von Anfang an durch regulative Instanzen zugeschrieben.[7] Die Macht, mit der Rassenzugehörigkeit und Geschlechtsidentität zugeschrieben und hergestellt werden, geht also dem einzelnen voraus, der mit dieser Macht spricht und sie scheinbar selbst besitzt. Wenn Performativität eine Macht erfordert, das Benannte zu bewirken oder auszuführen, dann stellt sich die Frage, wer über diese Macht verfügt und wie sie sich denken läßt. Wie kann man in diesem Rahmen das *verletzende Wort* erklären, das ein gesellschaftliches Subjekt nicht nur benennt, sondern im Prozeß der Benennung, in einer Folge gewaltsamer Anrufungen konstruiert? Verfügt der einzelne selbst über die Macht zu verletzen,

7 Kendall Thomas, »The Eclipes of Reason: A Rhetorical Reading of ›Bowers v. Hardwick‹«, 79 *Virginia Law Review* 1805-1832 (Okt. 1993).

wenn er eine verletzende Benennung ausspricht? Oder hat sich diese Macht »mit der Zeit« angehäuft, wobei diese zeitliche Dimension in dem Augenblick, in dem ein einzelnes Subjekt die verletzende Benennung ausspricht, verborgen bleibt? *Zitiert* der Sprecher in der Äußerung die verletzende Bezeichnung, d.h. macht er sich zu ihrem Autor und begründet dabei zugleich den abgeleiteten Status dieser Autorschaft? Und wird nicht in dem Augenblick, in dem die Äußerung ausgesprochen wird, auf gleichsam magische Weise eine Geschichte und Gemeinschaft der Sprecher aufgerufen? Oder anders gefragt: Wenn die Äußerung eine Verletzung bewirkt, ist dann der Sprecher oder seine Äußerung selbst deren Ursache? Oder verletzt die Äußerung in einem zielgerichteten Prozeß, der sich nicht darauf reduzieren läßt, daß ihn ein einzelnes Subjekt verursacht oder beabsichtigt?

Läßt sich die Iterabilität bzw. die Zitathaftigkeit der Äußerung nicht gerade als das *metaleptische Verfahren* beschreiben, *mittels dessen das Subjekt, das die performative Äußerung »zitiert«, als nachträglicher und fiktiver Ursprung dieser Äußerung hergestellt wird*? Das Subjekt, das gesellschaftlich verletzende Worte äußert, wird erst von der langen Kette verletzender Anrufungen mobilisiert: Es erlangt einen vorläufigen Status, in dem es die Äußerung zitiert und sich damit selbst als Ursprung der Äußerung schafft. Dieser Subjekt-Effekt ist aber nur eine Folge des Zitierens, ein abgeleiteter Effekt einer nachträglichen Metalepse, die das aufgerufene geschichtliche Vermächtnis von Anrufungen im Subjekt als »Ursprung« der Äußerung verbirgt. Wenn solche Äußerungen rechtlich verfolgt werden sollen, wo und wann soll man damit beginnen oder enden? Handelt es sich nicht lediglich um den Versuch, eine Geschichte rechtlich zu verfolgen, die gerade wegen ihrer Zeitlichkeit nicht vor Gericht gestellt werden kann? Wenn das Subjekt als fiktiver Ursprung der Äußerung fungiert, um seine eigene Genealogie, die dieses Subjekt erst herstellt, unsichtbar zu machen, so wird es zugleich eingesetzt, um ihm die Last der Verantwortung für den geschichtlichen Prozeß, den es verbirgt, aufzubürden. Über die Geschichte wird also gerade dadurch Recht gesprochen, daß man ein Subjekt sucht, das sich rechtlich verfolgen und zur Verantwortung ziehen läßt, und damit zeitweise das Problem löst, daß sich die Geschichte grundsätzlich jeder rechtlichen Verfolgung entzieht.

Das soll nicht heißen, daß man ein Subjekt und sein verletzendes Sprechen nicht rechtlich verfolgen soll; ich halte dies in bestimmten Fällen für richtig. Dennoch stellt sich die Frage, was genau rechtlich verfolgt wird, wenn man das verletzende Wort vor Gericht stellt, und ob es sich letztendlich und vollständig verfolgen läßt.

Daß Worte verwunden, scheint unbestreitbar, und daß gegen haßerfülltes, rassistisches, frauen- und schwulenfeindliches Sprechen vorgegangen werden muß, ist wohl unwiderlegbar. Aber verändert das Verständnis, woher das Sprechen seine verwundende Macht bezieht, nicht auch unsere Vorstellung davon, wie man dagegen vorgehen sollte? Können wir akzeptieren, daß verletzendes Sprechen einem einzelnen Subjekt und seinen Handlungen zugeschrieben wird? Welchen Verlust nimmt eine politische Analyse der Verletzung in Kauf, wenn sie diesen juridischen Denkzwang – die grammatischen Anforderungen der Zuschreibung von Verantwortlichkeit – akzeptiert? Wenn der politische Diskurs vollständig im juridischen Diskurs aufgeht, dann entsteht die Gefahr, daß die Bedeutung des Begriffs »politischer Widerstand« auf die rechtliche Verfolgung allein reduziert wird. Die Frage ist, welche Einschränkungen man unbeabsichtigt der geschichtlichen Diskursanalyse der Macht auferlegt, wenn man das Subjekt als Ausgangspunkt festschreibt. Dem Postulat zufolge, daß das Subjekt kausaler Ursprung der performativen Äußerung ist – offenkundig eine theologische Konstruktion –, läßt die Äußerung das entstehen, was sie benennt. Für dieses mit göttlicher Macht ausgestattete Subjekt ist die Benennung selbst schöpferisch. In der biblischen Fassung der performativen Äußerung – »Es werde Licht« – ist es scheinbar die Macht oder der Wille eines Subjekts, die ein Phänomen durch den Namen ins Leben rufen. Obwohl der obige Satz im Konjunktiv steht, gehört er nach Austin zu den »kostümierten« performativen Äußerungen. Derridas Kritik an Austin macht allerdings deutlich, daß diese Macht nicht auf einem ursprünglichen Willen beruht, sondern immer abgeleitet ist.

»Könnte eine performative Äußerung gelingen, wenn ihre Formulierung nicht eine ›codierte‹ oder iterierbare Äußerung wiederholte, mit anderen Worten, wenn die Formel, die ich ausspreche, um eine Sitzung zu eröffnen, ein Schiff oder eine Ehe vom Stapel laufen zu lassen, nicht als einem iterierbaren Muster konform, wenn sie also nicht in gewisser Weise als ›Zitat‹ identifizierbar wäre [...]. In dieser Typologie wird die Kategorie der Intention nicht verschwinden, sie wird ihren Platz haben, aber von diesem Platz aus nicht mehr den ganzen Schauplatz und das ganze System der Äußerung beherrschen können.«[8]

Die Frage ist, inwieweit der Diskurs seine Autorität, das Benannte hervorzurufen, daraus bezieht, daß er autoritative sprachliche Konventionen zitiert, die selbst ein Vermächtnis von Zitaten sind? Erscheint vielleicht das Subjekt dadurch als Autor diskursiver Effekte, daß die Praxis des Zitierens, durch die es bestimmt und mobilisiert wird, unmarkiert bleibt? Könnte es nicht sogar sein, daß die Erzeugung des Subjekts als Urheber von Effekten genau auf dieser verborgenen Zitathaftigkeit beruht?

Wenn eine performative Äußerung vorläufig gelingt (und ich bin der Ansicht, daß ihr »Gelingen« immer nur vorläufig

8 Jacques Derrida, »Signatur Ereignis Kontext«, in: Peter Engelmann (Hg.), *Randgänge der Philosophie*, a. a. O., S. 310.

ist), dann nicht, weil die Sprachhandlung durch eine Absicht erfolgreich kontrolliert wird, sondern nur deswegen, weil in ihr frühere Sprachhandlungen nachhallen und *sie sich mit autoritativer Kraft anreichert, indem sie vorgängige autoritative Praktiken wiederholt bzw. zitiert.* Der Sprechakt ist nicht einfach nur *in* eine Praktik eingebettet, sondern er ist selbst eine ritualisierte Praktik. Das heißt, daß eine performative Äußerung nur soweit funktioniert, wie sie aus ermöglichenden Konventionen, durch die sie mobilisiert wird, *schöpft und diese zugleich verdeckt.* In diesem Sinne kann ein Begriff oder eine Äußerung nicht performativ funktionieren, wenn ihre Kraft nicht geschichtlich aufgebaut und zugleich verborgen ist.

Wenn der verletzende Begriff tatsächlich verletzt (was für mich außer Zweifel steht), dann bewirkt er die Verletzung, indem er seine Kraft historisch aufbaut und verbirgt. Der Sprecher, der eine rassistische Diskriminierung äußert, zitiert diese Diskriminierung stets und reiht sich damit in eine historische Sprechgemeinschaft ein. Das könnte heißen, daß gerade die Iterabilität der performativen Äußerung, aufgrund deren sie verletzt, ein ständiges Hindernis darstellt, die letzte Verantwortung für die Verletzung in einem einzelnen Subjekt und seiner Handlung zu verorten.

In zwei neueren Fällen hat sich der Oberste Gerichtshof anläßlich von *hate speech* wieder mit der Unterscheidung eines Sprechens, das durch die Meinungsfreiheit geschützt ist, von einem, das dies nicht ist, befaßt. Es ging um die Frage, ob bestimmte Formen des anstößigen Sprechens als *fighting words* aufgefaßt werden sollen, und wenn ja, ob es dann richtig ist, daß sie nicht vom Ersten Verfassungszusatz geschützt sind. Im ersten Fall (*R.A.V. vs. St. Paul, 112 S. Ct. 2538, 120 L Ed. 2d 305, 1992*) ging es um die Verordnung, die der Stadtrat von St. Paul City 1990 erlassen hatte. Ein Auszug daraus hatte folgenden Wortlaut:

»Wer in der Öffentlichkeit oder auf Privatgrund ein Symbol, einen Gegenstand, einen Aufruf, eine bildliche Darstellung oder Graffiti – darunter auch ein brennendes Kreuz oder ein Hakenkreuz – anbringt, von denen bekannt ist bzw. von denen vernünftigerweise angenommen werden kann, daß sie Ärgernis, Beunruhigung oder Verstimmung erregen, weil sie sich gegen eine Rasse, eine Hautfarbe, einen Glauben, eine Religion oder ein Geschlecht richten, stört die öffentliche Ordnung und begeht eine Ordnungswidrigkeit.«[9]

Ein weißer Jugendlicher wurde auf der Grundlage dieser Verordnung angeklagt, nachdem er vor dem Haus einer schwarzen Familie ein Kreuz in Brand gesetzt hatte. Das Untersuchungsgericht ließ die Klage fallen, der Oberste Gerichtshof von Minnesota aber bestätigte sie – es ging vor allem auch darum, ob die Verordnung selbst »grundsätzlich zu weit gefaßt und in unzulässiger Weise auf den Inhalt orientiert ist«. Die Verteidigung vertrat den Standpunkt, daß das brennende Kreuz vor dem Haus der schwarzen Familie die Meinungsfreiheit exemplifizieren sollte. Der Oberste Gerichtshof hob die Entscheidung des Untersuchungsgerichts mit der Begründung auf, daß erstens ein brennendes Kreuz Meinungsfreiheit nicht exemplifizieren könne, sondern den Tatbestand von *fighting words* erfülle, wie ihn das Urteil *Champlinsky vs. New Hampshire, 315 U. S. 568, 572* von 1942 beschrieben habe, und daß zweitens die Reichweite der Verordnung in Anbetracht »eines unverzichtbaren Interesses des Staates am Schutz der Bürger vor der von Randgruppen ausgehenden Gefährdung der öffentlichen Sicherheit und Ordnung« zulässig wäre.[10] Der Oberste Gerichtshof der Vereinigten Staaten hob seinerseits dieses Urteil des Obersten Gerichtshofs von Minnesota mit der Begründung auf, daß es sich bei dem brennenden Kreuz nicht

9 *St. Paul Bias Motivated Crime Ordinance, Section 292.02 Minn. Legis. Code (1990).*

10 *Re Welfare of R. A. V., 464 N. W. 2 507, 510, Minn., 1991.*

um *fighting words*, sondern um einen »Standpunkt« auf dem »freien Markt der Meinungen« handle und daß derartige »Standpunkte« grundsätzlich durch den Ersten Verfassungszusatz geschützt seien.[11] Die Mehrheit der Richter des Obersten Gerichtshofs (Scalia, Rehnquist, Kennedy, Souter, Thomas) hat dann in einer »zweiten« Begründung erklärt, warum die Verordnung für verfassungswidrig gelten sollte, ein juristischer Aktivismus, der viele Juristen überraschte: Die Richter schränkten die Reichweite der *Fighting-words*-Doktrin stark ein, indem sie jedes Redeverbot für verfassungswidrig erklärten, das sich nur auf den »Inhalt« oder die »angesprochenen Gegenstände« dieses Sprechens gründet. Wenn festgestellt werden soll, ob Worte *fighting words* sind, können Inhalt oder Gegenstand des Gesagten nicht ausschlaggebend sein.

Die Richter schienen in dem einen Schluß übereinzustimmen, daß die Einschränkung des zulässigen Sprechens, die von der Verordnung in Kraft gesetzt worden war, zu weit gefaßt war, denn Formen von Sprechen, die nicht unter die Kategorie *fighting words* fallen sollten, würden dadurch dennoch verboten werden. Zwar erschien die in Minnesota erlassene Verordnung allen Richtern zu weit gefaßt; aber Scalia, Thomas, Rehnquist, Kennedy und Souter nutzten die Revision, um die künftige Anwendung der *Fighting-words*-Doktrin stark einzuschränken. Die Mehrheit der Richter war der Meinung, daß es nicht so sehr darum gehe, wann und unter welchen Umständen Sprechen zum Be-

11 Charles R. Lawrence III hat die Behauptung aufgestellt, daß »nicht nur die Dominanz und die Wirkungsmacht des Rassismus der Grund sind, warum für diejenigen, die für das Recht einer freien Entfaltung der Persönlichkeit für alle eintreten, die Vorstellung vom freien Markt der Meinungen ein unhaltbares Paradigma geworden ist. Tatsächlich liegt das Problem darin, daß die Vorstellung, daß Nicht-Weiße einer minderwertigen Rasse angehören, die Funktionsweise eines Marktes behindert und außer Kraft setzt«. »If He Hollers Let Him Go…«, a. a. O., S. 77.

standteil einer rechtsverletzenden Handlung wird und damit nicht mehr durch die im Ersten Verfassungszusatz garantierte Meinungsfreiheit geschützt ist, sondern darum, was der Bereich »Sprechen« überhaupt beinhaltet.

In einer rhetorischen Lektüre dieser Entscheidung – die sich von einer Lesart absetzt, die den bestehenden Konventionen der Rechtsauslegung folgt – ließe sich diese Entscheidung als Bestätigung der vom Staat sanktionierten sprachlichen Macht der Gerichte lesen, zu entscheiden, was überhaupt Sprechen sein soll und was nicht, und damit selbst als eine potentiell rechtsverletzende Form von juristischem Sprechen. Diese Lektüre berücksichtigte folglich nicht nur, wie die Gerichte erklären, wann und unter welchen Umständen Sprechen zu einer Rechtsverletzung wird, sondern auch, welches rechtsverletzende Potential in dieser Erklärung als Sprechen im weiteren Sinne liegt. Erinnert man sich an Covers Behauptung, daß rechtliche Entscheidungen den Schnittpunkt von Sprache und Gewalt darstellen, dann wird deutlich, daß das Urteil, das darüber entscheidet, was als geschütztes Sprechen gelten soll und was nicht, selbst eine Form des Sprechens ist, und zwar eine, die den Staat in eben die Problematik der Diskursmacht verstrickt, über die er zu entscheiden und die er gesetzlich zu regulieren hat.

Ich werde also im folgenden das »Sprechen«, das rechtliche Entscheidungen fällt, gegen das »Sprechen« lesen, dessen Inhalte solche Entscheidungen durch den Rekurs auf die Meinungsfreiheit schützen. Zweck einer solchen Lektüre ist es nicht nur, zu zeigen, daß diese Entscheidungen mit widersprüchlichen rhetorischen Strategien arbeiten, sondern vor allem auch die Macht dieser Diskursdomäne deutlich zu machen, die nicht nur festlegt, was als »Sprechen« zählt und was nicht, sondern mit der taktischen Handhabe dieser Entscheidung auch in laufende politische Auseinandersetzungen eingreift. Darüber hinaus will ich zeigen, daß die Kriterien, mit denen die Rechtswidrigkeit solcher Handlungen – die im weitesten Sinn als Sprechen aufgefaßt werden – begründet wird, zugleich die rechtliche Verfolgung dieser Handlungen erschweren. Schließlich möchte ich darauf hinweisen, daß sich das Sprechen der Gerichte durch eine *eigene* Gewalt auszeichnet und daß gerade die Institution, die befugt ist, über die Problematik der *hate speech* zu urteilen, diesen Haß in ihrer und als ihre eigene höchst folgenreiche Sprache wieder in Umlauf bringt und mit einer neuen Richtung versieht, wobei sie sich die Sprache, über die sie zu urteilen sucht, vielfach aneignet.

Die Urteilsbegründung der Richter, die Scalia abgefaßt hat, rekonstruiert zunächst die Tat, das Verbrennen des Kreuzes, und stellt dann die Frage, ob diese Tat tatsächlich Recht verletzt bzw. ob diese Tat als *fighting words* begriffen werden kann oder ob sie einen Inhalt hat, der – wie auch immer – durch den Ersten Verfassungszusatz geschützt werden muß. Das Bild des Brennens erscheint in dieser Auslassung wiederholt, zuerst, wenn das brennende Kreuz als Meinungsäußerung auf dem freien Markt der Meinungen konstruiert wird, dann im Beispiel des Verbrennens einer Fahne – was rechtswidrig ist, wenn es gegen die Verordnung verstößt, die offenes Feuer im Freien verbietet, was aber nicht rechtswidrig ist, wenn es Ausdruck einer Meinung ist. Scalia beschließt seine Argumentation mit Rekurs auf ein weiteres Feuer: »Niemand soll daran zweifeln, daß wir es für verwerflich halten, wenn jemand ein Kreuz im Vorgarten eines anderen verbrennt. – Aber«, fährt Scalia fort, »der Stadt St. Paul stehen genügend Mittel zur Verfügung, um solches Verhalten zu verhindern, man muß das Feuer nicht noch mit dem Ersten Verfassungszusatz schüren.«[12]

Bezeichnenderweise stellt Scalia hier zwischen denjenigen, die ein Kreuz verbrennen, und den Befürwortern der

12 *R.A.V. vs. St. Paul, 112 S. Ct. at 2550, 120 L. Ed. 2d at 326.*

Verordnung eine Verwandtschaft her, denn beide machen Feuer: Aber während das Verbrennen des Kreuzes ein von der Verfassung geschütztes Sprechen ist, bildet die Sprache der Verordnung das »Verheizen« des Rechts auf Meinungsfreiheit selbst ab. Die Analogie suggeriert, daß die Verordnung selbst eine Art Kreuzverbrennung ist, und Scalia läßt sich dann über die schädlichen Folgen von Kreuzverbrennungen aus, um damit die destruktiven Implikationen der Verordnung zu unterstreichen. Das Bild bestätigt so die Destruktivität der Verbrennung eines Kreuzes, die das Urteil selbst effektiv zurückweist, die Destruktivität einer Handlung, die es selbst gerade erst zur gültigen sprachlichen Münze auf dem freien Markt der Meinungen erhoben hat.

Damit verschiebt der Gerichtshof sowohl den Status der Verordnung wie auch den Status der Kreuzverbrennung, aber er stellt den Ersten Verfassungszusatz auch in eine Analogie zu der schwarzen Familie und ihrem Haus, die in der Urteilsbegründung auf den »Vorgarten eines anderen« reduziert werden. Daß im Bild des Klägers die Attribute »schwarz« und »Familie« gestrichen sind, ist bezeichnend, denn damit wird die Dimension der gesellschaftlichen Macht geleugnet, die sowohl den sogenannten Sprecher als auch den Adressaten des betreffenden Sprechaktes des brennenden Kreuzes konstruiert. Und damit wird auch die rassistische Geschichte jener Konvention des Verbrennens von Kreuzen geleugnet, mit dem der Ku-Klux-Klan Gewalt zum einen ausübte und zum anderen weitere Gewalt gegen die Adressaten ankündigte. Scalia entwirft sich somit selbst als derjenige, der das Feuer löscht, das die Verordnung entzündet hat und das der Erste Verfassungszusatz offenbar in seiner Gesamtheit schürt. Verglichen mit der eingestandenermaßen »verwerflichen« Handlung, ein Kreuz im »Vorgarten eines anderen« anzuzünden, scheint die Verordnung viel mehr in Brand zu setzen: Sie droht, Feuer an das Buch zu legen, das zu verteidigen Scalias Pflicht ist; Scalia schwingt sich also zum Widersacher derer auf, die Feuer an die Verfassung legen wollen, und derer, die noch gefährlicher sind und Kreuze von viel größerer Wichtigkeit verbrennen.[13]

Die Anwälte, die die Rechtmäßigkeit der Verordnung verteidigten, stützten ihren Antrag auf die *Fighting-words*-Doktrin. Diese Doktrin, die in dem Urteil *Champlinsky vs. New Hampshire, 315 U. S. 568, 572* von 1942 formuliert wurde, beinhaltet, daß diejenigen Sprechakte nicht von der Verfassung geschützt sind, die für die Mitteilung von Meinungen nicht wesentlich sind: Solche Äußerungen haben »keinen wesentlichen Anteil an der Darstellung einer Meinung und haben als Wahrheiten einen so geringen gesellschaftlichen Wert, daß jeder Nutzen, der aus ihnen gezogen werden könnte, deutlich durch das gesellschaftliche Interesse an Moral und Ordnung aufgewogen wird«. Scalia stützt sich auf diese Formulierung, um die folgende Behauptung zu legitimieren: »Die ungeschützten Aspekte eines Wortes sind trotz ihres verbalen Charakters wesentlich nicht-sprachliche Bestandteile einer Mitteilung.«[14] Um Kommunikationsinhalte in jedem Fall gegen ein rechtliches

13 Die Anwälte, die wollten, daß die Verordnung auf den Fall des brennenden Kreuzes angewandt wird, arbeiteten mit folgendem Argument: »[...] wir bitten das Gericht, darüber nachzudenken, welches der ›Inhalt‹ des expressiven ›Verhaltens‹ ist, das ein brennendes Kreuz repräsentiert. Es ist nichts weniger als die erste Stufe einer rassistischen Gewalt. Es war und ist bedauerlicherweise immer noch so wie ein Messer, mit dem vor einer Kehle gefuchtelt, eine Schußwaffe, die auf jemanden gerichtet wird, bevor dann geschossen wird, das Streichholz, das vor der Feuersbrunst entfacht, die Schlinge, die vor dem Lynchen am Galgen aufgehängt wird. Es ist keine politische Aussage, nicht einmal eine feige Äußerung von Haß. Es ist die erste Stufe einer Gewalttat. Und darf nicht mehr geschützt werden, als würde jemand einem anderen eine Pistole an den Kopf halten. Es ist wahrscheinlich der äußerste Fall von *fighting words.*« (*R. A. V. vs. St. Paul, 112 S. Ct. at 2569-70, Fn. 8, 120 L. Ed. 2d at 320*)

14 *R. A. V. vs. St. Paul, 112 S. Ct. at 2545, 120 L. Ed. 2d at 319.*

Verbot zu schützen, unterscheidet Scalia zwischen Inhalt und Medium einer Mitteilung: Letzteres läßt sich womöglich verbieten, der Inhalt jedoch keinesfalls. »*Fighting words*«, so fährt er fort, »sind daher wie lärmende Lautsprecher.« Was verletzt, ist der Laut, nicht die Mitteilung, und tatsächlich »soll die Regierung nicht den auf Feindseligkeit oder Begünstigung gegründeten Gebrauch regulieren«.

Die Verbindung zwischen der Bezeichnungsmacht eines brennenden Kreuzes und Scalias regressiver neuer kritischer Unterscheidung, was sprachliches Element einer Mitteilung sein soll und was nicht, ist nirgendwo in dem Text deutlich markiert.[15] Scalia nimmt an, daß ein brennendes Kreuz eine Botschaft ist, der Ausdruck einer Meinung oder die Behandlung eines »Themas« oder eines »Inhalts«: kurz, daß das Verbrennen eines Kreuzes voll und ganz in einen *konstativen* Sprechakt übersetzt werden kann. Das Verbrennen des Kreuzes, das immerhin auf dem Rasen der schwarzen Familie stattfindet, ist damit – auch moralisch – genau dem öffentlichen Sprechen einer Person darüber, ob eine Mineralölsteuer von fünfzig Cents eingeführt werden sollte oder nicht, analog gesetzt. Bezeichnenderweise geht Scalia nicht darauf ein, was das Kreuz uns sagen würde, wenn es sprechen könnte, sondern beharrt darauf, daß das brennende Kreuz nur Ausdruck einer Meinung ist, daß es einen – eingestandenermaßen umstrittenen – Inhalt behandelt, aber gerade aus diesem Grund nicht verboten werden sollte. Die Verteidigung des Verbrennens von Kreuzen als einer freien Meinungsäußerung stützt sich daher auf eine unausgesprochene Analogie zwischen einer derartigen Handlung und einer öffentlichen Konstatierung. Dieses Sprechen ist keine Tat, keine Handlung oder Verletzung,

15 Die neue, kritische Annahme, auf die ich mich hier beziehe, besagt, daß es eine eigenständige und vollständig formale Textebene gibt, die dem Text eigentümlich ist.

auch wenn es »Inhalte« ausspricht, die verletzen könnten.[16] Damit ist die Verletzung so konzipiert, daß sie nach der jeweiligen Sensibilität registriert wird – sie gehört zu den Risiken der Redefreiheit.

Daß das Kreuz brennt und dadurch ein Brandschaden entsteht, wird nicht als Zeichen für die Absicht angesehen, diesen Schaden am Haus oder der Familie zu wiederholen. Die historische Beziehung zwischen dem Verbrennen eines Kreuzes und dem Brandmarken einer Gemeinschaft, einer Familie oder eines Individuums als Ziel neuer Gewalt wird ebenfalls ignoriert. Wieviel an dieser Verbrennung läßt sich tatsächlich in eine Proposition übersetzen, mit der etwas deklariert oder konstatiert wird? Und wie kann man überhaupt wissen, was mit einem brennenden Kreuz konstatiert wird? Wenn das Kreuz einen Standpunkt ausdrückt, ist es dann eine Deklarierung wie: »Ich bin der Meinung, daß Schwarze nicht hier in der Nachbarschaft leben sollten« oder sogar: »Ich bin der Meinung, daß gegen Schwarze Gewalt angewandt werden sollte«? Oder ist es eine perlokutionäre performative Äußerung wie in Imperativen oder Befehlen wie dieser Art: »Verbrenne!« oder »Stirb!«? Ist es eine Aufforderung, die nicht nur in dem Sinne metonymisch funktioniert, daß sie an vergangene Brandstiftungen erinnert, mit denen Schwarze als Ziele von Gewalt kenntlich gemacht wurden, sondern auch in dem Sinne, daß deutlich wird, daß das Feuer vom Kreuz auf das Ziel, das es kenntlich macht, übertragen werden kann? Es gibt eine historische Verbindung zwischen dem Verbrennen von Kreu-

16 Alle Richter stimmten darin überein, daß die St.-Paul-Verordnung zu weit gefaßt ist, weil sie den »thematischen Gegenstand« als rechtlich anstößig isoliert und damit erstens potentiell eine Diskussion solcher thematischen Gegenstände sogar bei denen verbietet, deren politische Sympathie die Verordnung genießt, und zweitens nicht in der Lage ist, zwischen dem rechtsverletzenden Aspekt des thematischen Gegenstands und dem Kontext, in dem die Äußerung ausgesprochen wird, zu unterscheiden.

zen und der Verbrennung von Personen und Eigentum. In dieser Perspektive richtet sich ein brennendes Kreuz direkt und als *Drohung* an den Adressaten und muß daher als die erste Stufe einer verletzenden Handlung *oder* als Erklärung der Absicht zu verletzen begriffen werden.[17]

17 Richter Stevens hat in einer gesonderten Begründung die Auffassung vertreten, daß ein brennendes Kreuz in der Tat eine Drohung ist und daß sich nur über den Kontext entscheiden läßt, ob eine bestimmte ›Ausdrucks‹-Form eine Drohung ist oder nicht. Stevens begründet seine Schlußfolgerung mit dem Urteil Chaplinsky, das den verfassungswidrigen Status von *fighting words* damit rechtfertigte, daß solche Worte »schon dadurch, daß sie geäußert werden, rechtsverletzend sind oder unmittelbar dazu auffordern, den Rechtsfrieden zu stören« (*Chaplinsky vs. New Hampshire, 315 U. S. 568, 572, 1942*).

Stevens argumentiert hier, daß erstens bestimmte Inhalte immer schon verboten werden konnten; daß zweitens die *Fighting-words*-Doktrin nur deswegen eingeführt werden konnte, weil man zwischen verschiedenen Inhalten unterschieden hat (so ist z. B. politisches Sprechen nachhaltiger geschützt als obszönes Sprechen usw.); daß aber drittens die Drohung, die in *fighting words* liegt, selbst schon als Rechtsverletzung aufgefaßt werden muß und daß es um diesen rechtsverletzenden Charakter dieses Sprechens geht und nicht um einen Kontext, der sich davon ablösen ließe. Aber im weiteren beeilt sich Stevens darauf hinzuweisen, daß die Frage, ob ein Ausdruck verletzend ist oder nicht, davon abhängt, welche Wirkungskraft einem Ausdruck in einem gegebenen Kontext zugeschrieben wird. Diese Zuschreibung läßt sich gerade deswegen nie einfach vorwegnehmen, weil sich auch Kontexte nie definitiv bestimmen lassen. Wenn man also nicht nur die geschichtlichen Umstände, sondern auch die Geschichtlichkeit der Äußerung selbst berücksichtigt, dann ist die Bestimmung des relevanten Kontexts ebenso belastet wie die Bestimmung des verletzenden Inhalts.

Stevens verbindet Inhalt, verletzende Performativität und Kontext in seiner Behauptung – die sich sowohl gegen Scalia wie gegen White wendet –, daß über die Frage eines rechtlichen Verbots nicht kategorisch entschieden werden könne: »Im Ersten Verfassungszusatz gibt es nur wenige Grenzlinien, die klar und deutlich sind, und wenn man versucht, Kategorisierungen einzuführen, verwischt man die Abgrenzungen nur weiter [...]. Meiner Meinung nach kann nur scheitern, wer eine Rechtsdoktrin dadurch sichern will, daß er Klassen und Unterklassen definiert.« (*R. A. V. vs. St. Paul, 112 S. Ct. at 2561, 120 L. Ed. 2d, at 346*) Und, so Stevens weiter, »die Bedeutung eines Ausdrucks und die Rechtmäßigkeit seiner rechtlichen Regulierung kann nur über den Kontext bestimmt werden«.

An diesem Punkt seiner Analyse zitiert Stevens eine metaphorische

Obwohl Richter Stevens das Urteil befürwortete, die Verordnung von Minnesota außer Kraft zu setzen, hat er bei der Gelegenheit Scalia die Einschränkung der *Fighting-words*-Doktrin vorgeworfen. Stevens ging mehrere besondere Fälle durch, in denen ein Verhalten durch die Anwendung besonderer Kriterien untersagt werden kann. Im folgenden Zitat kann man bemerken, wie das Verbrennen eines Kreuzes nicht mehr erwähnt, aber das Bild des Feuers in den verschiedenen Beispielen so verschoben wird, daß nicht mehr Schutz *vor rassistischem Sprechen* erforderlich scheint, sondern Schutz *vor einem öffentlichen Protest gegen Rassismus.* Noch in Stevens' Verteidigung des Verbots bestimmter Verhaltensformen taucht das Phantasma eines öffentlichen Aufruhrs auf:

»Es ist besonders gefährlich, wenn man in der Nähe eines Munitions- oder Treibstofflagers Feuer macht; ein solches Verhalten kann härter bestraft werden als das Verbrennen von Abfall auf ungenutztem Bauland. Wenn eine Person wegen ihrer Rassenzugehörigkeit oder ihres Glaubens bedroht wird, kann das zu einem besonders schweren Trauma führen oder einen öffentlichen Aufruhr auslösen; wenn eine hochstehende Persönlichkeit des öffentlichen Lebens bedroht wird, kann das schwerwiegende soziale Unruhen verursachen. Derartige Bedrohungen können härter bestraft werden als etwa Drohungen, die sich gegen jemanden richten, weil er sich für eine Sportlermannschaft einsetzt.«[18]

Beschreibung des »Wortes« von Richter Holmes, das synekdochisch für »Ausdruck« steht – wie im Verständnis der gesamten Rechtsprechung zum Ersten Verfassungszusatz. Das Holmes-Zitat lautet wie folgt: »ein Wort ist kein Kristall, durchsichtig und unveränderlich, es ist die Haut eines lebendigen Vorgangs, und es kann sehr unterschiedliche Färbungen und Inhalte annehmen, die von den Umständen und den Zeiten abhängen, in denen es gebraucht wird«. (11-12) Wir könnten dieses Bild nicht nur als eine rassistische Metapher ansehen – sie beschreibt das »Wort« als eine »Haut« –, sondern uns auch mit der semantischen Theorie, die es aufruft, befassen. Obwohl Stevens glaubt, daß er ein Bild zitiert, das die geschichtliche Wandelbarkeit des semantischen »Inhalts« eines »Ausdrucks« betont – wie sie die »Haut« denotiert, deren Farbe und Inhalt sich mit den geschichtlichen Umständen verändern –, ist doch ebenso eindeutig, daß die

In diesem Katalog verschiedener Feuer fehlt gerade das Verbrennen des Kreuzes, um das es eigentlich geht. Statt dessen sollen wir uns zuerst jemanden vorstellen, der ein Feuer in der Nähe eines Treibstofftanks entzündet und dann ein weniger gefährliches Feuer auf ungenutztem Bauland. Aber mit dem ungenutzten Bauland kommen Metaphern von Armut und Eigentum ins Spiel, die anscheinend den unausgesprochenen Übergang zum Thema schwarzer Rassenzugehörigkeit[19] bilden, das gleich darauf mit der Formulierung »wenn eine Person wegen ihrer Rassenzugehörigkeit oder ihres Glaubens bedroht wird« angesprochen wird: ›wegen (*because of*) ihrer Rassenzugehörigkeit‹ ist nicht das gleiche wie ›aufgrund (*on the basis of*) ihrer Rassenzugehörigkeit‹ und läßt die Möglichkeit offen, daß die Rassenzugehörigkeit selbst die Bedrohung kausal hervorruft. Die Bedrohung scheint sich in der Mitte des Satzes zu verschieben, wo Stevens eine zweite Kausalität weiter ausführt: Diese Drohung »kann zu einem besonders schweren Trauma führen oder einen öffentlichen Aufruhr auslösen«, und an dieser Stelle ist nicht mehr deutlich, ob die Drohung, die als Verhalten rechtlich verfolgt werden kann, sich darauf bezieht, daß »eine Person wegen ihrer Rassenzugehörigkeit oder ihres Glaubens bedroht wird«, oder auf den öffentlichen Aufruhr, der vielleicht daraus entsteht. Was dann unmittelbar folgt, läßt Rechtsmittel gegen die Aufrührer

Hautmetapher auf einen lebenden, entkörperlichten Gedanken verweist, der nie Phänomen wird, die noumenale Qualität des Lebens, lebendiger Geist in seiner hautlosen Form. Haut und ihre veränderliche Farbe und wechselnder Inhalt denotieren damit, was sich geschichtlich verändert, aber sind offenbar auch die Signifikanten des geschichtlichen Wandels. Der »Rassen«-Signifikant steht so nicht nur abstrakt für sich verändernde geschichtliche Umstände, sondern für den spezifischen historischen Wandel, den extrem gespannte Beziehungen zwischen den Rassen kennzeichnen.

18 *R.A.V. vs. St. Paul, 112 S. Ct. at 2561, 120 L. Ed. 2d at 340.*

19 Toni Morrison hat darauf hingewiesen, daß oft Armut die Sprache ist, in der über Schwarze gesprochen wird.

plötzlich wichtiger erscheinen als Rechtsmittel gegen jene, die diese »Person« wegen »ihrer« Rassenzugehörigkeit bedrohen. Nach »oder einen öffentlichen Aufruhr auslösen« geht der Satz weiter mit »wenn eine hochstehende Persönlichkeit des öffentlichen Lebens bedroht wird, kann das schwerwiegende soziale Unruhen verursachen«, als hätte das Trauma des Rassismus bereits zum Aufruhr und zu Ausschreitungen gegen Persönlichkeiten des öffentlichen Lebens geführt.

Daß die Richter nun selbst involviert sind, könnte man als paranoide Umkehrung der ursprünglichen Narration über die Kreuzverbrennung ansehen. Diese ursprüngliche Narration wird jetzt nirgendwo mehr erwähnt, aber ihre Elemente sind auf die Beispiele verteilt worden; das Feuer, das ursprünglich die schwarze Familie bedrohte, wird zuerst als gegen die Industrie gerichtete Brandstiftung, dann auf ungenutztem Bauland verortet, und schließlich erscheint es unausgesprochen in dem Aufruhr wieder, der auf die Traumatisierung folgt, und bedroht nun Persönlichkeiten des öffentlichen Lebens. Das Feuer, das zuerst die schwarze Familie bedroht hatte, wird metaphorisch in die Bedrohung transfiguriert, die traumatisierte Schwarze für hochgestellte Persönlichkeiten darstellen. Und obwohl belegt ist, daß Stevens sich für eine Definition von *fighting words* eingesetzt hat, in der Kreuzverbrennungen als *nicht* durch die Meinungsfreiheit geschütztes Sprechen erscheinen, legt er das in einer Sprache dar, die die Frage auf das Recht des Staates verschiebt, Verhalten so einzuschränken, daß er sich selbst gegen einen öffentlichen Aufruhr schützen kann, der auf Rassenkonflikte zurückgeht.[20]

20 Diese Lesart wirft einige Fragen auf, die den rhetorischen Status des Urteils selbst betreffen. Kendall Thomas und andere haben behauptet, daß die Bilder und Beispiele, die in Gerichtsurteilen benutzt werden, genauso wichtig für ihren semantischen Inhalt sind wie die expliziten Propositionen, die als Schlußfolgerungen der Argumentation vorgebracht werden. In gewissem Sinn stelle ich hier zwei Arten rhetori-

Die Einschränkung von Inhalten, mit der sich das Urteil explizit befaßt, scheint aus der Erzeugung eines semantischen Überschusses und einer metonymischen Kette angstbesetzter Bilder zu resultieren. Wie sich etwa Inhalt und Laut oder Inhalt und Kontext voneinander trennen lassen, wird beispielhaft an Bildern vorgeführt, deren Bedeutungen weit über die These hinausgehen, die sie stützen sollen. Scalia schränkt in seiner Analyse den »Inhalt« ein und »reinigt« ihn, damit er unter den Schutz der Meinungsfreiheit fällt; dieser »Inhalt« wird garantiert, indem »Gefahren« beschworen und gestreut werden, vor denen er geschützt werden muß. So verschiebt sich die Frage, ob die schwarze Familie aus Minnesota ein Anrecht darauf hat, gegen öffentliche Kundgebungen wie die Verbrennung von Kreuzen geschützt zu werden, auf die Frage, ob der »Inhalt« von Meinungsäußerungen vor denen geschützt werden muß,

scher Fragen: Die erste betrifft den »Inhalt« des Urteils, die zweite die Form, in der die mehrheitliche Entscheidung der Richter, die Scalia abgefaßt hat, festlegt, was nach der letzten Einschränkung der *Fighting-words*-Doktrin bei öffentlichen Äußerungen als Inhalt gilt und was nicht. Wenn wir den rhetorischen Status des Urteils untersuchen, müssen wir fragen, wie der rhetorische Status der Entscheidung selbst eine semantische Theorie voraussetzt, die die explizite semantische Theorie untergräbt, mit der und für die die Entscheidung selbst arbeitet.

Im einzelnen scheint es, daß das Urteil selbst eine Unterscheidung von verbalen und nonverbalen Elementen des Sprechens anwendet, die Scalia als »Mitteilung« bzw. »Laut« spezifiziert hat (*R.A.V. vs. St. Paul, 120 L. Ed. 2d. 305, 319-321*). Für Scalia läßt sich am Sprechen nur der Laut verbieten oder, anders formuliert, jener sinnliche Aspekt des Sprechens, der für die Idealität der inhaltlichen Bedeutung unwesentlich sein soll. Obwohl Richter Stevens solchen »Absolutismus« verwirft und vielmehr behauptet, daß die Unrechtmäßigkeit bestimmter Inhalte nur unter Berücksichtigung der jeweiligen Kontexte determiniert werden kann, hält er trotzdem an einer strengen Unterscheidung zwischen den semantischen Feldern eines Ausdrucks und dem Kontext fest, zu dem historische Umstände gehören, aber auch die Bedingungen der Anrede. Sowohl Scalia als auch Stevens verstehen damit »Inhalt« aus seiner Abgrenzbarkeit gegen das Nicht-Sprachliche und das Historische, auch wenn er im zweiten Fall dadurch determiniert ist.

die ihn in Brand setzen: Das Feuer verschiebt sich vom Kreuz auf die Rechtsmittel derer, die die Familie vor dem Feuer schützen könnten, aber dann auf die schwarze Familie, auf die schwarze Rasse, das ungenutzte Bauland, die Aufrührer in Los Angeles, die sich den Gerichtsurteilen explizit widersetzen und die nun die traumatisierte Wut der Schwarzen und ihre Macht, die Justiz selbst in Brand zu setzen, repräsentieren. Aber natürlich ist diese Konstruktion schon eine Umkehrung der Narration, in der ein Gericht vier Polizisten freispricht, die wegen der brutalen Mißhandlung von Rodney King angeklagt sind – eine Entscheidung, die tatsächlich einen Aufruhr »entzündet« haben könnte, der deutlich macht, wie fragwürdig es ist, wenn eine Rechtsverletzung vor ein Gericht und seine Geschworenen gebracht wird, die zu der Auffassung neigen, daß ein Schwarzer immer nur gefährlich, aber niemals gefährdet ist. Möglich also, daß sich der Oberste Gerichtshof mit seinem Urteil vom 22. Juni 1992 an Rodney King gerächt und selbst gegen den Aufruhr in Los Angeles und anderswo geschützt hat, der einem Angriff auf das gesamte Justizsystem glich. Die Richter identifizieren sich mit der schwarzen Familie, die das brennende Kreuz sieht und sich dadurch bedroht fühlt, aber sie treten selbst an die Stelle der Familie und setzen die schwarze Bevölkerung als die Kraft, die hinter der Drohung steht.[21]

Das Urteil weist eine Reihe metonymischer Verschiebungen auf, die sich als angstgeleitete Umlenkung und Umkehrung der tatsächlichen verletzenden Handlung lesen lassen. Das ursprüngliche Szenario kehrt sich Schritt für Schritt in den metonymischen Beziehungen zwischen den

21 Das Urteil, das im Prozeß gegen die vier Polizisten in Simi Valley gefällt wurde, beruhte auf einer ähnlichen Vertauschung der Positionen. Die Geschworenen kamen, obwohl offenkundig war, wie sehr King mißhandelt worden war, zu der Auffassung, daß in diesem Fall die Polizisten in Gefahr gewesen wären.

Bildern um: Die Verordnung hat das Feuer gelegt, traumatisierte Aufrührer haben es weiter in die Straßen von Los Angeles getragen, schließlich droht es, die Richter selbst zu verschlingen.

Auch Mari Matsuda und Charles Lawrence haben die rhetorische Inversion von Verbrechen und Strafe in diesem Text beschrieben: »Diejenigen, die Kreuze verbrennen, werden als eine unbeliebte Minderheit dargestellt, die der Oberste Gerichtshof gegen die staatliche Macht verteidigen muß. Die Verletzung, die der Familie Jones zugefügt wurde, wird angeeignet, und diejenigen, die Kreuze verbrennen, erscheinen als die verletzten Opfer. Die Wirklichkeit des gegenwärtigen Rassismus und seiner Ausschlußpraktiken wird ausgelöscht und Scheinheiligkeit zur mehrheitlichen Verurteilung rassistischer Auffassungen umdefiniert.«[22]

Bezeichnenderweise haben die Richter das Urteil *R. A. V. vs. St. Paul* in einem neueren Urteil (*Wisconsin vs. Mitchell, 113 S. Ct. 2194, 14 L Ed. 2d 436*, 1993) revidiert, mit dem das Gericht einstimmig entschied, daß rassistisches Sprechen als Beweismittel dafür gelten kann, daß das Opfer gezielt wegen seiner Rasse ausgesucht wurde und daß damit unter Umständen ein erhöhtes Strafmaß begründet werden kann. Das Urteil *Wisconsin vs. Mitchell* hat sich nicht damit befaßt, ob rassistisches Sprechen eine Rechtsverletzung darstellt, sondern nur damit, ob ein Sprechen, das Hinweise darauf enthält, daß das Opfer aufgrund seiner Rasse ausgewählt wurde, zur Begründung der Erhöhung des Strafmaßes für ein Verbrechen herangezogen werden kann, das selbst kein sprachliches ist. Bemerkenswerterweise ging es in diesem Fall um eine Gruppe junger Schwarzer, unter ihnen Todd Mitchell, die gerade aus dem Film *Mississippi Burning* kamen. Sie beschlossen, ein paar Weiße »anzumachen«, und verprügelten schließlich einen jungen Weißen,

22 Matsuda und Lawrence, »Epilogue«, in: dies. et al. (Hg.), *Words that Wound*, a. a. O., S. 135.

der sie auf der Straße angesprochen hatte. Rehnquist ist schnell mit dem Hinweis bei der Hand, daß die jungen Männer über eine Szene aus dem Film gesprochen hatten, in der »ein Weißer einen schwarzen Jungen schlägt, der gerade gebetet hatte«. Rehnquist zitiert dann Mitchell, dessen Rede sich im Urteil niederschlagen wird: »Du bist einfach voll so drauf, daß du ein paar Weiße anmachen willst« und: »Du willst irgendwen fertigmachen? Da geht ein Weißer, also schnapp ihn dir.«[23] Die Ironie dieses Vorfalls liegt wohl darin, daß der Film die Geschichte von drei Bürgerrechtlern erzählt (zwei Weiße und ein Schwarzer), die von Mitgliedern des Ku-Klux-Klans umgebracht werden. Mit brennenden Kreuzen und Brandbomben bedroht der Klan immer wieder die Einwohner, die der Ermittlungsbehörde bei ihrer Suche nach den Leichen der Bürgerrechtler und dann nach ihren Mördern zu helfen scheinen. Im Film sympathisiert die Gerichtsbehörde zunächst mit dem Klan: Sie weigert sich, die Mörder ins Gefängnis zu bringen, und limitiert ihr Verhör unrechtmäßig. Tatsächlich wird der Ermittlungsbeamte die Mitglieder des Klans nur fassen, weil er selbst gegen das Gesetz verstößt und die Verhörten brutal mißhandelt. Über weite Strecken rehabilitiert dieser Beamte eine überlegene Männlichkeit gegenüber einer liberalen »Verweiblichung«, die der ordentliche Rechtsweg repräsentiert. Vielleicht am wichtigsten ist aber, daß der effiziente Beamte zwar im Namen des Gesetzes, aber zugleich gegen das Gesetz handelt und damit zeigt, daß Rassismus nur durch ungesetzliches Handeln effektiv bekämpft werden kann. Damit spricht der Film das weitverbreitete Gefühl mangelnden Vertrauens in das Gesetz und die Umständlichkeit seiner Verfahrenswege an und rekonstruiert eine gesetzlose weiße Männlichkeit, während er zugleich vorgibt, deren Übergriffe einzuschränken.

23 *Wisconsin vs. Mitchell*, 113 S. Ct. at 2196-7, 120 L. Ed. 2d at 442.

In gewisser Weise zeigt der Film, daß Gewalt deshalb entsteht, weil es dem Gesetz nicht gelingt, die Bürger zu schützen; in dieser Form allegorisiert er die Rezeption der Gerichtsurteile. Denn wenn der Film zeigt, daß es dem Gericht nicht gelingen kann, die Rechte und Freiheiten der Bürger zu schützen, und daß Gewalt das einzige Mittel gegen Rassismus ist, dann kehrt die Gewalt auf der Straße, die dem Film buchstäblich folgt, diese Allegorie um. Die Schwarzen, die aus dem Film kommen und auf der Straße gewalttätig werden, finden sich vor einem Gericht wieder, das die üblichen Bahnen verläßt, indem es den Film anklagt – der immerhin die Gerichte anklagt –, aber implizit dazu übergeht, die Gewalt auf der Straße mit der verletzenden Repräsentation zu verbinden und letztendlich beides aus dem jeweils anderen abzuleiten.

Das Gericht wollte, indem es Todd Mitchells Rede zitierte, darüber entscheiden, ob das Ziel der Gewalt aus rassistischen Gründen ausgewählt worden war oder nicht. Damit wird diese Rede als Folge davon erachtet, daß Mitchell den Film gesehen hatte; das Gericht faßte sie sogar als eine Verlängerung des Sprechens auf, das den Text des Films konstituiert. Aber das Gericht selbst ist in die Verlängerung des Filmtextes verstrickt, denn der Film »klagt« gegen eine Mitschuld des Gerichts an rassistischer Gewalt. Daher kehrt die Verurteilung Mitchells und seiner Freunde – und die Unterstellung rassistischer Motive bei ihnen – die »Anklage« des Films gegen das Gericht um. Auch in dem Urteil *R.A.V. vs. St. Paul* tritt das Gericht in einer Komparsenrolle auf, verkehrt die Positionen der Handelnden und ihrer Wirkungskraft, setzt denjenigen, der verletzt wurde, an die Stelle dessen, der verletzt hat, und präsentiert sich selbst als Ort der Verwundbarkeit.

In jedem dieser Fälle übt das Gericht mit seinem Sprechen gerade deswegen die Macht zu verletzen aus, weil es dazu autorisiert ist, über die verletzende Macht von Sprechen zu urteilen. Die Umkehrung und Verschiebung der Verletzung im Namen eines »Urteils« macht die besondere Form von Gewalt deutlich, die in der »rechtlichen Entscheidung« liegt, eine Gewalt, die sich verbirgt und festsetzt, sobald sie Gesetzestext wird. Wahrscheinlich setzt jede Rechtssprache diese potentielle Macht zu verletzen ein, aber aus dieser Erkenntnis folgt nur, daß es um so wichtiger ist, die Besonderheiten solcher Gewalt zu verstehen. Es wird erforderlich sein, zwischen denjenigen Arten von Gewalt zu unterscheiden, die notwendige Bedingungen der Verbindlichkeit einer Rechtssprache sind, und denjenigen, die diese Notwendigkeit ausnützen, um derartige Verletzungen im Dienst des Unrechts zu multiplizieren.

Der willkürliche Gebrauch dieser Macht erweist sich am Mißbrauch der *Hate-speech*-Präzedenzfälle, die gezielt benutzt werden, um konservative politische Ziele durchzusetzen und eine fortschrittliche Politik zu konterkarieren. Hier müssen nicht Sprechakte oder die verletzende Macht des Sprechens besser verstanden werden, sondern der strategische und widersprüchliche Gebrauch, den die Gerichte von diesem unterschiedlichen Wortlaut jeweils machen. Zum Beispiel hat sich das gleiche Gericht einerseits dafür ausgesprochen, die Definition von Obszönität auszuweiten, und sich andererseits auf die Gründe für eine Rechtsprechung zu Verbrechen aus dem Umkreis der *hate speech* (*hate-crime*) gestützt, um damit dem Obszönen leichter den Status der geschützten Rede absprechen zu können.[24] Scalia

24 Das Urteil Champlinsky fördert diese Zweideutigkeit mit der Klausel, daß Sprechen seinen geschützten Status verliert, »wenn es keinen wesentlichen Anteil an einer Meinungsäußerung hat«. Diese Vorstellung eines unwesentlichen Anteils an einer solchen Äußerung liegt dem Urteil *Miller vs. California, 413 U. S. 15* von 1973 zugrunde, das den ungeschützten Status von Obszönität ausgedehnt hat. In diesem Urteil hat das Gericht einen Film über ein Model, das eine Tätowierung mit politischem Inhalt zur Schau trägt, als »Sprechen, das sich gegen die Regierung richtet«, ausgelegt und ihn ebendeshalb als ungeschütztes Sprechen begriffen, »weil er als Ganzes weder literarisch

bezieht sich auf das Urteil *Miller vs. California* von 1973 als den Fall, bei dem Obszönität von dem kategorischen Schutz, den Inhalte genießen, deswegen ausgenommen wurde, weil sie »offenkundig beleidigend« sei; bei einem späteren Fall (*New York vs. Ferber, 458 U. S. 747* von 1982), bei dem der Kinderpornographie der geschützte Status abgesprochen wurde, sei es »in keiner Weise darum gegangen, ein bestimmtes literarisches Thema zu zensieren«.[25] Das »Literarische« wird hier dadurch definiert, daß Kinderpornographie sowohl vom Literarischen als auch vom Thematischen ausgeschlossen wird. Obwohl es scheint, daß man in der Lage sein muß, die Gattung Kinderpornographie zu erkennen und abzugrenzen, um ihr den kategorischen Schutz, den Inhalte genießen, abzusprechen, können die Erkennungsmerkmale eines solchen Erzeugnisses offenbar weder literarischer noch sachlich-thematischer Art sein. Tatsächlich scheint das Gericht an einer Stelle der Verhandlung die umstrittene Behauptung von Catharine Mac Kinnon aufzugreifen, daß bestimmte Ausdrücke eine sexistische Diskri-

noch künstlerisch, politisch oder wissenschaftlich wertvoll ist«. Eine solche Repräsentation wurde also so aufgefaßt, daß sie »keinen wesentlichen Anteil an einer Meinungsäußerung« habe. Auffällig ist aber, daß aus »keinen wesentlichen Anteil« nun »nicht wertvoll« geworden ist. Man erinnert sich an Scalias früheres Beispiel dafür, was am Sprechen ungeschützt bleibt, nämlich die lärmenden Lautsprecher, die bedeutungsleere Ebene des Sprechens, die nach seiner Einschätzung »das nichtsprachliche Element der Kommunikation« ist. Hier behauptet er, daß nur die bedeutungsleere Ebene des Sprechens, der reine Laut, nicht geschützt ist, daß aber die »Meinungen«, die durch den Laut übertragen werden, auf jeden Fall geschützt werden müssen. Lärmende Straßengeräusche bilden daher keinen wesentlichen Anteil an irgendeiner Darstellung, prägnanter gesagt, sie bilden keinen wertvollen Anteil. Man könnte sogar mutmaßen, daß die Richter jedes Sprechen, das nicht durch Meinungsfreiheit geschützt ist, auf die bedeutungsleer klingende Kategorie »bloßer Lärm« reduzieren werden. Der Filmclip, der ein offenkundig nacktes Mädchen zeigt, das eine Anti-Regierungstätowierung zur Schau stellt, wäre also bloßer Lärm, keine Mitteilung und keine Meinung, sondern nur das wertlose Geräusch des Straßenlärms.

25 *R.A.V. vs. St. Paul, 112 S. Ct. at 2543, 120 L. Ed. 2d at 318.*

minierung darstellen, wenn es nämlich sagt, daß »*fighting words*, die ein Geschlecht entwürdigen [...], zu einer Verletzung von Artikel VII führen können, der generell eine Diskriminierung aufgrund einer Geschlechtszugehörigkeit in Beschäftigungsverhältnissen untersagt«.[26] Aber hier läßt das Gericht keinen Zweifel daran, daß es solche Darstellungen nicht aufgrund ihres Inhalts verbietet, sondern nur aufgrund der Folgen, die solche Ausdrücke nach sich ziehen.

Ich meine, daß die gegenwärtige Sensibilität der Konservativen, die sich an den Gerichten und im rechten Flügel der Kongreßabgeordneten zeigt, auch in der Bereitschaft hervortritt, die Begriffe »Obszönität« oder »Pornographie« auszudehnen und beidem den geschützten Status abzusprechen; damit aber Obszönität potentiell als Form von *fighting words* auszuweisen, womit die bildliche Darstellung von Sexualität als Rechtsverletzung zu gelten hätte. Das wird an der Urteilsbegründung in *Miller vs. California* deutlich, die das »Hervorrufen sexueller Erregung« mit einer Vorstellung von dem, »was literarisch, künstlerisch, politisch oder wissenschaftlich wertvoll« ist, konfrontiert. Hier wird die Repräsentation, weil sie als unmittelbar und unbestreitbar rechtsverletzend gewertet wird, vollständig vom »Thematischen« und »Wertvollen« abgelöst und verliert damit ihren geschützten Status.

Diese Begründung haben Jesse Helms und andere aufgenommen, um ihre Behauptung zu stützen, daß der National Endowment for the Arts keinerlei Verpflichtung hat, obszöne Darstellungen zu fördern; und im weiteren vorzubringen, daß die Werke lesbischer Performance-Künstlerinnen und schwuler Fotografen obszön sind und ohne künstlerischen Wert. Bezeichnenderweise scheint die Bereitschaft, die unbestreitbar rechtsverletzende und unthematische Qualität bildlicher Darstellungen von Sexualität

26 Ebd., *2546, 120 L. Ed. 2d at 321.*

anzuerkennen, wenn von ihnen nicht angenommen werden kann, daß sie weitergehende Wirkungen haben werden oder in irgendeiner offensichtlichen Form »handeln«, gegen die fehlende Bereitschaft gelesen zu werden, ein brennendes Kreuz vor dem Haus einer schwarzen Familie als Rechtsverletzung gelten zu lassen. Während bildliche Darstellungen von Homosexualität als nicht-thematisch oder einfach nur sexuell aufreizend angesehen werden, als reine Sinnlichkeit ohne alle Bedeutung, kann das Verbrennen eines Kreuzes, soweit es Rassenhaß kommuniziert, als berechtigter Standpunkt in einer öffentlichen Debatte über kontroverse Fragen konstruiert werden – das würde bedeuten, daß die Begründung für die Erweiterung der *Fighting-words*-Doktrin, durch die unkonventionelle Repräsentationen von Sexualität in deren Zuständigkeit fallen, erhärtet wurde, aber die Begründung für die Anrufung von *fighting words*, um rassistische Drohungen auszugrenzen, entsprechend geschwächt wurde. Hier arbeitet vermutlich ein verschärfter sexueller Konservatismus mit einer verstärkten Sanktionierung rassistischer Gewalt Hand in Hand. Das geschieht aber in der Form, daß die »Rechtsverletzung«, die eine bildliche Darstellung von Sexualität dem Betrachter angeblich zufügt, mit der Kategorie *fighting words* belegt wird, aber Rechtsverletzungen wie das brennende Kreuz vor dem Haus der schwarzen Familie oder der Fall von Rodney King angeblich so mehrdeutig und hypothetisch sind, daß sie keine Einschränkung des sakrosankten Ersten Verfassungszusatzes rechtfertigen.[27] Auch werden von die-

27 Kimberlé Crenshaw hat auf diese Ambivalenz des Gesetzes in anderer Weise hingewiesen. Die Gerichte, so Crenshaw, sprechen afroamerikanischen Kunstformen ihren künstlerischen Status ab und zensieren sie, weil ihrem Urteil ein rassistischer Kunstbegriff zugrunde liegt. Auf der anderen Seite ist sie vom Frauenbild dieser Kunst abgestoßen und fühlt sich zwischen zwei Positionen ›zerrissen‹. Kimberlé Crenshaw, »Beyond Racism and Misogyny: Black Feminism and 2 Live Crew«, in: Matsuda et al. (Hg.), *Words that Wound*, a. a. O.

ser juristischen Argumentation nicht einfach Verbote bildlicher Darstellungen von Sexualität unterstützt, wohingegen rassistische Rechtsverletzungen als Meinungsfreiheit geschützt werden, sondern von diesem Verbot werden vor allem Darstellungen von Sexualität betroffen sein, in denen Rasse eine Rolle spielt, und jene Darstellungen, die das Protokoll von Rasse und Sexualität angreifen, werden am ehesten der Verfolgung ausgesetzt sein.

Zwei Hinweise zur Erläuterung: Einige kritische Rassentheoretiker würden behaupten, daß das Verbrennen eines Kreuzes ein Sprechen ist, daß aber nicht jede Form von Sprechen durch Meinungsfreiheit geschützt werden soll und das de facto auch nicht wird. Ferner, daß rassistisches Sprechen gegen den Gleichheitssatz der Verfassung verstößt, weil es das Subjekt, an das es sich richtet, in der Ausübung seiner Rechte und Freiheiten einschränkt. Andere mit diesem Thema befaßte Rechtsgelehrte wie Richard Delgado würden für eine erweiterte Anwendung der Kategorie *fighting words* auch bezüglich des Ersten Verfassungszusatzes plädieren. Matsuda und MacKinnon, die sich am Vorbild der Rechtsprechung zur Geschlechterdiskriminierung orientieren, würden behaupten, daß zwischen Sprechen und Verhalten unmöglich unterschieden werden kann, daß bösartige Äußerungen rechtsverletzende Handlungen sind. Merkwürdigerweise kehrt dieser Gedanke auch in der neuen Richtlinie zur Homosexualität in der Armee wieder. Sie behandelt die Äußerung »Ich bin homosexuell« als »homosexuelles Verhalten«. Mit dieser Gleichsetzung von Sprechen und Verhalten werde ich mich im dritten Kapitel näher befassen. Die Richtlinie legt das Coming out unter der Hand als *fighting words* aus. Hier kann man wieder daran denken, daß die gerichtliche Verfolgung von *hate speech* immer das Risiko in sich birgt, daß die Gerichte Gelegenheit erhalten, selbst Gewalt auszuüben. Und wenn Gerichte entscheiden, welches Sprechen Gewalt ist und welches nicht, dann ist diese Entscheidung möglicherweise die verbindlichste Form der Gewalt.

Denn wie der Fall mit der Verbrennung des Kreuzes gezeigt hat, geht es nicht allein darum, ob das Gericht die Drohung, die dieses Kreuz darstellt, zu lesen vermag, sondern auch darum, ob es selbst mit einer ähnlichen Logik der Bezeichnung arbeitet. Denn in dem dargestellten Fall war das Gericht eines, für das das Feuer zum Phantasma wird und den Ersten Verfassungszusatz verschlingt und einen Aufruhr entzündet, der sich seine Autorität selber schafft. Das Gericht schützt sich darum selbst gegen die imaginierte Bedrohung durch das Feuer, indem es das brennende Kreuz schützt und sich mit jenen verbündet, die rechtlichen Schutz vor einem Schreckgespenst fordern, das ihrer eigenen Vorstellung entsprungen ist. So schützt das Gericht das brennende Kreuz mit der Meinungsfreiheit, macht diejenigen, deren Rechte es verletzt, zur wahren Bedrohung, erhebt das brennende Kreuz zu einem Repräsentanten des Gerichts – zum Schutz der und Zeichen für die Meinungsfreiheit. Bei soviel Schutz, was sollen wir da noch fürchten?

Von hate speech *zu Pornographie*

MacKinnon ist sich über die Gefahr im klaren, die in der Anrufung der Staatsmacht liegt, aber in *Nur Worte* vertritt sie 1993 die These, daß der Staat auf seiten der Pornographie-Industrie steht; die untergeordnete Position, in die Pornographie Frauen bringt, sei eine vom Staat sanktionierte Konstruktion. Ich werde MacKinnons Standpunkt im nächsten Kapitel ausführlicher behandeln, möchte aber hier die angebliche Performativität der Pornographie analysieren und damit zeigen, wie die Auffassung, daß Bilder illokutionäres Sprechen sind, mit der impliziten Behauptung, daß Pornographie souveränes Verhalten ist, den Ersten Verfassungszusatz umgeht.

Nach MacKinnon ist Pornographie *hate speech* und sollten Argumente für eine rechtliche Verfolgung von *hate speech* auf Argumenten für eine rechtliche Verfolgung von Pornographie beruhen. Diese Analogie setzt voraus, daß das Bild in der Pornographie imperativisch funktioniert; und daß dieser Imperativ das zu verwirklichen vermag, was er befiehlt. Nach MacKinnon liegt das Problem *nicht* darin, daß Pornographie eine frauenfeindliche Gesellschaftsstruktur widerspiegelt bzw. ausdrückt, sondern darin, daß sie eine Institution ist, die mit der performativen Macht ausgestattet ist, das, was sie darstellt, wirklich werden zu lassen. Sie schreibt, daß Pornographie nicht nur die gesellschaftliche Wirklichkeit substituiert, sondern daß diese Substitution auch eine eigene gesellschaftliche Wirklichkeit schafft – die gesellschaftliche Wirklichkeit der Pornographie. Diese Fähigkeit der Pornographie, ihre eigenen Vorgaben zu verwirklichen, rechtfertigt für MacKinnon die Behauptung, daß Pornographie ihr eigener Kontext *ist*:

»Pornographie drückt Erfahrung nicht lediglich aus oder interpretiert sie nur; sie tritt an ihre Stelle. Jenseits der Übermittlung einer Nachricht aus der Wirklichkeit steht sie für diese Wirklichkeit ein [...]. Um visuelle Pornographie zu machen und um ihren Anforderungen gerecht zu werden, muß die Welt und müssen namentlich Frauen tun, was die Pornographen ›sagen‹ wollen. Pornographie bringt die Bedingungen ihrer Produktion zum Konsumenten [...]. Pornographie macht die Welt durch ihre Herstellung und ihren Gebrauch zu einem pornographischen Ort, etabliert, wofür Frauen angeblich da sind, als was sie gesehen werden, wie sie behandelt werden. Sie konstruiert die soziale Realität dessen, was eine Frau ist und was sie hinsichtlich dessen sein kann, was ihr angetan werden kann, und was ein Mann hinsichtlich dessen ist, dies zu tun.«[28]

28 MacKinnon, *Nur Worte*, a. a. O., S. 26.

Zunächst setzt sich Pornographie an die Stelle der Erfahrung, und das impliziert, daß es eine vorgängige Erfahrung gibt, die hier ersetzt wird – vollständig ersetzt wird –, und zwar durch Pornographie. Pornographie substituiert Erfahrung und schafft eine neue und totale Erfahrung. Sodann wird diese zweitklassige Erfahrung zu einer zweitklassigen »Wirklichkeit« – anscheinend gibt es in diesem pornographischen Universum keinen Unterschied zwischen der Erfahrung von Wirklichkeit und Wirklichkeit selbst. MacKinnon selbst betont, daß diese systemische Gleichsetzung in einer Wirklichkeit stattfindet, die selbst nur Substitut einer anderen Wirklichkeit ist, einer, die ursprünglicher gedacht wird, vielleicht auch einer, die den normativen bzw. utopischen Maßstab liefert, an dem sie die pornographische Wirklichkeit mißt, die deren Platz eingenommen hat. Dann scheint das visuelle Feld zu sprechen und sogar Befehle zu erteilen, und hier verhalten sich die Bilder dann wie ein Subjekt, das die Macht hat, das entstehen zu lassen, was es mit Worten bezeichnet, eine Macht, die der göttlichen Performativität analog ist. Die Reduktion dieses visuellen Feldes auf eine sprechende Gestalt, einen autoritativen Sprecher, bewirkt rhetorisch eine Substitution, die sich von derjenigen unterscheidet, die MacKinnon beschreibt. Sie substituiert sprachliche Befehle durch das visuelle Feld, was impliziert, daß sich nicht nur das Visuelle vollständig in Sprache übersetzen läßt, sondern auch eine bildliche Darstellung vollständig in eine wirkungsvolle performative Äußerung.

Wenn sie Pornographie dann als das beschreibt, was die soziale Realität dessen, was eine Frau ist, »konstruiert«, muß man die Bedeutung von »Konstruktion« auf dem Hintergrund der beiden Übersetzungsoperationen lesen, die sie oben vorgenommen hat. Diese Konstruktion funktioniert, d. h. sie produziert die soziale Realität dessen, was eine Frau ist, nur dann, wenn sich das Visuelle in ihrem Sinn in das sprachlich Wirkungsvolle übersetzen läßt, wie sie es nahelegt. Ähnlich funktioniert die Analogie von Pornographie und *hate speech* nur insoweit, als sich das pornographische Bild in eine Reihe von Befehlen übersetzen läßt, die auch befolgt werden. Wenn MacKinnon paraphrasiert, wie das pornographische Bild spricht, beharrt sie darauf, daß das Bild sagt: »Tu das!«, womit die Handlung, die befohlen wird, ein Akt sexueller Unterordnung ist und die gesellschaftliche Wirklichkeit der Frau, indem diese die Handlung ausführt, genau als die der sexuell Untergeordneten »konstruiert« wird. »Konstruktion« ist hier nicht einfach Ausführung einer Handlung – die natürlich höchst mehrdeutig bleibt, vielleicht, um damit die Möglichkeit verschiedener Lesarten abzuwehren –, sondern die *Darstellung* dieser Handlung, und Darstellung bedeutet hier die Dissimulation und gleichzeitige Befolgung des sprachlichen Befehls »Tu das!«. Für MacKinnon braucht niemand diese Worte auszusprechen, denn sie auszusprechen ist bereits Rahmen und zwingende Regieanweisung für die Handlung; soweit der Rahmen die Handlung orchestriert, hat er gewissermaßen performative Macht; nach MacKinnon ist ihm der Wille einer männlichen Autorität eingeschrieben und erzwingt den Gehorsam gegenüber seinen Befehlen.

Aber setzt der Rahmen tatsächlich den Willen eines bereits bestehenden Subjekts durch? Oder hebt er die Wirklichkeit dieses Willens nicht vielmehr auf, schafft und orchestriert ein phantasmatisches Szenario von Unterwerfung und Gefügigkeit? Ich möchte Phantasma und Wirklichkeit nicht strikt voneinander trennen, möchte aber doch die Frage aufwerfen, inwieweit die Wirkung des Phantasmas die Konstruktion gesellschaftlicher Wirklichkeit brüchiger und weniger festgelegt werden läßt, als MacKinnon annimmt. Auch wenn man einräumt, daß ein Großteil der Pornographie anstößig ist, heißt das noch nicht, daß ihre Anstößigkeit in der ihr unterstellten Fähigkeit liegt, die gesellschaftliche Wirklichkeit der Frau (einseitig und vollständig) zu konstruieren. Aber wenn man für einen Augenblick MacKinnons eigene Formulierungen betrachtet, fällt auf, wie sich eine hypothetische Form in den Imperativ einschleicht, so als ob die Entschiedenheit, mit der sie die Wirkungskraft pornographischer Darstellungen behauptet, ihre eigene Auflösung betreibt: »Pornographie [...] etabliert, wofür Frauen angeblich da sind, *als was* sie gesehen werden, *wie* sie behandelt werden.« (Hervorh. J. B.) Und weiter, sie »konstruiert die soziale Realität dessen, was eine Frau ist«: Sexuell untergeordnet zu sein heißt hier, in dieser Form konstruiert zu werden, in einer gesellschaftlichen Wirklichkeit zu leben, in der man genau dies und nur dies ist. Aber wenn man das »als« als Behauptung einer Ähnlichkeit liest, kippt diese deswegen nicht schon metaphorisch in eine Identität um. Wie wird das »als« zu einem »ist«, und ist es das, was Pornographie bewirkt, oder ist es gerade das, was MacKinnons *Darstellung* der Pornographie bewirkt? Man könnte das »als« auch als ein »als ob«, als ein »so, als ob man wäre« lesen, und dann stellt Pornographie weder dar noch her, was Frauen sind, sondern ist eine Allegorie männlicher Willkür und weiblicher Unterwerfung (obwohl das natürlich nicht ihr einziges Thema ist), die immer wieder und voller Angst die Unmöglichkeit ihrer eigenen Verwirklichung inszeniert. Man könnte sogar sagen, daß Pornographie unmögliche Positionen darstellt, Positionen, die nicht eingenommen werden können, kompensatorische Phantasien, die immer wieder eine Kluft zwischen diesen Positionen und jenen der gesellschaftlichen Wirklichkeit aufbrechen lassen. So könnte man sagen, daß Pornographie der Text der Unwirklichkeit von Geschlechtsidentität ist, der unmöglichen Normen, die sie beherrschen und an denen sie permanent scheitert. Der Befehl »Tu das!« wird weniger gegeben als »dargestellt«; und wenn das, was dargestellt wird, kompensatorische Idealvorstellungen, hyperbolische Normen der Geschlechtsidentität sind, dann steckt Pornographie einen Bereich der unrealisierbaren Positionen ab, die zwar eine gewisse Macht über die gesellschaftliche Wirklichkeit der Geschlechterpositionen haben, sie aber im strengen Sinn nicht konstituieren. Tatsächlich hat das pornographische Bild, gerade weil es nicht in der Lage ist, die gesellschaftliche Wirklichkeit zu konstituieren, seine phantasmatische Macht. Insoweit der Befehl »dargestellt« und nicht »gegeben« wird, kann er nicht die gesellschaftliche Wirklichkeit dessen, was eine Frau ist, konstruieren. Dieses Mißlingen ist der Anlaß für eine Allegorie dieses Imperativs, die dessen Unwirklichkeit von Anfang an konzediert und die diese Unwirklichkeit, die ihre Bedingung ist und ihre Verlockung darstellt, nicht überwinden kann. Ich würde mir eine feministische Interpretation der Pornographie wünschen, die auf eine Literarisierung dieses imaginären Szenarios verzichtet und sie vielmehr als Inkommensurabilitität der Geschlechternormen und der damit verbundenen Praktiken liest, die Pornographie offenbar gezwungen ist zu wiederholen, ohne sie jemals aufzulösen.

Es hat daher wenig Sinn, sich das visuelle Feld der Pornographie als Subjekt vorzustellen, das spricht und durch sein Sprechen hervorbringt, was es benennt. Seine Autorität ist deutlich weniger göttlich; seine Macht weniger wirksam. Es hat nur dann Sinn, sich den pornographischen Text als rechtsverletzendes Handeln eines Subjekts vorzustellen, wenn man ein Subjekt sucht, dem die Handlung zugeschrieben und das rechtlich verfolgt werden kann. Andernfalls ist unsere Aufgabe schwieriger, denn was Pornographie liefert, ist, was sie aus dem Fundus kompensatorischer Geschlechternormen rezitiert und übertreibt, ein Text aus ebenso beharrlichen wie falschen imaginären Beziehungen, die nicht dadurch verschwinden, daß dieser Text abgeschafft wird, ein Text, der einer unnachgiebigen feministischen Kritik noch zu lesen bleibt. Wenn man solche Texte gegen den Strich liest, räumt man damit ein, daß die Performativität des Textes keiner souveränen Kontrolle untersteht. Im Gegenteil, wenn ein Text einmal handelt, kann er wieder handeln und das vielleicht genau gegen die frühere Handlung. *Re*signifizierung wird so zu einer Möglichkeit, Performativität und Politik neu zu lesen.

2. Souveräne performative Äußerungen

Jüngste Vorschläge, *hate speech* an der Universität, am Arbeitsplatz und in anderen öffentlichen Bereichen durch Vorschriften zu regulieren, haben zu einer Reihe ambivalenter politischer Konsequenzen geführt. Inzwischen werden Ursachen und Folgen der Verletzung gesellschaftlicher Rechte bevorzugt im Bereich der Sprache untersucht. Während es in den früheren Phasen der Bürgerrechtsbewegung oder des feministischen Aktivismus vor allem darum ging, verschiedene Formen von Diskriminierung zu dokumentieren und Abhilfe zu schaffen, betont der gegenwärtige politische Umgang mit *hate speech* die sprachliche Form, die diskriminierendes Verhalten annimmt, und wird versucht, sprachliches Verhalten als diskriminierende Handlung zu bestimmen.[1] Die Frage ist: Was ist sprachliches Verhalten? Das Gesetz bietet dafür bekanntlich Definitionen an, und diese Definitionen tendieren dazu, katachrestische Erweiterungen des normalen Sprech-Verständnisses zu institutionalisieren: Auf diese Weise läßt sich dann – für rechtliche Zwecke – das Verbrennen einer Fahne oder sogar eines Kreuzes als Sprechen konstruieren. In jüngster Zeit hat jedoch die Jurisprudenz Rat bei rhetorischen und philosophischen Erklärungen der Sprache gesucht, um *hate speech* in der Begrifflichkeit einer allgemeineren Theorie sprachlicher Performativität zu erklären. Strikte Anhänger des Ersten Verfassungszusatzes vertreten die Auffassung, daß die Redefreiheit Priorität vor den anderen von der Verfassung geschützten Rechten und Freiheiten hat, ja daß Redefreiheit bei der Ausübung anderer Rechte und Freiheiten vorausge-

1 MacKinnon schreibt, daß »Gruppendiffamierung die sprachliche Form ist, die die Ungleichheit annimmt«. Catharine MacKinnon, *Nur Worte*, a. a. O., S. 100.

setzt ist. Häufig begreifen sie jede »inhaltlich gegründete« Äußerung als von der Redefreiheit geschützt und meinen, daß gegenüber bedrohendem Sprachverhalten die Frage gestellt werden muß, ob solches Drohen »Sprechen« bleibt oder ob es nicht in den Bereich von »Verhalten« übergewechselt ist. Nur im letzten Fall läßt sich das betreffende »Sprechen« gesetzlich verbieten. Im Kontext der Kontroversen um *hate speech* ist erst vor kurzem eine Auffassung von Sprechen entstanden, die den Rekurs auf eine so strikte Unterscheidung problematisch erscheinen läßt; hier wird behauptet, daß gerade der »Inhalt« von bestimmten Formen des Sprechens nur in Termini *der Handlung, die dieses Sprechen performiert*, verstanden werden kann. Mit anderen Worten, rassistische Epitheta übermitteln nicht nur die Botschaft einer »Minderwertigkeit der Rasse«, sondern diese Übermittlung ist die sprachliche Institutionalisierung ebendieser Unterordnung. Auf diese Weise wird *hate speech* so verstanden, daß sie eine rechtsverletzende Vorstellung oder eine Reihe solcher Vorstellungen nicht nur übermittelt, sondern die Botschaft, die sie übermittelt, auch in eine Handlung überführt: Kommunikation ist hier zugleich eine Form des Verhaltens.[2]

Ich schlage vor, einige der Perspektiven, in denen »Sprachverhalten« bei der angestrebten Regulierung von *hate speech* erscheint, noch einmal durchzugehen; ich möchte eine alternative Sichtweise anbieten, mit der man sowohl behaupten kann, daß Sprache handelt, und das so-

2 In der Auslegung des Ersten Verfassungszusatzes war die Auffassung, daß bestimmte Formen des Sprechens nicht den Schutz der Redefreiheit genießen, immer möglich. Dieser Kategorie wurden Schmähschriften, Drohungen und betrügerische Werbung zugeordnet. Mari Matsuda schreibt, daß »es viele Formen des Sprechens gibt, die einem Handeln nahekommen. Verschwörerisches Sprechen, aufreizendes Sprechen, betrügerisches Sprechen, obszöne Telefonanrufe und diffamierendes Sprechen [...]«. Matsuda et al. (Hg.), *Words that Wound*, a. a. O., S. 32.

gar rechtsverletzend, als auch darauf bestehen kann, daß sie nicht direkt oder kausal, also in der Form, die die Befürworter einer *Hate-speech*-Gesetzgebung gerne beschreiben, auf den Adressaten einwirkt. Ja, es kann sein, daß es gerade das Aktförmige verletzender Äußerungen ist, was sie daran hindert, das zu sagen, was sie zu sagen beabsichtigen, oder das zu tun, was sie sagen.

Die Rechtswissenschaftler und Aktivisten, die an dem Sammelband *Words that Wound* mitgearbeitet haben, neigen dazu, die rechtlichen Parameter des Sprechens weiter und komplexer zu fassen, um die Regulierung von *hate speech* zu begründen. Zum Teil werden Äußerungen als »Ausdruck« von Vorstellungen und zugleich als Formen des Verhaltens konzipiert: Besonders rassistisches Sprechen behauptet die Minderwertigkeit der Rasse dessen, an den sie sich richtet, und bewirkt zugleich die Unterwerfung dieser Rasse durch die Äußerung selbst.[3] Soweit die Äußerung den Schutz der Redefreiheit, wie er im Ersten Verfassungszusatz niedergelegt ist, genießt, genießt sie auch staatliche Unterstützung – so die Ansicht von Matsuda und anderen. Daß der Staat hier versagt, weil er nicht eingreift, läuft nach ihrer Ansicht auf eine Bestätigung durch den Staat hinaus: »Der Anblick von erklärten Rassisten, die in bedrohlicher Montur durch unsere Nachbarschaft marschieren und dabei vollen Polizeischutz genießen, läßt das Blut in den Adern gefrieren und ist eine Erklärung staatlicher Autorisierung.«[4] Die sprachliche Äußerung hat damit gerade deswegen die Macht, die Unterwerfung, die sie beschreibt oder betreibt, auch durchzuführen, weil sie im öffentlichen Raum frei operieren kann, ohne durch den Staat gehindert zu werden. Und für Matsuda gestattet der Staat tatsächlich, daß seine Bürger verletzt werden, und damit, so ihre

3 Dies., ebd. S. 35-40.
4 Ebd., S. 49.

Schlußfolgerung, wird das »Opfer [von *hate speech*] zu einer staatenlosen Person«.[5]

Catharine MacKinnon bringt, gestützt auf die jüngsten Vorschläge zur Regulierung von *hate speech*, ein ähnliches Argument gegen die Pornographie vor. In *Nur Worte* vertritt sie eine Auffassung von Pornographie als Form der »Verwundung«, da diese den untergeordneten Status von Frauen behauptet und zugleich bewirkt.[6] Damit beruft sich MacKinnon auf das in der Verfassung verankerte Prinzip der Gleichheit (im besonderen den Vierzehnten Verfassungszusatz) und behauptet, daß Pornographie eine Form der Ungleichbehandlung ist. Sie hält das Diskriminierende dieser Handlung für gravierender und schwerwiegender als die mißbräuchliche Wahrnehmung ihrer »Freiheit« oder »freien Meinungsäußerung« durch die pornographische Industrie. Diese Wahrnehmung von »Freiheit«, so MacKinnon, findet statt, indem die Rechte anderer Staatsbürger auf gleiche politische Partizipation und die gleiche Ausübung von Grundrechten und -freiheiten beeinträchtigt werden. Nach Matsudas Auffassung gibt es bestimmte Formen von sprachlicher Belästigung, die die Qualität einer diskriminierenden Handlung haben, und diese Formen von rassistisch oder sexistisch begründeter *hate speech* können die gesellschaftlichen Voraussetzungen für die Wahrnehmung von Grundrechten und -freiheiten bei jenen unterminieren, an die sich ein solches Sprechen richtet.

5 Ebd., S. 25.

6 »Was auch immer für ein Schaden durch solche Worte angerichtet wird, wird nicht nur durch ihren Kontext, sondern auch durch ihren Inhalt angerichtet. Dies gilt in dem Sinne, daß sie die Diskriminierung nicht belegen oder sie nicht aktualisieren würden, wie sie es ja tun, wenn sie nicht beinhalten würden, was sie beinhalten, oder wenn sie nicht die Bedeutungen und Gefühle und Gedanken mitteilen würden, die sie mitteilen [...]. Das Abfackeln eines Holzkreuzes ist nichts weiter als eine Handlung, und doch ist es reiner Ausdruck; den Schaden, den es anrichtet, nur durch die Botschaft anrichtend, die es übermittelt.« MacKinnon, *Nur Worte*, a. a. O., S. 17f. und 32.

Ich möchte vorschlagen, sich hier auf die dem pornographischen Text zugeschriebene Macht, den unterworfenen Status von Frauen herbeizuführen, zu konzentrieren; nicht, weil ich feststellen will, ob der Text die Unterwerfung in der Form herbeiführt, die MacKinnon beschreibt, sondern um zu sehen, welche Konzeption der performativen Äußerung diese Behauptung steuert. In MacKinnons Gebrauch wird eine Figur der performativen Äußerung ins Spiel gebracht, eine Figur souveräner Macht, die bestimmt, wie ein Sprechakt angeblich wirkt – effizient, einseitig, transitiv und generativ. Aber letztlich lese ich die Figur der Souveränität so, wie sie im zeitgenössischen Diskurs über die Performativität in einer Foucaultschen Perspektive auftritt, in der gegenwärtige Macht nicht mehr souverän ist. Die Frage ist: Kompensiert die Figur einer souveränen Performativität das Gefühl eines Machtverlusts? Und wie könnte dieser Verlust zur Voraussetzung für eine andere Einschätzung der performativen Äußerung werden?

Das Interesse an dieser Figur der performativen Äußerung resultiert aus der Überzeugung, daß eine ähnliche Weise, Sprechen als Verhalten anzusehen, in verschiedenen politischen Sphären zugleich wirksam ist – und das für politische Ziele, die nicht immer vereinbar sind. Die sprachliche Äußerung als solche wird einer überzogenen und höchst wirkungsvollen Perspektive unterworfen, in der sie nicht mehr als Repräsentation von Macht oder als deren sprachliches Epiphänomen erscheint, sondern als *modus vivendi* von Macht selbst.

Wir könnten diese Überdeterminierung der performativen Äußerung als »Versprachlichung« des politischen Bereichs ansehen (wofür die Diskursanalyse kaum verantwortlich ist; man kann aber sagen, daß sie diese in einigen wichtigen Punkten »schützt«). Denken wir an das paradoxe Auftreten ähnlich effektiver sprachlicher Äußerungen in aktuellen politischen Kontexten – Äußerungen, die scheinbar im Gegensatz zu den eben erwähnten stehen. Der eine Fall ist bei der amerikanischen Armee zu finden, auf die ich im folgenden Kapitel eingehen werde: Hier werden bestimmte sprachliche Äußerungen wie »Ich bin homosexuell« von bestimmten, seit kurzem umstrittenen Richtlinien als »anstößiges Verhalten« definiert.[7] Ähnlich – aber nicht in der gleichen Weise – werden bestimmte Formen künstlerischer Darstellung, die Sexualität visualisieren, z. B. die von Rap-Bands wie 2 Live Crew oder Salt'n Pepa produzierten und öffentlich aufgeführten, in rechtlichen Zusammenhängen unter der Fragestellung diskutiert, ob sie unter die Kategorie »Obszönität« fallen, wie sie durch das Urteil *Miller vs. California* von 1973 definiert wurde. Unterscheidet sich das In-Umlauf-Bringen rechtsverletzender Epitheta im Kontext der Performance[8] (wo »Performanz« und »In-Umlauf-Bringen« in einem wichtigen Sinn gleichbedeutend sind) grundsätzlich von dem Gebrauch, der von diesen Epitheta an der Universität, am Arbeitsplatz oder in anderen Bereichen des öffentlichen Lebens gemacht wird? Die Frage ist hier nicht einfach, ob solche Werke in erkennbarer Weise zu wertvollen literarischen oder künstlerischen Gattungen gehören, als wäre das genug, um ihren Status einer geschützten Rede zu garantieren. Der strittige Punkt ist, wie Henry Louis Gates Jr. gezeigt hat, komplexer. Wenn gängige afroamerikanische Folk-Art-Genres angeeignet und in Umlauf gebracht werden – wo das »Bezeichnen« selbst ein wichtiges Genre ist –, dann gehören diese Werke zu Genres, die die Gerichte womöglich gar nicht erkennen

7 Zu der Zeit, als dies geschrieben wurde, hat eine der jüngsten Gerichtsentscheidungen die neue Richtlinie mit der Begründung außer Kraft gesetzt, daß Homosexuelle nicht dafür verantwortlich gemacht werden können, daß sie die Vorurteile derjenigen erregen, die gegen ihre Homosexualität sind.

8 Das amerikanische »Performance« bedeutet hier vor dem terminologisierten »Performanz« vor allem eine künstlerische Aufführung. (A. d. Ü.)

können. Wenn die Gerichte nun die Macht haben, solche Ausdrucksformen zu regulieren, entstehen überaus paradoxe und bedauerliche neue Formen der Diskriminierung, in denen die Gerichte afroamerikanische kulturelle Produkte ebenso abwerten wie lesbische oder schwule Selbstdarstellungen als solche, indem sie sich willkürlich und stillschweigend auf das Obszönitätsgesetz beziehen.[9]

Auf den ersten Blick kann es scheinen, daß diese verschiedenen Beispiele von »Sprechen als Verhalten« sich nicht miteinander vergleichen lassen, und ich will auch nicht für das Gegenteil eintreten. In jedem dieser Fälle erscheint die Figur der wirkungsvollen Äußerung mit jeweils anderen Konsequenzen in einem anderen Szenario der Anrede. So wie Matsuda es behandelt, figuriert belästigendes und verletzendes Sprechen als eine Anrede, die ein Bürger eines Staates an den anderen richtet, oder ein Unternehmer oder Manager richtet sie an einen Arbeiter, oder ein Professor richtet sie an einen Studenten. Die Wirkung des Sprechens liegt für Matsuda darin, daß es degradiert oder erniedrigt, es kann »ein Schlag in den Magen« dessen sein, an den es sich richtet, es kann die Fähigkeit des Adressaten schwächen, zu arbeiten, zu studieren oder in der Öffentlichkeit seine verfassungsmäßig garantierten Rechte und Freiheiten wahrzunehmen: »Das Opfer wird zu einer staatenlosen Person.«[10] Wenn solches Sprechen die Fähigkeit des Adressaten beeinträchtigt, im öffentlichen Raum frei zu handeln und sich frei zu äußern, wie es die Verfassung garantiert, dann läßt sich von der verletzenden Äußerung sagen, daß sie den Gleichheitsgrundsatz, der den vollen und

9 Siehe Henry Louis Gates Jr., »An Album is Judged Obscene; Rap, Slic, Violent; Nasty and, Maybe Helpful.« *New York Times* 17. Juni 1990, S. 1. Gates führt aus, daß die Gerichte das afroamerikanische Genre »Bezeichnen« mißverstehen und daß solche Genres allererst als literarische und kulturell wertvolle Produktionen anerkannt werden müssen.

10 Matsuda, dies. et al. (Hg.), *Words that Wound*, a. a. O., S. 23, 25.

gleichen Zugang zu den von der Verfassung geschützten Rechten und Freiheiten sicherstellt, verletzt bzw. seine Verletzung begünstigt hat. Matsuda nimmt an, daß wenn eine Person mit einem Schimpfwort angeredet wird, oder spezifischer, wenn eine verletzende Äußerung an sie gerichtet wird, dieser Vorgang die soziale Unterwerfung der Person herbeiführt und darüber hinaus den Adressaten der Fähigkeit beraubt, allgemein anerkannte Rechte und Freiheiten entweder in einem spezifischen Kontext (Bildungswesen oder Arbeit) oder im allgemeineren Kontext des öffentlichen Raumes eines Staates zu nutzen. Obwohl die Argumente für eine Regulierung von *hate speech* sich gelegentlich auf spezifische Kontexte beziehen und die Regulierung auf bestimmte Arbeits- oder Bildungsbereiche beschränken wollen, scheint Matsuda zu behaupten, daß der gesamte öffentliche Raum eines Staates der angemessene Bezugsrahmen für die Regulierung von *hate speech* ist. In dem Maß, in dem bestimmte Gruppen »in der Geschichte« unterworfen wurden, besteht die an sie gerichtete *hate speech* in einer Bestätigung und Ausweitung dieser »strukturellen Unterwerfung«. Für Matsuda scheinen bestimmte historische Formen der Unterwerfung eine »strukturelle« Qualität angenommen zu haben, so daß diese allgemeine Geschichte und Struktur dann »den Kontext« bildet, in dem sich *hate speech* als wirkungsvoll erweist.

Im Fall des amerikanischen Militärs gibt es einigen öffentlichen Dissens über die Frage, ob die Aussage, homosexuell zu sein, mit der Erklärung der Absicht, die Handlung auszuführen, gleichgesetzt werden kann; es scheint, daß, wenn diese Absicht geäußert wird, darin auch die Äußerung selbst anstößig ist. In einer frühen Version der Richtlinie fand das Militär nicht die Handlungsabsicht anstößig, sondern die *Absichtserklärung*. Hier läßt sich ein Sprechakt, der eine sexuelle Absicht erklärt oder impliziert, auf seltsame Weise nicht mehr von einer sexuellen Handlung trennen. Tatsächlich scheint eine Trennung nur durch ein explizites Dementi der ersten Äußerung und die Formulierung einer weiteren Absicht möglich, der nämlich, *nicht* entsprechend dem eigenen Verlangen handeln zu wollen. Wie beim Beispiel des pornographischen »Sprechens« geht es um eine bestimmte Sexualisierung von Sprechen, bei der ein sprachlicher Bezug auf oder eine Darstellung von Sexualität mit einer sexuellen Handlung gleichgesetzt wird. Auch wenn es schwierig und schmerzlich ist, sich das vorzustellen – aber könnte das Militär diese Form von Äußerung als rechtlich verfolgbare Anstößigkeit überhaupt ins Visier genommen haben, wenn es nicht zuvor das Gesetz über die sexuelle Belästigung und seine Ausweitung auf Pornographie und *hate speech* gegeben hätte?[11] Jedenfalls ist es nach den überarbeiteten Prämissen dieser noch immer von den Gerichten verhandelten Richtlinie möglich zu sagen: »Ich bin homosexuell« und dieser Äußerung hinzuzufügen, »und ich habe weder Absicht noch Neigung, diesem Verlangen entsprechend zu handeln«. Indem man sich von der Handlung distanziert, wird die Aussage zu einer konstativen oder rein beschreibenden Behauptung, womit wir bei der Unterscheidung Präsident Clintons zwischen dem geschützten Status »Ich bin« und einem ungeschützten Verhalten »Ich tue« oder »Ich werde tun« angelangt sind.

Ich werde die Logik dieser Richtlinie im nächsten Kapitel genauer untersuchen und möchte gegen Ende dieses Kapitels noch einmal auf die wirkungsvolle und verletzende Äußerung zurückkommen. Bis dahin möchte ich mir ansehen, wie *hate speech* als rechtsverletzendes Verhalten kon-

11 Zur »Sprechaktkomponente« in lesbischen und schwulen Formen der Selbstidentifikation und ihrer Abhängigkeit vom Schutz durch den Ersten Verfassungszusatz siehe den exzellenten Aufsatz von William B. Rubenstein, »The ›Hate speech‹ Debate from a Lesbian / Gay Perspective«, in: Henry Louis Gates Jr. et al. (Hg.), *Speaking of Race, Speaking of Sex: Hate speech, Civil Rights, and Civil Liberties*, New York 1994, S. 280f.

struiert wird, wie versucht wird, Pornographie als *hate speech* zu konzipieren, und im selben Zusammenhang versucht wird, den Staat einzuschalten, um Abhilfe gegen die Verletzungen zu schaffen, die angeblich von *hate speech* verursacht werden. Was passiert, wenn wir den Staat einschalten wollen, damit er *hate speech* reguliert? Und wie verstärkt sich dadurch vor allem die Kontrollmacht des Staates? Diese Überlegung mag bekannt sein, ich hoffe aber, sie in einer weniger bekannten Form vorzubringen. Mir geht es nicht nur um den Schutz der Bürgerrechte gegen staatliche Eingriffe, sondern um die spezifische *diskursive Macht*, die an den Staat übergeht, wenn er mit Rechtsmitteln vorgehen kann.

Ich möchte eine Formulierung für dieses Problem vorschlagen, die womöglich paradox erscheint, von der ich aber denke, daß sie selbst in ihrer hyperbolischen Form ein Licht auf das Problem wirft, das die Regulierung von *hate speech* mit sich bringt. Die Formulierung lautet: *Der Staat produziert hate speech*, und damit meine ich nicht, daß der Staat für die verschiedenen Verleumdungen, Epitheta und Formen der Beschimpfung verantwortlich ist, die derzeit in der Bevölkerung kursieren. Ich meine nur, daß diese Kategorie nicht ohne staatliche Ratifizierung bestehen kann – und die Macht, die die juridische Sprache des Staates hat, den Bereich dessen, was öffentlich gesagt werden kann, herzustellen und aufrechtzuerhalten, deutet darauf hin, daß der Staat weit mehr als nur eine beschränkende Funktion hat, wenn er solche Entscheidungen trifft. Tatsächlich produziert der Staat aktiv den Bereich der öffentlich akzeptablen Sprache, indem er die folgenschwere Grenze zwischen dem Bereich des Sagbaren und des Unsagbaren zieht und damit auch die Macht für sich behält, sie zu ziehen und aufrechtzuerhalten. Die überzogene und wirkungsvolle Äußerung, die *hate speech* in manchen der oben angesprochenen politisierten Bereiche zugeschrieben wird, ist selbst nach dem Sprechen des souveränen Staates gebildet und wird als souveräner Sprechakt verstanden, ein Sprechakt, der die Macht besitzt, das zu tun, was er sagt. Diese souveräne Macht wird *hate speech* zugeschrieben, wenn von ihr gesagt wird, daß sie uns unserer Rechte und Freiheiten »beraubt«. Die *hate speech* zugeschriebene Macht ist die Macht einer absoluten und effizienten Handlungsfähigkeit, Performativität und Transitivität zugleich (sie tut, was sie sagt, und bewirkt das, was sie sagt, beim Adressaten ihres Sprechens). Genau auf diese Macht der Sprache des Gesetzes beziehen wir uns, wenn wir den Staat aufrufen, die Regulierung verletzenden Sprechens zu übernehmen. Das Problem ist dann nicht, daß die Wirkungskraft der souveränen performativen Äußerung unbillig wäre, sondern daß sie unbillig ist, wenn Staatsbürger von ihr Gebrauch machen, und billig, wenn der Staat in diesen Kontexten in sie eingreift.

Doch wird der performativen Äußerung in beiden Fällen die gleiche Form der Art von Kraft zugeschrieben, und diese Version von performativer Macht wird niemals von den Befürwortern einer Verstärkung der Regulierung in Frage gestellt. Aber was ist das für eine Macht? Und wie können wir sowohl ihre anhaltende Produktion im Diskurs der *hate speech* als auch ihre Persistenz erklären?

Bevor ich mich an eine Antwort auf diese Fragen wage, erscheint es sinnvoll, festzustellen, daß diese Berufung auf die souveräne performative Äußerung vor dem Hintergrund einer politischen Situation stattfindet, in der Macht nicht mehr auf die Form des souveränen Staates beschränkt ist. Macht diffundiert in alle verschiedenen und konkurrierenden Bereiche des Staatsapparates sowie in alle verstreuten Formen der Zivilgesellschaft und läßt sich daher nicht einfach oder definitiv auf ein einzelnes Subjekt als »Sprecher« zurückverfolgen, auf einen souveränen Repräsentanten des Staates. Soweit Foucault die gegenwärtigen Machtbeziehungen zu Recht dadurch beschreibt, daß sie von einer

Vielzahl möglicher Orte ausgehen, ist Macht nicht mehr auf die Parameter der Souveränität beschränkt. Daß es schwierig ist, Macht als eine souveräne Formation zu beschreiben, verhindert allerdings in keiner Weise, daß Macht in genau dieser Form phantasiert oder arrangiert wird; im Gegenteil, der historische Verlust einer souveränen Machtorganisation scheint die Phantasie ihrer Rückkehr hervorzubringen – einer Rückkehr, die, wie ich nachweisen möchte, in der Sprache stattfindet, in der Figur der performativen Äußerung. Deren Betonung läßt das Performative in der Sprache wiederauferstehen, macht Sprache zu einem verschobenen Ort der Politik und kennzeichnet diese Verschiebung als von dem Wunsch angetrieben, zu einem einfacheren und beruhigenderen Bild von Macht zurückzukehren, in dem die Voraussetzungen von Souveränität gesichert sind.

Wenn Macht nicht mehr mit Modellen der Souveränität verknüpft ist, wenn sie von einer Vielzahl von »Zentren« ausgeht, wie können wir dann den Ursprung und die Ursache der Machthandlung auffinden, die die Verletzung zufügt? Offenbar setzen die Begrenzungen der Rechtssprache dieser spezifischen historischen Angst ein Ende, denn das Gesetz zwingt uns, Macht wieder in der Sprache der Rechtsverletzung zu lokalisieren, dieser Verletzung den Status einer Handlung zuzuschreiben und sie auf das Verhalten eines Subjekts zurückzuführen. Damit fordert und fördert das Gesetz eine Konzeption der Rechtsverletzung, die sich auf ein schuldiges Subjekt bezieht (das so gut eine zusammengesetzte Einheit oder Gruppe sein kann wie ein Individuum), und läßt so »das Subjekt« wiederauferstehen, um damit den Tatbestand der Rechtsverletzung erklären zu können. Ist eine solche Lokalisierung des Subjekts als »Ursprung« und »Ursache« rassistischer Strukturen, wenn nicht sogar rassistischen Sprechens gerechtfertigt?

Foucault behauptet, daß Souveränität als das herrschende Machtmodell unsere Einschätzung von Macht auf die geläufigen Konzeptionen des Subjekts beschränkt und uns damit nicht erlaubt, das Problem der Herrschaft zu denken. Seine Auffassung von Herrschaft steht in starkem Kontrast zu der von Matsuda: »Herrschaft« ist nicht »eine kompakte und globale Form der Beherrschung, die eine Person gegenüber anderen oder eine Gruppe gegenüber einer anderen ausübt, sondern die vielfältigen Formen von Beherrschung, die innerhalb einer Gesellschaft ausgeübt werden können«, solche, die weder einen souveränen Repräsentanten des Staates, d.h. den König, brauchen, noch seine Untertanen [*subjects*] als den einzigen oder primären Ort erfordern, an dem sie ausgeübt werden. Im Gegenteil, schreibt Foucault, »man sollte versuchen, Macht auf dem Gipfelpunkt ihrer Ausübung zu lokalisieren, wo sie immer einen abgeschwächten gesetzlichen Charakter hat«.[12] Das Subjekt ist für Foucault gerade nicht der Gipfel der Macht. In einer antivoluntaristischen Erklärung von Macht schreibt Foucault:

»[...] die Analyse von Macht sollte nicht versuchen, Macht von ihrem eigenen Standpunkt aus zu betrachten, und sollte nicht die labyrinthische und unbeantwortbare Frage stellen: ›Wer hat die Macht und was hat er im Sinn? Was ist das Ziel von jemandem, der Macht hat?‹ Statt dessen geht es darum, Macht dort zu studieren, wo ihre Zielrichtung, wenn sie eine hat, voll und ganz in ihrer realen und wirkungsvollen Praktik aufgeht.«[13]

Diese Verschiebung vom Subjekt der Macht auf ein Arrangement von Praktiken, in denen Macht durch ihre Wirkun-

12 Michel Foucault, »Two Lectures«, in: Colin Gordon (Hg.), *Power/ Knowledge*, S. 97. Früher in der gleichen Vorlesung formuliert Foucault ausführlicher: »die betreffende Analyse [...] sollte mit Macht an ihren Extrempunkten befaßt sein, an ihren äußersten Rändern [...], d.h. in ihren regionaleren, lokaleren Formen und Institutionen. Ihr zentrales Interesse sollte dort liegen, wo Macht die Regeln des Rechts übersteigt, die es organisieren und begrenzen, und sich selbst über sie hinaus ausdehnt [...].« Ebd., S. 96.

13 Ebd., S. 97.

gen aktualisiert wird, bezeichnet für Foucault den Abschied von einem begrifflichen Modell der Souveränität, das, wie er behauptet, das Denken der Politik, des Gesetzes und der Frage des Rechts beherrscht. Unter den Praktiken, die Foucault dem Subjekt entgegensetzt, sind dieselben, die die Subjektbildung selbst erklären sollen: »wir sollten danach fragen [...], wie sich die Dinge auf der Ebene der laufenden Unterwerfung verhalten, auf der Ebene von kontinuierlichen und ununterbrochenen Prozessen, die unsere Körper unterwerfen [*subject*], unsere Gesten beherrschen, unser Verhalten diktieren usw. [...] wir sollten versuchen herauszufinden, wie es funktioniert, daß Subjekte allmählich, fortschreitend, real und materiell durch eine Vielzahl von Organismen, Kräften, Energien, Materialien, Wünschen, Gedanken usw. konstituiert werden. Wir sollten versuchen, *Unterwerfung und Subjektivierung in der Form zu erfassen, in der sie auf materieller Ebene die Subjekte konstituieren.*«[14] (Hervorhebung J. B.)

Wenn das rassistische Szenario sich auf einen einzelnen Sprecher und seine Adressaten beschränkt, wird das politische Problem als ein Zurückverfolgen des Weges gefaßt, den die Verletzung vom Sprecher zu der psychosomatischen Konstitution dessen nimmt, der den Ausdruck hört bzw. an den er gerichtet ist. Die komplexen institutionellen Strukturen von Rassismus und Sexismus werden so mit einem Schlag auf das Szenario der Äußerung reduziert, und die Äußerung, die nicht mehr als Sedimentierung vorgängiger Institutionen und Anwendungen aufgefaßt wird, wird mit der Macht ausgestattet, die Unterwerfung der Gruppe, an die sie sich richtet, herzustellen und aufrechtzuerhalten. Bedeutet dieser theoretische Schritt nicht eine Überdeterminierung des Szenarios der Äußerung, mit der sich die rassistischen Rechtsverletzungen auf die Verletzungen, die

14 Ebd.

durch Sprache hervorgebracht werden, reduzieren lassen?[15] Und führt das nicht zu einer Auffassung von der Macht des Subjekts, das spricht, und damit zu seiner Schuld, einer Auffassung, in der das Subjekt vorschnell als die »Ursache« des Problems des Rassismus identifiziert wird?

Dadurch, daß wir die Ursache unserer Verletzung im sprechenden Subjekt und die Macht dieser Verletzung in der Macht der Sprache lokalisieren, geben wir uns angeblich selbst die Freiheit, auf das Recht zurückzugreifen – das nun im Gegensatz zur Macht gedacht und als neutral vorgestellt wird –, um den Angriff durch haßerfüllte Reden kontrollieren zu können. Dieses Phantasma eines schuldigen Subjekts des Sprechens, das von den Zwängen der Sprache des Gesetzes hervorgebracht wird, setzt die Subjekte als einzige Agenten der Macht. Eine solche Reduktion der Wirkung von Macht auf die Handlungen des Subjekts zielt vielleicht darauf, die Schwierigkeiten und Ängste zu kompensieren, die das Leben mit einem Problem der zeitgenössischen Kultur hervorgebracht hat, in der weder das Gesetz noch *hate speech* ausschließlich von einem einzelnen Subjekt geäußert werden. Die rassistische Verleumdung ist immer Zitat, und indem man sie ausspricht, stimmt man in einen Chor von Rassisten ein und produziert in diesem Moment die sprachliche Möglichkeit einer imaginierten Beziehung zu einer historisch überlieferten Gemeinschaft von Rassisten. In diesem Sinne hat rassistisches Sprechen seinen Ursprung nicht im Subjekt, selbst wenn es das Subjekt braucht, um Wir-

15 Diese Abstraktion des kommunikativen Szenarios der Äußerung scheint tatsächlich zum Teil auch in der Rechtsprechung zum Ersten Verfassungszusatz mit Bezug auf den »Spence Test« ausgestaltet worden zu sein, der in dem Urteil *Spence vs. Washington 418 U. S. 405* (1974) formuliert wurde. Einen sehr interessanten Versuch, innerhalb der Rechtsprechung zum Ersten Verfassungszusatz diesem Schritt auf abstrakte kommunikative Ereignisse zu dadurch zu opponieren, daß Sprechen in sozialen Strukturen situiert wird, unternimmt Robert Post in »Recuperating First Amendment Doctrine«, in: *Stanford Law Review*, Bd. 47, Nr. 6 (Juli 1995), S. 1249-1281.

kungen zu haben, und das tut es mit Sicherheit. Tatsächlich könnte rassistisches Sprechen nicht als rassistisches Sprechen wirken, wenn es nicht ein *Selbstzitat* wäre. Nur weil wir seine Wirkungsmacht schon aus früheren Beispielen kennen, wissen wir, daß es in der Gegenwart so verletzend ist, und wappnen uns gegen seine zukünftige Anstimmung. Die Iterabilität der *hate speech* wird wirkungsvoll vom »Subjekt« verdeckt, das die Sprache des Hasses spricht.

Soweit der Sprecher von *hate speech* die unterwerfende Botschaft, die er oder sie übermittelt, hervorzubringen scheint, scheint er auch die souveräne Macht zu haben, das zu tun, was er oder sie sagt, wird er als ein Sprecher vorgestellt, für den Sprechen unmittelbar Handeln ist. Beispiele solcher illokutionären performativen Äußerungen in Austins *Theorie der Sprechakte* sind oft Rechtsfällen entnommen: »Ich verurteile Sie«, »Ich ernenne Sie zu« – das sind die Worte des Staates, die genau die Handlung vollziehen, die sie aussprechen. Daß eine gewisse Verschiebung, die vom Gesetz wegführt, stattgefunden hat, zeigt sich darin, daß ebendiese performative Macht nun dem Sprecher von *hate speech* zugeschrieben wird – der damit seine Handlungsmacht, Wirkungsmächtigkeit und die Wahrscheinlichkeit seiner rechtlichen Verfolgung konstituiert. Wer *hate speech* spricht, führt eine performative Äußerung aus, die Unterwerfung erzeugt, wie maskiert oder kostümiert[16] die performative Äußerung auch immer sein mag. Als performative Äußerung raubt *hate speech* ihrem Adressaten gerade

16 Siehe J. L. Austin, *Zur Theorie der Sprechakte*, a. a. O., S. 27f. zu den kostümierten Formen des Performativen. Eine performative Äußerung muß keine explizite grammatische Form annehmen, um als solche wirken zu können. Tatsächlich kann ein Befehl durch Schweigen genauso effektiv gegeben werden wie durch seine explizite sprachliche Formulierung. Ich vermute, daß sich sogar wortloses Verhalten in dem Maß als eine sprachliche performative Äußerung einstufen läßt, in dem wir Schweigen als eine konstitutive Dimension von Sprechen verstehen.

diese performative Macht – es ist eine, die von manchen als die sprachliche Bedingung der Staatsbürgerschaft angesehen wird. Die Fähigkeit, Worte in dieser Form wirkungsvoll zu gebrauchen, wird als die notwendige Bedingung für normatives Handeln des Sprechers und des politisch Handelnden im öffentlichen Raum angesehen.

Aber was für ein Sprechen wird dem Staatsbürger mit dieser Perspektive zugeschrieben, und wie unterscheidet diese Erklärung zwischen der Performativität, die *hate speech* ist, und der Performativität, die die sprachliche Bedingung der Staatsbürgerschaft ist? Wenn *hate speech* eine Form des Sprechens ist, deren sich kein Staatsbürger bedienen sollte, wie kann dann ihre Macht spezifiziert werden, wenn diese Spezifikation denn überhaupt möglich ist? Und wie können beide, das richtige staatsbürgerliche Sprechen und die unrichtige *hate speech*, von Staatsbürgern noch von einer dritten Ebene der performativen Macht, derjenigen nämlich, über die der Staat verfügt, unterschieden werden?

Die letzte Frage scheint entscheidend, wenn auch vielleicht nur deshalb, weil *hate speech* selbst mit der Trope der Souveränität beschrieben wird, die sich aus dem staatlichen Diskurs herleitet (und aus dem Diskurs über den Staat). Wenn man *hate speech* zu einer Figur der Ausübung souveräner Macht macht, performiert man damit implizit eine Katachrese, in der derjenige, der das Gesetz bricht (derjenige, der *hate speech* äußert), dennoch die souveräne Macht des Gesetzes innehat. Das Gesetz sagt, was es tut – wie derjenige, der *hate speech* äußert. Die performative Macht von *hate speech* erscheint in der Figur der performativen Macht der staatlich sanktionierten Sprache des Gesetzes, und der Konflikt zwischen *hate speech* und Gesetz wird paradoxerweise zu einem Kampf zweier souveräner Mächte.

Handelt derjenige, der *hate speech* »äußert«, in dem Sinne wie das Gesetz, daß er die Macht hat, das geschehen zu lassen, was er sagt (so wie ein Richter in einer relativ stabilen politischen Ordnung, in der er den Rückhalt des Gesetzes hat)? Und schreiben wir der illokutionären Kraft dieser Äußerung eine imaginäre Staatsmacht zu, die den Rückhalt der Polizei hat?

Die Idealisierung des Sprechakts als souveräne Handlung (ob sie positiv oder negativ ist) scheint mit einer Idealisierung der souveränen Staatsmacht verbunden oder vielmehr mit der imaginierten mächtigen Stimme dieser Macht. Es ist, als ob die eigentliche Macht des Staates enteignet und auf seine Bürger übertragen worden wäre: Der Staat taucht dann als neutrales Instrument wieder auf, bei dem wir Zuflucht suchen, um uns vor anderen Staatsbürgern zu schützen, die zu wiedererstandenen Emblemen der (verlorenen) souveränen Macht geworden sind.

MacKinnon und die Logik der pornographischen Äußerung

Die jüngsten Argumente von MacKinnon sind so zwingend wie problematisch. Die Klasse der Bevölkerung, meistens Frauen, die durch ihre Darstellung in der Pornographie degradiert und unterworfen wird, die Klasse derer, an die Pornographie ihren Befehl, sich zu unterwerfen, richtet, sind die, die angeblich ihre Stimme verloren haben, und das als Folge davon, daß sich die Stimme der Pornographie an sie gerichtet und sie damit diskreditiert hat. Wenn man sie als *hate speech* versteht, raubt die Pornographie dem Adressaten (demjenigen, der oder die dargestellt wird und von dem oder der zugleich angenommen wird, daß es derjenige ist, an den sich Pornographie richtet) die Fähigkeit zu sprechen. Dem Sprechen des Adressaten wird das genommen, was Austin seine »illokutionäre Kraft« genannt hat. Das Sprechen des Adressaten hat nicht mehr die Macht, das auch zu tun, was es sagt, sondern kann nur noch immer etwas anderes tun, als es sagt (ein Handeln, das sich von dem Handeln unterscheidet, das mit seinem Sprechen übereinstimmt), oder es bedeutet genau das Gegenteil von dem, was es zu bedeuten beabsichtigt.[17]

MacKinnon beruft sich auf Anita Hill, um die Enteignung und Deformierung des Sprechens, die Pornographie performativ herbeiführt, zu illustrieren. Gerade die Handlung Anita Hills – ihre Aussage vor Gericht –, mit der sie deutlich machen wollte, daß sie zum Opfer einer Rechtsverletzung geworden war, wurde bei den Anhörungen – selbst ein pornographisches Szenario – als ein Bekenntnis ihrer Schande und damit als ein Bekenntnis ihrer Schuld aufgefaßt. In dieser Rezeption, die eine Wiederaneignung ist und in der die Aussage zu einem Bekenntnis wird, werden die Worte des Sprechers nicht mehr so verstanden, daß sie das übermitteln oder performativ herbeiführen, was sie zu tun scheinen (nämlich die illokutionäre Kraft der Äußerung exemplifizieren); eher stellen sie sexuelle Schuld zur Schau oder stellen sie her. Wenn Hill im sexualisierten Diskurs spricht, wird sie von ihm sexualisiert, und genau diese Sexualisierung ist es, die ihren Versuch, Sexualisierung als Form der Rechtsverletzung darzustellen, untergräbt. Wenn sie in ihm spricht, nimmt sie ihn dennoch an, fördert ihn, produziert ihn; ihr Sprechen erscheint wie eine aktive Aneignung der Sexualisierung, der sie sich gerade zu widersetzen versucht. In der Pornographie kann man sich dieser Sexualisierung nicht widersetzen, ohne daß der Widerstand selbst ein sexualisierter Akt wird. Pornographie ist gekennzeichnet gerade durch diese Macht sexueller Aneignung.

Dennoch gebraucht MacKinnon Hill, um an ihr eine sol-

17 Hier ist es wichtig zu berücksichtigen, daß Austin alle performativen Äußerungen so verstanden hat, daß sie Mißbrauch, Versagen und relativer Unreinheit ausgesetzt sind; dieses Scheitern wurde von Jacques Derrida und Shoshana Felman zu einer Bedingung von Performativität selbst ausgeweitet.

che Sexualisierung zu exemplifizieren, ohne die Beziehung zwischen solcher Exemplifizierung und rassistischer Identifizierung zu beachten. Mit anderen Worten, Hill ist nicht nur doppelt unterworfen, als Afroamerikanerin und als Frau, sondern Rasse wird hier zu einer Form, Sexualität pornographisch zu repräsentieren. So wie das rassistisch aufgeladene Szenario von Thomas und Hill eine Veräußerung sexueller Erniedrigung ermöglicht, so erlaubt es dem Imaginären der Weißen, sich von seiner Lüsternheit zu reinigen. Der afroamerikanische Status erlaubt es, Sexualität zu einem Spektakel zu machen und die Weißen außerhalb der Bilder zu verorten, als Zeugen und Beobachter, die ihre eigenen sexuellen Ängste durch den öffentlich gemachten Körper der Schwarzen haben zirkulieren lassen.

Pornographie arbeitet fast immer mit Inversionen verschiedener Art, aber diese Inversionen haben ein Leben und eine Macht, die über den Bereich der Pornographie hinausgehen. Achten wir also darauf, daß in MacKinnons Auffassung, die ich (wie ich hoffe, richtig) wiedergegeben habe, das Problem bei der Pornographie darin liegt, daß sie die intendierte Bedeutung eines Sprechaktes gerade dort *rekontextualisiert*, wo der Sprechakt ein »Nein« intendiert – oder wo er so arrangiert wird, als intendierte er ein »Nein«. Diese Rekontextualisierung nimmt die spezifische Form einer *Umwendung* an, in der das »Nein« zu einem »Ja« gemacht, als »Ja« gelesen wird. Der Widerstand gegen die Sexualität wird in einer Weise umorganisiert, daß er zum spezifischen Schauplatz ihrer Affirmation und neuerlichen Belebung wird.

Diese Sexualisierung findet im und als Sprechakt statt. Wenn sie spricht, zeigt Hill ihr Handeln; wenn sie von Sexualität spricht, zeigt sie ihre sexuellen Handlungen. Daher wird jede Forderung, die von dieser Position aus – weil in ihr die Handlungen des Sprechers sexualisiert werden – gegen die Sexualisierung des Diskurses erhoben wird, rhetorisch durch den Sprechakt selbst widerlegt oder eher durch den handlungsähnlichen Charakter des Sprechens und die fiktive »Handlungsmacht«, von der angenommen wird, daß sie im Sprechakt am Werk ist. Das könnte man einen performativen Widerspruch nennen – ein Sprechakt, der genau dadurch, daß er ausgeführt wird, eine Bedeutung produziert, die die Bedeutung untergräbt, auf die er zielt. In dem Maß, in dem Hill spricht, zeigt sie ihre Handlungen, denn Sprechen wird als ein Zeichen von Handeln aufgefaßt – die Vorstellung, daß wir ohne willentliche Absicht (geschweige denn *unbewußt*) sprechen, Wörter äußern könnten, wird regelmäßig verworfen, wenn Pornographie in dieser Weise verstanden wird. Paradoxerweise liegt das Problem bei der pornographischen Konstruktion ihres Sprechens darin, daß sie diese Worte gegen ihre Absichten stellt und damit voraussetzt, daß sich die beiden nicht nur voneinander abtrennen lassen, sondern auch gegensätzlich sein können. Gerade durch diese Zurschaustellung sprachlicher Handlungsmacht kehrt sich die Bedeutung von Hills Worten um und wird entwertet. Je mehr sie spricht, desto weniger glaubt man ihr, desto weniger wird die Bedeutung ihrer Worte so wahrgenommen, wie sie diese beabsichtigt. Aber das ist nur so lange wahr, wie die Bedeutung, die sie beabsichtigt, mit der Sexualisierung ihrer Äußerung zusammenstimmt und die von ihr nicht beabsichtigte im Widerspruch zu dieser Sexualisierung steht.

MacKinnon hält diese pornographische Rekontextualisierung von Anita Hills Sprechakt für die paradigmatische Form der Bedeutungsumwendung, die Pornographie systematisch performiert. Und für MacKinnon bedeutet diese Macht der pornographischen Rekontextualisierung, daß, wann immer eine Frau in einem pornographischen Kontext »nein« sagt, davon ausgegangen wird, daß dieses »Nein« ein »Ja« ist. Pornographie kennt wie das Freudsche Unbewußte keine Verneinung. Diese Erklärung der Struktur der

Pornographie kann allerdings den Kontext von Hills Sprechakt nicht erklären; er wird nicht als kommunikativ angesehen, sondern als rassistisch aufgeladenes sexuelles Spektakel. Hill »exemplifiziert« Pornographie, weil sie als Schwarze zu einem Schauspiel für die Projektion und das Ausagieren weißer Sexualangst wird.

Aber MacKinnon geht es um etwas anderes. Sie setzt voraus, daß man in der Lage sein sollte, Worte so zu sagen, daß die Bedeutung dieser Worte mit der Absicht, mit der sie geäußert werden, zusammenfällt und daß die performative Dimension der Äußerung dazu beiträgt, die beabsichtigte Bedeutung zu stützen und zu festigen. Daher ist eines der Probleme bei der Pornographie, daß sie ein Szenario schafft, in dem die performative Dimension des Diskurses seiner semantischen bzw. kommunikativen Funktion zuwiderläuft. Diese Konzeption der Äußerung setzt einen normativen Begriff von einer Person voraus, die über die Fähigkeit und Macht verfügt, Sprache unmittelbar einzusetzen. Eine solche Auffassung wurde von dem Philosophen Rae Langton in einem Aufsatz ausgearbeitet, der versucht, MacKinnons in hohem Maße rhetorischen Behauptungen logische Strenge zu verleihen.[18] Die Macht, Sprache so einzusetzen, daß die performative Äußerung und ihre Rezeption von einer einzigen und kontrollierenden Absicht beherrscht und zusammengehalten werden, ist in Langtons Konzeption wesentlich für die Handlungsmacht und das konkrete Handeln einer rechtsfähigen Person, die in der Lage ist, in der Gesellschaft Grundrechte und -freiheiten wahrzunehmen, wie sie der Gleichheitsgrundsatz aus dem Vierzehnten Verfassungszusatz garantiert.

So bezeichnend wie paradox ist es, wie das Argument gegen Pornographie darauf abzielt, einerseits die Rechte des Ersten Verfassungszusatzes für die Produzenten von Por-

18 Rae Langton, »Speech Acts and Unspeakable Acts«, in: *Philosophy and Public Affairs*, Bd. 22, Nr. 4 (Herbst 1993), S. 293-330.

nographie einzuschränken, aber andererseits den Anwendungsbereich der Schutzklausel des Ersten Verfassungszusatzes für diejenigen auszuweiten, die in Pornographie dargestellt (und damit auch ostentativ von ihr angesprochen) werden: Pornographische Darstellungen diskreditieren und degradieren diejenigen, die sie darstellen – hauptsächlich Frauen – in einer Weise, daß die Degradierung Zweifel daran hervorruft, daß das Sprechen der pornographisch Dargestellten überhaupt je das bedeuten kann, was sie sagen. Mit anderen Worten, gerade so wie Hills Aussage vor dem Senat in ein Eingeständnis ihrer Mitschuld bzw. in ein Eingeständnis der Macht ihrer sexuellen Phantasien transformiert wurde, so wird das Sprechen der Bevölkerungsklasse, die Pornographie darstellt, Frauen vor allem, in sein Gegenteil transformiert. Es ist ein Sprechen, das eine bestimmte Bedeutung annimmt, obwohl es auf eine andere Bedeutung zielt, oder es ist ein Sprechen, das seine Bedeutung nicht kennt, oder es ist ein Sprechen, das als Darstellung, Geständnis oder Beweis aufgefaßt wird, jedoch nicht als Kommunikationsmittel, weil ihm die Möglichkeit genommen wurde, einen Wahrheitsanspruch zu erheben. Obwohl er eine Handlungsmacht signalisiert, zerstört sich der Sprechakt tatsächlich deshalb selbst, weil er nicht das ausspricht, was er bedeutet. Der Sprechakt impliziert ein Subjekt, das immer schon handelt und wählt, ein zustimmendes Subjekt letztlich, dessen »Nein« immer schon von einem implizierten »Ja« unterlaufen wird. Obwohl diese Zuschreibung einer verkehrten Intention tatsächlich die Souveränität des sprechenden Subjekts verletzt, scheint es auch wahr zu sein, daß Pornographie eine bestimmte Vorstellung liberaler Souveränität ausnützt, um ihre eigenen Ziele durchzusetzen, indem sie darauf insistiert, daß immer und ausschließlich Konsens das Subjekt konstituiert.

Diese Kritik der Wirkungen der Pornographie auf das Sprechen und im besonderen ihrer Art, das Sprechen zum

Schweigen zu bringen, versteht sich als Versuch, eine Bedrohung von der Souveränität abzuwenden, die die pornographische Darstellung performativ darstellt. Im Versuch, die Äußerung an die souveräne Absicht zurückzubinden, stellen sich die antipornographischen Positionen gegen den Auflösungszustand, in den die Äußerung offenkundig gefallen ist: Die Äußerung setzt Bedeutung in einer Form aufs Spiel, die nicht oder auch niemals beabsichtigt war; sie wird zu einem sexualisierten Akt, der sich eher als Verführung (und daher als perlokutionär) denn als auf Wahrheit gegründet (und damit als konstativ) erweist. (Pornographie setzt die Äußerung auf den Status der Rhetorik herab und zeigt ihre philosophischen Grenzen.)

Angriff auf die Universalität

Wenn Pornographie eine Deformierung des Sprechens performativ herbeiführt, was ist dann als eigentliche Form des Sprechens vorausgesetzt? Wie sieht die Vorstellung von nichtpornographischem Sprechen aus, der die Kritik an der Pornographie folgt? Langton schreibt, daß »die Fähigkeit, Sprechakte auszuführen, der Maßstab für politische Macht sein kann«, für »Autorität«; ein »Zeichen für Machtlosigkeit« sei die »Unfähigkeit, Sprechakte auszuführen, die man ausführen will«.[19] Wenn Sprechakte zum Schweigen gebracht werden, läßt sich eine performative Äußerung nicht effektiv einsetzen. Wenn das »Nein« zum »Ja« gemacht wird, dann ist die Fähigkeit, einen Sprechakt auszuführen, unterminiert. Aber was könnte eine kommunikative Situation sicherstellen, in der kein Sprechen das Sprechen des anderen in dieser Form behindert oder zum Schweigen bringt? Eben das scheint das Projekt zu sein, an

19 Ebd., S. 314f.

dem Habermas und andere arbeiten – es ist der Versuch, eine kommunikative Situation so zu konzipieren, daß Sprechakte in ihr im Konsens gegründet sind und kein Sprechakt zulässig ist, der dem anderen performativ die Möglichkeit nimmt, einen Konsens durch Sprache herzustellen. Tatsächlich scheint das Projekt von Langton oder MacKinnon, obwohl sich beide nicht mit Habermas beschäftigen, von einem ähnlichen kulturellen Begehren geprägt zu sein. Die Umwendung bzw. Deformation des Sprechens, so wie sie Langton und MacKinnon beschreiben, scheint gerade ein Beispiel für die verzerrte Kommunikationssituation zu sein, die Habermas in seiner Kommunikationstheorie kritisiert und ablehnt.

Das Ideal eines Konsenses hat anscheinend nur insoweit Sinn, wie die sprachlichen Ausdrücke, um die es geht, einer konsensuell festgesetzten Bedeutung angepaßt werden. Sprachliche Ausdrücke, die verschiedene Bedeutungen haben, bedrohen daher das Ideal des Konsenses. Deswegen insistiert Habermas darauf, daß Worte, wenn ein Konsens hergestellt werden soll, mit eindeutigen Bedeutungen versehen werden müssen: »Die Produktion des Verstehensprozesses bleibt nur solange unproblematisch, wie alle Beteiligten am Bezugspunkt einer möglichen aktuellen Verständigung festhalten, in der sie *denselben* Äußerungen *dieselbe* Bedeutung beimessen.«[20] Aber sind wir, wer immer dieses »wir« sein mag, die Form von Gemeinschaft, in der solche Bedeutungen ein für allemal festgelegt werden können? Ist es nicht so, daß es eine permanente Diversität im semantischen Feld gibt, die die unhintergehbare Situation jeder politischen Theorie darstellt? Wer steht über dem Streit der Interpretationen in einer Position, daß er denselben Äußerungen dieselbe Bedeutung beilegen könnte? Und

20 Jürgen Habermas, *Der philosophische Diskurs der Moderne*, Frankfurt a. M. 1985, S. 233.

warum hält man die Bedrohung, die von einer solchen Autorität ausgeht, für weniger schwerwiegend als die, die entsteht, wenn mehrdeutige Interpretationen einfach stehen bleiben?

Wenn Äußerungen mehrere Bedeutungen haben können, dann ist ihre Macht im Prinzip weniger unilateral und sicher, als es den Anschein hat. Tatsächlich hat die Mehrdeutigkeit der Äußerung zur Konsequenz, daß ihre Bedeutung nicht immer die gleiche ist, daß ihre Bedeutung in einer wichtigen Hinsicht umgelenkt oder ausgehebelt werden kann, und, was das wichtigste ist, daß genau die Worte, die eine Verletzung herbeiführen können, genausogut ihr Ziel verfehlen und eine Wirkung herbeiführen können, die der beabsichtigten völlig zuwiderläuft. Die Kluft zwischen Äußerung und Bedeutung ist die Möglichkeitsbedingung für eine Neueinschätzung der performativen Äußerung, einer performativen Äußerung, die die Wiederholung ihres ersten Auftretens ist, eine Wiederholung, die zugleich eine Reformulierung ist. Tatsächlich wäre eine Aussage vor Gericht nicht möglich, wenn sie nicht die Rechtsverletzung zitierte, deren Ausgleich sie anstrebt. Und Anita Hills Sprechen muß die Worte, die zu ihr gesprochen wurden, zitieren, wenn sie die verletzende Macht dieser Worte zeigen will. Es sind nicht ursprünglich »ihre« Worte, wie es scheinen könnte, aber die Zitierung dieser Worte ist die Möglichkeitsbedingung dafür, daß sie rechtlich vorgehen kann, und das selbst dann, wenn, wie wir in diesem Fall gesehen haben, sie genau so aufgefaßt werden, daß sie ihr Handeln entwerten. Der Zitatcharakter der performativen Äußerung produziert zugleich eine Handlungsmacht und eine Möglichkeit, Handlung zu enteignen.

Die politischen Vorteile, die daraus gezogen werden können, daß man auf dieser Kluft insistiert, unterscheiden sich deutlich von jenen, die angeblich gewonnen werden, wenn man Habermas' Konsensbegriff folgt. Denn wenn man immer riskiert, daß die eigenen Äußerungen eine andere Bedeutung haben als die, an die man gedacht hatte, dann kann man offenbar in einem spezifisch sprachlichen Sinn vom gesellschaftlichen Leben der Sprache verletzt werden, das den Kontrollbereich des sprechenden Subjekts überschreitet. Dieses Risiko und diese Verletzbarkeit gehören in dem Sinn zu einem demokratischen Prozeß, daß man nicht im voraus wissen kann, welche Bedeutung der andere der eigenen Äußerung zuweisen wird, welcher Streit der Interpretationen vielleicht entstehen könnte und wie man am besten über diese Differenz urteilt. Der Versuch, das zu bewältigen, kann nicht im Vorgriff erledigt werden, sondern nur in einer konkreten Übersetzungsanstrengung, deren Erfolg für niemanden gesichert ist.

Habermas insistiert jedoch darauf, daß eine Sicherung in der Antizipation des Konsenses gefunden werden könnte, daß es »idealisierende Unterstellungen« gibt, die von vornherein die Interpretationsmodalitäten festlegen, denen Äußerungen unterworfen sind: Es »funktionieren Sprachspiele nur, weil sie sprachspielübergreifende Idealisierungen voraussehen, welche – als eine notwendige Bedingung möglicher Verständigung – die Perspektive eines an Geltungsansprüchen kritisierbaren Einverständnisses entstehen lassen«.[21] Die Perspektive von Matsuda scheint mit dieser Auffassung übereinzustimmen, denn eines ihrer Argumente gegen das rassistische Sprechen ist, daß dieses implizit eine Minderwertigkeit der Rasse behauptet, die von der internationalen Gemeinschaft nicht akzeptiert wird. Daher gibt es für die Verfassung keinen Grund, solches Sprechen mit der Redefreiheit zu schützen, denn es ist unvereinbar mit den Prinzipien des Gleichheitsgrundsatzes, auf denen die Verfassung beruht. Sprächen sich die Rechtsvertreter für den Schutz solcher Äußerungen durch die Re-

21 Ebd., S. 233f.

defreiheit aus, würden sie gegen einen der basalen Grundsätze des Verfassungstextes handeln.

Diese letzte Behauptung ist signifikant, denn es geht um mehr, als es scheinen könnte. Nach dieser Auffassung widerspricht rassistisches Sprechen nicht nur den universalistischen Grundsätzen der Verfassung, vielmehr darf kein Sprechen, das aktiv diesem Grundsatz der Verfassung widerspricht, von der Verfassung geschützt werden, aus ebendiesem Grund. Durch den Schutz eines solchen Sprechens würde man sich in einen performativen Widerspruch begeben. Dieses Argument impliziert, daß nur solches Sprechen von der Verfassung geschützt werden darf, das auf ihren universalistischen Prämissen beruht.

Als positives Kriterium für die Festlegung eines durch die Redefreiheit geschützten Sprechens stellt letzteres einen kontroversen und hochgesteckten Anspruch dar. Das Sagbare soll geltenden Formen der Universalität gehorchen. Wir untersuchen nun nicht mehr, was *hate speech* konstituiert, sondern die weiter gefaßte Kategorie dessen, was ein vernünftiges Kriterium zur Unterscheidung eines durch die Redefreiheit nicht geschützten Sprechens von einem, das durch sie geschützt werden soll, ausmacht. Darüber hinaus geht es bei der Bestimmung des geschützten Sprechens noch um die Frage: Wodurch soll der Bereich des legal und legitim Sagbaren definiert sein? Ist in der normativen Auffassung von legitimem Sprechen, die Matsuda ihrer Analyse zugrunde legt, jeder beliebige Sprecher durch die geltenden Auffassungen von Universalität eingeschränkt? Wie läßt sich Matsuda etwa mit Etienne Balibar in Einklang bringen, für den unsere geläufigen Vorstellungen von Universalität eine rassistische Struktur haben?[22] Wie können wir weiter auf ausgreifenderen Reformulierungen von Universalität bestehen, wenn wir uns zugleich selbst darauf verpflichten,

22 Etienne Balibar, *Masses, Classes, Ideas. Studies on Politics and Philosophy before and after Marx*, New York, London 1993.

nur die provisorischen und beschränkten Versionen von ihr anzuerkennen, die derzeit internationales Recht festschreibt? Ganz offensichtlich sind derartige Vorgaben gut für politische Argumente auf internationaler Ebene brauchbar, aber es wäre falsch zu denken, daß die aktuell bestehenden Formulierungen die Bedeutungsmöglichkeiten des Universalen ausschöpfen. Wenn man sagt, daß sich eine Konvention des Konsenses durchgesetzt hat, heißt das keineswegs, daß das zeitliche Leben der Konvention ihre Vergangenheit überschreitet. Sollen wir davon ausgehen, daß wir im voraus wissen werden, welche Bedeutung einer universalen Äußerung zugewiesen werden soll, oder bietet eine solche Äußerung die Gelegenheit für Bedeutungen, die weder vollständig noch konkret antizipierbar sind?

Wichtig ist, daß universale Standards historisch artikuliert werden; Teil des Vorhabens, dem Begriff der Universalität Substanz zu verleihen und seine Reichweite auszudehnen, ist es daher, den beschränkten, exklusiven Charakter einer gegebenen historischen Artikulation von Universalität erkennbar zu machen. Es ist klar, daß rassistisches Sprechen den gegenwärtigen Standards widerspricht, die eine universale Reichweite der politischen Emanzipation diktieren. Aber es gibt andere Formen des Sprechens, die wichtige Formen des Widerspruchs darstellen, die für die permanente Differenzierung des Begriffs der Universalität selbst entscheidend sind; es wäre daher falsch, sie zu verwerfen. Denken wir zum Beispiel an jene Situation, in der Subjekte, denen durch bestehende Konventionen, die die exklusive Definition des Universalen regeln, politische Rechte verweigert wurden, die Sprache der politischen Befreiung anstimmen und einen »performativen Widerspruch« auf den Plan rufen, indem sie nämlich fordern, daß das Universale auch sie einschließen soll, womit sie den widersprüchlichen Charakter der bisherigen konventionellen Formulierungen des Universalen augenfällig machen. Eine solche Form des Sprechens scheint auf den ersten Blick unmöglich oder widersprüchlich, aber es ist ein Mittel, die Begrenztheit der gängigen Auffassungen von Universalität kenntlich zu machen und die Forderung aufzustellen, daß die existierenden Standards weiter reichen und zugleich mehr umfassen sollen. In diesem Sinn ist die Möglichkeit, einen performativen Widerspruch zu äußern, kaum ein Unternehmen, das sich selbst widerlegt; im Gegenteil, der performative Widerspruch ist unverzichtbar für die kontinuierliche Revision und Ausdifferenzierung der historischen Standards von Universalität, die der zukunftsgerichteten Bewegung von Demokratie selbst eigen sind. Zu behaupten, daß das Universale noch gar nicht artikuliert worden ist, heißt, darauf zu bestehen, daß das »Noch nicht« schlechthin zum Verständnis des Universalen gehört: Das, was im Universalen unrealisiert bleibt, konstituiert es wesentlich. Die Artikulation des Universalen beginnt gerade dann, wenn seine bestehende Formulierung angefochten wird, und diese Anfechtung geht von denen aus, die von ihr nicht eingeschlossen sind, die keinen Anspruch darauf haben, den Platz eines »Jemand« (›*the who*‹) zu besetzen, die aber dennoch fordern, daß das Universale als solches sie mit einschließen soll. In diesem Sinn bilden die Ausgeschlossenen die kontingente Grenze der Universalisierung. Und »das Universale«, weit davon entfernt, in seiner Konvention aufzugehen, erscheint als ein postuliertes und unabschließbares *Ideal*, das noch in keinem bestehenden Katalog rechtlicher Konventionen adäquat kodifiziert wurde.[23] Wenn die bestehenden und akzeptierten Konventionen der Universalität den Bereich des Sagbaren *beschränken*, dann erzeugt diese Beschränkung das Sagbare, indem es eine Grenze zwischen dem Sagbaren und dem Unsagbaren zieht.

23 Siehe zu einer vergleichbaren Auffassung von Idealen und Idealisierungen Drucilla Cornell, *The Imaginary Domain*, New York 1995 und Owen Fiss, *The Irony of Free Speech*, Cambridge 1996.

Die Grenze, die das Sagbare dadurch erzeugt, daß sie bestimmte Formen des Sprechens ausschließt, wird zum Zensurvorgang, der gerade durch die Postulierung des Universalen ausgeübt wird. Schreibt dieses Postulat des Universalen als ein Bestehendes und Gegebenes nicht die Ausschlüsse fest, mit denen es arbeitet? Stellen wir in diesem Fall und durch die Strategie, uns auf die *etablierten Konventionen der Universalität* zu stützen, nicht unversehens den Prozeß der Universalisierung innerhalb der Grenzen still, die die etablierten Konventionen vorgeben, naturalisieren dabei deren Ausschlüsse und blockieren im voraus die Möglichkeit seiner Radikalisierung? Das Universale kann nur in der Reaktion auf eine Herausforderung, die von (seinem eigenen) Außen kommt, artikuliert werden. Wenn wir nun die Regulierung rechtsverletzender Rede auf der Grundlage »universal« anerkannter Voraussetzungen fordern, wiederholen wir dann nicht die ausschließenden und erniedrigenden Praktiken? Wie ist eine Gemeinschaft gebildet, daß sie als Gemeinschaft legitimerweise Universalität diskutiert und sich über sie verständigt? Wenn sich diese Gemeinschaft über rassistische Ausschließungspraktiken konstituiert, wie soll man dann darauf vertrauen, daß sie über die Frage des rassistischen Sprechens vernünftig urteilen kann?

Worum es bei dieser Definition von Universalität geht, ist die Unterscheidung zwischen einer idealisierenden Unterstellung eines Konsenses, die in einem gewissen Sinne bereits stattfindet, und einer, die erst noch artikuliert werden muß und die Konventionen in Frage stellt, die unsere antizipatorischen Vorstellungen beherrschen. Letzteres ist etwas anderes als eine nicht-konventionelle Idealisierung (Habermas), die immer schon da ist oder aber im bestehenden internationalen Recht kodifiziert ist (Matsuda) und somit gegenwärtige und letztmögliche Errungenschaften einander gleichsetzt. Die antizipierte Universalität, für die wir keine fertige Konzeption haben, ist eine, deren Artikulation, wenn überhaupt, daraus hervorgehen wird, daß sie als Universalität an ihren bereits imaginierten Grenzen angefochten wird.

Der Begriff des Konsenses, den die ersten beiden Sichtweisen voraussetzen, erweist sich als ein Streitpunkt »vor dem Sündenfall«, der die zwangsläufig schwierige Aufgabe, einen universalen Konsens von verschiedenen kulturellen Verortungen aus herzustellen – um mich an Homi Bhabhas Titel und Formulierung anzulehnen –, mit der schwierigen Praktik kurzschließt, zwischen verschiedenen Sprachen zu übersetzen, in denen Universalität auf vielfältige und konkurrierende Weise erscheint. Die kulturelle Übersetzung wird gerade wegen des performativen Widerspruchs notwendig, der auftritt, wenn jemand, der nicht autorisiert ist, in dem oder als das Universale zu sprechen, trotzdem Anspruch darauf erhebt. Oder wenn, wie man es vielleicht angemessener ausdrücken kann, jemand, der vom Universalen ausgeschlossen ist und ihm dennoch angehört, aus der gespaltenen Situation dessen spricht, der sowohl autorisiert als auch nicht autorisiert ist (um sich einmal den »Ort des Aussagens« vorzustellen). Dieses Sprechen ist keine einfache Anpassung an die bestehende Norm, denn diese gründet sich auf den Ausschluß dessen, der spricht und dessen Sprechen die Grundlage des Universalen selbst in Frage stellt. Sprechen und dabei die Alterität innerhalb der Norm sichtbar machen (eine Alterität, ohne die die Norm nicht »um sich selbst wissen« würde) macht das Scheitern der Norm an der Etablierung einer universalen Reichweite sichtbar, für die sie selbst steht; macht das deutlich, was wir als *die vielversprechende Ambivalenz der Norm* hervorheben können.

Das Scheitern der Norm wird an dem performativen Widerspruch deutlich, den jemand herbeiführt, der in ihrem Namen spricht, obwohl der Name noch nicht die Voraussetzungen erfüllt, um den oder die zu designieren, der oder die sich dennoch soweit in den Namen eingeschlichen hat, um trotzdem »in« ihm sprechen zu können. Diese Form des doppelten Sprechens stellt genau die temporalisierte Karte einer zukünftigen Universalität dar, die Aufgabe einer Übersetzung »nach dem Sündenfall«, deren Zukunft unvorhersagbar bleibt. Das gegenwärtige Szenario der Übersetzung zwischen Kulturen zeigt sich in der Annahme, daß eine Äußerung nicht überall die gleiche Bedeutung haben muß, ja daß die Äußerung zu einem Konfliktszenario geworden ist (und das in einem solchen Ausmaß, daß man versucht, die Äußerung zu verfolgen und ihre Bedeutung zu »fixieren«). In der Übersetzung, die in diesem Konfliktszenario stattfindet, legt die beabsichtigte Bedeutung eine letztgültige Lesart nicht in größerem Maß fest, als es die tatsächlich rezipierte tut, sie kann keine abschließende Entscheidung zu den konfligierenden Positionen geben. Diese mangelnde Finalität ist genau das interpretative Dilemma, das positiv einzuschätzen ist, weil es die Notwendigkeit eines letzten Urteils zugunsten einer gewissen sprachlichen Angreifbarkeit oder Verletzbarkeit aufhebt, die sich wiederaneignen läßt. Diese Verletzbarkeit bezeichnet die Form, in der ein postsouveräner demokratischer Anspruch im gegenwärtigen Szenario der Äußerung wahrnehmbar wird.[24]

Die Begründung einer angestrebten Regulierung von *hate speech* damit, daß diese sowohl dem *souveränen* Status des Sprechers (MacKinnons Argument zu den Wirkungen der Pornographie) als auch der *universalen* Grundlage seines Sprechens widerspricht, zielt letztlich darauf ab, das Ideal eines souveränen Sprechers, der nicht nur sagt, was er meint, sondern dessen Äußerungen zugleich singulär und

24 Zu den paradoxen Versuchen französischer Feministinnen, sich auf universale Rechte zu berufen, die sie sowohl ein- als auch ausschließen, siehe Joan W. Scott, *Only Paradoxes to Offer. French Feminists and the Rights of »Man«*. Cambridge, im Erscheinen.

universal sind, wiederzubeleben. Die normative Konzeption des politischen Sprechers, wie sie Langtons Aufsatz skizziert, und die von Matsuda und MacKinnon vorgebrachten Einwände gegen *hate speech* und Pornographie, insofern diese »zum Schweigen bringen«, behaupten sämtlich, daß politische Partizipation die Fähigkeit voraussetzt, nicht nur seine Absichten in einem Sprechakt zu repräsentieren, sondern seine Absichten im Sprechakt auch zur Wirkung zu bringen.

Von einem theoretischen Standpunkt aus gesehen liegt das Problem nicht einfach darin, daß es keinen Sinn hat anzunehmen, daß sich Absichten immer angemessen in Äußerungen und Äußerungen sich in Taten materialisieren, sondern darin, daß die Einsicht in diese manchmal disjunktiven Beziehungen eine alternative Auffassung vom sprachlichen Bereich der Politik darstellt. So stellt sich die Frage: Bedroht die Behauptung einer potentiellen Unvereinbarkeit von Absicht und Äußerung (man sagt nicht, was man meint), von Äußerung und Handlung (man tut nicht, was man sagt) und Absicht und Handlung (man tut nicht, was man beabsichtigt) grundsätzlich die sprachlichen Voraussetzungen für eine politische Partizipation, oder eröffnen solche Brüche gerade die Möglichkeit einer politisch folgenreichen *Neu*einschätzung von Sprache, die den unbestimmten Charakter dieser Beziehungen nutzt? Und kann die Konzeption der Universalität ohne die Annahme einer solchen Brüchigkeit dieser Beziehungen überhaupt revidiert werden?

Man betrachte eine Situation, in der rassistisches Sprechen in einer Weise angegriffen wird, daß es nicht mehr die Macht hat, die Unterwerfung herbeizuführen, für die es eintritt. Die unbestimmte Beziehung zwischen Sagen und Tun wird dann erfolgreich genutzt, wenn dem Sprechen seine performative Macht genommen wird. Und wenn dasselbe Sprechen von demjenigen wiederaufgenommen wird, an den es gerichtet ist, und zurückgewendet wird und damit zu einer Gelegenheit zum Dagegen- und Dadurch-Sprechen – wird dann nicht zu einem gewissen Grad das rassistische Sprechen von seinen Ursprüngen abgeschnitten? Der Versuch, eine Form von wirkungsvollem Sprechen sicherzustellen, bei dem sich die Absichten in Taten materialisieren – so wie sie »gedacht« waren – und bei dem Interpretationen von vornherein von der Absicht selbst kontrolliert werden, ist ein Versuch (und ist der Wunsch), zu einem souveränen Bild der Sprache zurückzukehren, das nicht mehr zutrifft und das vielleicht nie zutreffend war, ein Bild, bei dem man aus politischen Gründen froh sein könnte, daß es nicht zutrifft. Daß die Äußerung umgewendet, daß sie von ihrem Ursprung losgelöst werden kann, stellt eine Möglichkeit dar, den Ort der Autorität im Verhältnis zur Äußerung zu verschieben. Und wenn wir uns auch darüber beklagen können, daß andere solche Macht über unsere Sprache haben, brauchen wir doch nur an die Gefahren zu denken, mit denen wir zu tun bekämen, wenn wir gegenüber anderen nicht diese Macht der Unterbrechung und Umleitung hätten. Die jüngste Aneignung des »Bürgerrechts«-Diskurses, mit der in Kalifornien gegen affirmatives Handeln vorgegangen wurde, ist eine dieser gefährlichen Enteignungen, gegen die man nur mit einer aggressiven Wiederaneignung vorgehen kann.

Ich behaupte nicht, daß man immer das sagt, was man nicht meint, daß Sprechen immer seine Bedeutung außer Kraft setzt oder daß Worte nie das performativ herbeiführen, was sie performativ herbeizuführen beanspruchen. Einen solchen Bruch allem Sprechen als notwendig zugrunde zu legen ist genauso suspekt, wie notwendige Kontinuitäten zwischen Absicht, Äußerung und Tat zu verordnen. Obwohl Langton davon ausgeht, daß politische Handlungsmacht und Staatsbürgerschaft im besonderen solche Kontinuität erfordern, tendieren gegenwärtige Formen politischen Handelns – besonders die, die nicht durch vorgängige Konventionen oder durch geltende Vorrechte einer Staatsbürgerschaft ermächtigt sind – dazu, politischen Handlungsspielraum aus dem Scheitern des performativen Machtapparats zu gewinnen, indem sie das Universale gegen seine vorhandenen Konventionen zurückwenden, Gleichheit gegen ihre bestehenden Ausformulierungen aufbieten und »Freiheit« von ihrer aktuellen konservativen Wertigkeit befreien.[25]

Läßt sich diese politische Möglichkeit einer Wiederaneignung von der pornographischen Aneignung unterscheiden, gegen die sich MacKinnon wendet? Oder begleitet das Risiko der Aneignung alle performativen Handlungen und bezeichnet damit die Grenze der angeblichen Souveränität solcher Akte? Das Foucaultsche Argument ist bekannt: Je mehr man darauf insistiert, daß Sexualität unterdrückt wird, desto mehr spricht man über Sexualität, desto mehr wird Sexualität zu einer Art Geständnisrede. Damit eignet Sexualität sich unerwartet Diskurse an. Das repressive »Nein«, das die psychoanalytische Lehre aufgespürt hat, verwandelt sich in ein merkwürdiges »Ja« (eine These, die zur Psychoanalyse paßt, auch dazu, daß sie darauf insistiert, daß es im Unbewußten keine Verneinung gibt). Zunächst scheint Foucaults Erläuterung auf paradoxe Weise der von MacKinnon zu ähneln, aber dort, wo bei ihr das »Nein« als eine Verweigerung des Konsenses fungiert, wird es bei Foucault von einem repressiven Gesetz performativ gegen das Sexualsubjekt gerichtet, das, wie wir annehmen müssen, andernfalls ja sagen würde. Bei Foucault wie in der Pornographie werden eben die Begriffe, mit denen angeblich Sexualität negiert wird, unversehens, aber unvermeidlich zum Ort und Instrument neuer Sexualisierung. Die angebliche

25 Zu einem Versuch, sich vom konservativen politischen Diskurs zu befreien, siehe das einleitende Kapitel von Wendy Browns *States of Injury*, Princeton 1995.

Repression von Sexualität wird zur Sexualisierung von Repression.[26]

Wird das Gesetz rekontextualisiert – in diesem Fall das Verbot –, wird die Möglichkeit einer Umwendung freigesetzt, in der die verbotene Sexualität zur produzierten Sexualität wird. Der diskursive Anlaß eines Verbots – Verzicht, Untersagung, Geständnis – wird gerade zu einem neuen Anreiz für die Sexualität sowie so zum neuen Anreiz für den Diskurs. Daß der Diskurs selbst in der Wiederholung, in der er das Gesetz, das verbietet, immer wieder ausspricht und proliferiert, legt nahe, daß seine produktive Macht darauf beruht, daß er mit einem ursprünglichen Kontext und einer ursprünglichen Absicht gebrochen hat und daß seine Zirkulation von keinem Subjekt mehr kontrolliert werden kann.

MacKinnon und Langton haben beide behauptet, daß aus der Rekontextualisierung einer Äußerung oder, spezifischer, aus einer sexualisierten Rekontextualisierung, in der ein ursprüngliches »Nein« in ein abgeleitetes »Ja« umgewendet wird, gerade jene Wirkung von Pornographie hervorgeht, die »zum Schweigen bringt«; die Performativität einer Äußerung im Kontext der Pornographie wendet sich notwendigerweise in eine Richtung zurück, in der die Bedeutung, die die Äußerung angeblich übermittelt, sexualisiert wird: Ebendaran mißt sich Pornographie. Tatsächlich könnte man die unkontrollierbaren Effekte der Resignifikation und der Rekontextualisierung, versteht man sie als die normale Aneignungsarbeit von Sexualität, so auffassen,

26 Obwohl Foucault dieses Argument gegen die Psychoanalyse vorbringt, würde ich doch darauf beharren, daß es ein psychoanalytisches Argument ist. Das kann man an einer Vielzahl von Texten sehen, in denen Freud zum Beispiel die erotische Ökonomie von »Bewußtsein« artikuliert oder in denen das Über-Ich so verstanden wird, daß es wenigstens zum Teil aus der Sexualisierung eines Verbots entsteht und erst in einem zweiten Schritt zu einem gegen die Sexualität gerichteten Verbot wird.

als riefen sie permanent eine antipornographische Bewegung hervor. Für MacKinnon besteht Rekontextualisierung darin, daß jenen, die durch eine pornographische Darstellung sexualisiert werden, fälschlicherweise eine Zustimmung zu dieser Sexualisierung zugeschrieben wird – die Umwendung eines »Nein« in ein »Ja«. Die disjunktive Beziehung zwischen Affirmation und Negation entwertet die erotische Logik der Ambivalenz, in der ein »Ja« ein »Nein« begleiten kann, ohne es dezidiert zu negieren. Der Bereich des Phantasmatischen ist exakt eine *in der Schwebe gehaltene* Handlung, weder ganz affirmiert noch ganz negiert und meistens durch irgendeine Form ambivalenter Lust strukturiert (»Ja« und »Nein« zugleich).

MacKinnon insistiert darauf, daß ein pornographischer Text die »Zustimmung« der Frau ausmalt und sich mit dieser Darstellung zugleich über ihre Zustimmung hinwegsetzt. Diese These ist notwendig, um die Analogie von pornographischem Text und Belästigung bzw. Vergewaltigung aufrechtzuerhalten und auszudehnen. Wenn auf der anderen Seite der pornographische Text selbst eindeutige Zuordnungen von Konsens und Handlung außer Kraft setzt, dann setzt sich der Text nicht über die Zustimmung hinweg, sondern er produziert das visuelle Feld einer Sexualität, das in einem gewissen Sinne dem Konsens und letztlich auch der Konstitution eines wollenden Subjekts vorausgeht. Pornographie, als kulturelles Reservoir eines sexuell überdeterminierten visuellen Feldes, zirkuliert gerade ohne unseren Konsens, aber deswegen nicht schon unbedingt gegen ihn. Darauf zu beharren, daß der Sexualität in jedem Fall ein Konsens vorausgeht, zeigt die Rückkehr zu einem vorfreudianischen Begriff eines liberalen Individualismus an, in dem Konsens konstitutiv für das Person-Sein ist.

Wenn Anita Hill ihren Rechtsanspruch gegenüber Thomas und den Anhörungen des Senats durchsetzen will, wird sie wieder aussagen müssen, und diese Aussage wird die

Verletzungen wiederholen müssen, sie berichten, sie noch einmal sagen und sich damit einer Fehlaneignung aussetzen. Um die Aussage von den Ereignissen, die sie berichtet, zu unterscheiden, müßte man die Wiederholung der Verletzung, die die Aussage vor Gericht performativ herbeiführt, und die Performativität der Verletzung, auf die sie sich bezieht, voneinander abgrenzen. Aber wenn eine Aussage die Verletzung wiederholen muß, um ihren Rechtsanspruch vorzubringen, und diese Wiederholung als Zeichen der Handlungsmacht aufgefaßt wird, dann ist die Fehlkonstruktion der Aussage als Geständnis einer Mitschuld ein Risiko, gegen das keine Abgrenzungsanstrengung schützen kann.

Allgemeiner gefaßt, die Zirkulation von Pornographie läßt sich nicht effektiv kontrollieren, und selbst wenn solche Kontrolle doch möglich wäre, würde der Kontrollmechanismus einfach in die pornographische Thematik integriert werden – ein nur um so pikanterer Plot, der das Gesetz und seine Überschreitung fokussiert. Der Versuch, diese Zirkulation anzuhalten, ist ein Versuch, das sexualisierte Feld des Diskurses stillzustellen und erneut die Fähigkeit des intentionalen Subjekts zu behaupten, sich über und gegen dieses Feld zu stellen.

Der Staat spricht / Haß spricht[27]

Hate speech ist eine Form des Sprechens, das Handlung ist, aber man *bezieht* sich auch darauf als eine Form des Sprechens, das Handlung ist, und damit auch als ein Beispiel und ein Objekt des Diskurses. Auch wenn *hate speech* eine Form des Sprechens sein mag, die eine Form von Tun oder Verhalten ist, muß sie doch als solche nur durch eine Spra-

27 Im Original: »State speech / hate speech«.

che bestimmt werden, die dieses Tun autoritativ für uns beschreibt; damit wird der Sprechakt immer zweifach hervorgebracht, nämlich durch *eine Sprechakttheorie*, die ihre eigene performative Macht hat (definitionsgemäß also durch die *Erzeugung* von Sprechakten, in der die Performativität verdoppelt wird, die sie analysieren will). Die Beschreibung solchen Handelns des Sprechens ist ein Tun oder eine Art von Verhalten, das gleichermaßen diskursiv ist und Folgen zeitigt. Ich denke, das wird nirgendwo deutlicher, als wenn man sich ansieht, wie das Gerichtsurteil als rechtliche Äußerung in einer hochspezifizierten Form bestimmt, was *hate speech* ist.

Als diskrimierende Handlung betrachtet, ist *hate speech* etwas, worüber die Gerichte entscheiden müssen, und so gilt *hate speech* nicht als haßerfüllt oder diskriminierend, solange die Gerichte nicht entscheiden, daß sie es ist. In der vollen Bedeutung des Begriffs gibt es keine *hate speech*, solange es kein Gericht gibt, das entscheidet, daß es sie gibt.[28] Tatsächlich heißt, eine Eingabe zu machen, daß etwas als *hate speech* bezeichnet werden soll, da es auch ein Verhalten ist und Wirkungen ausübt, und das mit der bedeutsamen Konsequenz, daß es Rechte und Freiheiten raubt, noch nicht, daß daraus auch ein Rechtsfall wird. Ein Rechtsfall wird es erst, wenn darüber »geurteilt« wurde. In diesem Sinn ist es die Entscheidung des Staates, die sanktionierte Äußerung des Staates, die *hate speech* als einen Sprechakt herstellt – ihn herstellt, aber nicht verursacht. Hier ist die zeitliche Beziehung, in der die Äußerung von *hate speech* der Äußerung der Gerichte vorausgeht, genau die Umkehrung der logischen Beziehung, in der es keine *hate speech* vor der gerichtlichen Entscheidung gibt. Obwohl diejenige *hate speech*, die noch nicht *hate speech* ist, zeitlich vor der

28 Das findet so natürlich nicht in den Fällen statt, in denen die Kontrolle von *hate speech* an Universitäten oder in anderen Institutionen durchgesetzt wird, die ihre rechtliche Autonomie behalten.

juristischen Bewertung der Äußerung liegt, wird doch das betreffende Sprechen erst durch ein bestätigendes Urteil des Gerichts zu *hate speech*. Die rechtliche Entscheidung über *hate speech* ist somit eine Angelegenheit des Staats oder, genauer, seines juridischen Zweigs. Als Determinierung, die der Staat vornimmt, wird *hate speech* zu einer Determinierung, die wieder durch einen weiteren »Sprechakt« vorgenommen wird – das Sprechen des Gesetzes. Diese seltsame Abhängigkeit der haßerfüllten Äußerung von der Off-Stimme der Gerichte bedeutet, daß sich die haßerfüllte Äußerung letztlich nicht vom Sprechen des Staates unterscheiden läßt, der über sie entscheidet.

Ich behaupte damit *nicht*, daß das Sprechen des Staates in dem Moment, in dem er urteilt, *das gleiche* ist wie die rassistische oder sexuelle Verletzung, über die er zu urteilen versucht. Aber ich möchte nahelegen, daß beide auf spezifische und folgenreiche Weise nicht voneinander zu trennen sind. Die Bezeichnung stimmt nicht, wenn *Hate-speech*-Fälle von Gerichten beurteilt werden sollen: Denn worum es beim Urteil des Gerichts geht, ist ja gerade, ob das in Frage stehende Sprechen »haßerfüllt« ist oder nicht. Ich meine »Haß« hier in keinem anderen Sinne als jenem präzisen rechtlichen, den Matsuda, Delgado und Lawrence dargelegt haben. Die Entscheidungsfindung des Gerichts – in der vorausgesetzt ist, daß die Rechtsverletzung dem Gerichtsurteil vorausgeht – ist ein Effekt des Urteils, sein Produkt. Somit wird *hate speech* vom Gesetz produziert und muß in der Tat als eine seiner pikantesten Erzeugnisse gelten; sie wird zu einem rechtlichen Instrument, mit dem ein Diskurs über Rasse und Sexualität unter dem Vorzeichen der Bekämpfung von Rassismus und Sexismus produziert und gefördert wird. Diese Formulierung soll nicht nahelegen, daß das Gesetz *hate speech* verursacht oder dazu anreizt, sondern nur darauf hinweisen, daß die Entscheidung, welche von den vielen verschiedenen Sprechakten ausgewählt und der Kategorie *hate speech* zugeordnet werden, eine Entscheidung der Gerichte ist. Also ist diese Kategorie eine Rechtsnorm, die die Richter in einer ihnen passend erscheinenden Form ausdehnen oder einengen.

Letzteres erscheint mir besonders wichtig, wenn man bedenkt, daß *Hate-speech*-Argumente gegen Minderheiten vorgebracht wurden, d. h. in Kontexten, in denen Homosexualität visualisiert (Mapplethorpe) oder sprachlich ausgeführt wird (bei der amerikanischen Armee) oder in denen das afroamerikanische Idiom, wie besonders in der Rap-Musik, verletzende Begriffe wieder in Umlauf bringt und deshalb für diese Begriffe verantwortlich gemacht wird. Solche Regulierungsbestrebungen werden unvermeidlich von der gesteigerten Macht des Staates verstärkt, die Unterscheidung eines durch Redefreiheit geschützten Sprechens von einem nicht geschützten durchzusetzen. So fragte Richter Scalia im Urteil *R.A.V. vs. St. Paul*, ob das Verbrennen eines Kreuzes, auch wenn es »verwerflich« ist, nicht doch eine Botschaft vermittelt, die auf dem freien Markt der Meinungen geschützt ist. In all diesen Fällen schränkt der Staat nicht nur Sprechen ein, sondern produziert gerade durch den Akt der Einschränkung ein Sprechen, das rechtliche Folgen hat: Der Staat knebelt nicht nur homosexuelles Sprechen, sondern produziert – durch seine Entscheidungen – eine öffentliche Vorstellung vom sich selbst zensierenden Homosexuellen. Ähnlich produziert er ein öffentliches Bild obszöner schwarzer Sexualität, gerade wenn er beansprucht, Obszönität zurückzudrängen; und er produziert das brennende Kreuz als ein Symbol eines verständlichen und durch die Redefreiheit geschützten Sprechens.

Diese produktive diskursive Funktion des Staates wird von den Befürwortern einer gesetzlichen Regulierung der *hate speech* unterschätzt. Tatsächlich verkleinern sie das Risiko einer Fehlaneignung durch das Gesetz zugunsten der

Auffassung, daß das Gesetz politisch neutral und korrigierbar sei. Matsuda behauptet, daß das Gesetz, obwohl von Rassismus geprägt, gegen diesen gewendet werden kann. Sie stellt das Gesetz als Arrangement von Sperrvorrichtungen dar, beschreibt es in rein instrumentellen Begriffen und unterschätzt die produktiven Fehlaneignungen, mit denen es arbeitet. Diese Perspektive setzt alle Macht und Handlungsfähigkeit in das Subjekt, das dieses Instrument handhabt. Wie reaktionär dessen Geschichte auch war, es kann doch in den Dienst einer progressiven Anschauung gestellt werden und so den »gewohnheitsmäßigen Einsatz neutraler Prinzipien, die die bestehende Macht befestigen, herausfordern«. Etwas später schreibt sie: »Nichts, was dem Gesetz inhärent wäre, bindet uns die Hände«[29] und befürwortet eine Rekonstruktion der Rechtsdoktrinen. Mit anderen Worten, die Rechtssprache ist eine Sprache, deren Bedeutung in der Zitation umgewendet werden kann, wo die Umwendung ein Gesetz mit reaktionärer Geschichte aufgreift und in ein Gesetz mit progressiver Zielsetzung kehrt.

Zu diesem Vertrauen in das resignifizierende Potential des Rechtsdiskurses ist zumindest zweierlei zu bemerken. Erstens, die Form der zitierenden Umwendung, die, wie es heißt, vom Gesetz performiert wird, ist genau das Gegenteil der zitierenden Umwendung, die der Pornographie zugeschrieben wird. Die Rekonstruktion der Doktrinen macht es möglich, daß der vormals reaktionäre Rechtsapparat progressiv wird, ungeachtet der ursprünglichen Absichten, die das Gesetz antreiben. In der Beharrlichkeit, mit der Pornographie die ursprüngliche oder beabsichtigte Bedeutung einer Äußerung rekontextualisiert, liegt angeblich ihre gefährliche Macht. Aber trotzdem hängt sogar MacKinnons aktive Parteinahme, die das »Ja« und das »Nein« einer Frau darstellt, von einer Rekontextualisierung und einer Art von

29 Matsuda et al. (Hg.), *Words that Wound*, a. a. O., S. 50.

textueller Gewalt ab, die Matsuda mit Blick auf das Gesetz unter dem Vorzeichen einer Rekonstruktion von Doktrinen zur legalen Methode erhebt. In beiden Fällen ist die Äußerung unkontrollierbar, kann angeeignet werden und kann anders und über die ursprünglich treibenden Absichten hinaus Bedeutungen annehmen.

Der zweite Punkt ist folgender: Obwohl das Gesetz, wie immer reaktionär strukturiert es ist, als eine resignifizierende Praktik gilt, wird nicht angenommen, daß *hate speech*, wie immer reaktionär strukturiert sie ist, in der gleichen Form einer ähnlich bedeutsamen Resignifikation ausgesetzt sein könnte. An diesem unglücklichen Punkt konvergieren die Bereitschaft der Gerichte, die literarische Qualität des »Bezeichnens«, wie Rap sie einsetzt, unterzubewerten, und die Behauptung der Befürworter der gesetzlichen Regulierung von *hate speech*, daß *hate speech* nicht resignifiziert werden kann. Obwohl Matsuda »Satire und Stereotypen« ausnimmt, gilt die Ausnahme nur insoweit, wie solche Äußerungen keine »aggressive Sprache« verwenden. Schwer vorzustellen, wie Satire funktionieren könnte, ohne solche Sprache zu rekontextualisieren.

Daß diese Form der Resignifikation in *hate speech* die Macht hat, Sprache zu entschärfen, scheint in Matsudas Perspektive keinen Platz zu haben. Und trotzdem ist ihr das Sprechen des Gesetzes eines, das grenzenlos resignifizierbar ist: Das Gesetz hat nicht eine einzige oder wesentliche Bedeutung; es kann neu ausgelegt, neu angewandt und neu gefaßt werden. Seine Sprache, obwohl sie in bestimmten Kontexten verletzt, verletzt nicht notwendigerweise und kann im Dienst einer progressiven Politik umgewendet und neu ausgelegt werden. Dagegen läßt sich *hate speech* nicht rekontextualisieren oder ist in der gleichen Form resignifizierbar, wie es die Rechtssprache ist. Obwohl alle möglichen Arten von historisch und potentiell verletzenden Wörtern im Rap, im Film, sogar als kalligrammatische Embleme in Photographie und Malerei wieder in Umlauf gesetzt werden, scheint solche Rekontextualisierung nicht als ästhetische Umsetzung konstruiert werden zu müssen, die es wert wäre, rechtlich geschützt zu werden.

Die ästhetische Umsetzung eines verletzenden Ausdrucks kann den Ausdruck sowohl *verwenden* als auch *erwähnen*, d.h. sie kann ihn gebrauchen, um bestimmte Wirkungen hervorzurufen, aber sich auch zugleich auf die Verwendung beziehen und damit die Aufmerksamkeit darauf lenken, daß es sich um ein Zitat handelt; und damit diese Verwendung in einer Zitattradition situieren, um die Verwendung zu einem expliziten Beispiel von Diskursivität zu machen, das eher reflektiert als für ein gesichertes Verfahren der Normalsprache gehalten werden sollte. Eine ästhetische Umsetzung kann außerdem das Wort verwenden, es aber zugleich *ausstellen*, auf es zeigen, es als ein Beispiel des Arbiträren der Sprache darstellen, das benutzt wird, um bestimmte Effekte zu erzeugen. In diesem Sinne kommt die semantische Leere des materialen Signifikanten in den Blick, als das leere Moment in der Sprache jedoch, das zum Ort einer semantisch überlaufenen Tradition und ihrer Wirkungen werden kann. Damit soll nicht gesagt sein, daß das Wort seine Macht zu verletzen verliert, sondern daß es uns in einer Weise vorkommt, daß wir anfangen können zu fragen: Wie wird ein Wort zum Ort der Macht zu verletzen? Solche Verwendung läßt den sprachlichen Ausdruck zu einem textuellen Objekt werden, das gedacht und gelesen werden kann, auch wenn es uns zugleich in eine Beziehung involviert, die vom Wissen um seine konventionelle Wirkungskraft und Bedeutung bestimmt ist. Die aggressive Wiederaneignung verletzenden Sprechens in der Rap-Musik, z.B. bei Ice T, wird zum Ort einer traumatischen Neuinszenierung der Verletzung, aber einer, in der die sprachlichen Ausdrücke nicht nur in konventioneller Weise bedeuten oder mitteilen, sondern selbst gerade in ihrer sprachlichen Konventionalität als Beispiele von Diskursivität vorgebracht werden und damit auch als wirkungskräftig und arbiträr, widerständig und offen für weitere Verwendungen.

Dieser Auffassung würden vermutlich die Befürworter der Regulierung von *hate speech* heftig widersprechen, die damit argumentieren, daß Rekontextualisierung und Bedeutungsumwendung bei bestimmten Worten an ihre Grenze kommen. Wie Richard Delgado schreibt, »Worte wie ›Nigger‹ oder ›Latino‹ sind erniedrigende Etikettierungen, auch wenn sie unter Freunden gebraucht werden: *Diese Worte haben keine andere Konnotation.*« Und trotzdem hat genau diese Aussage, ob sie nun hier geschrieben oder zitiert ist, eine andere Konnotation: Delgado hat diese Worte einfach in einer signifikant anderen Weise verwendet. Selbst wenn wir einräumen – ich denke, das müssen wir –, daß die verletzende Konnotation in Delgados Verwendung unvermeidlich *beibehalten* wird, daß es also tatsächlich schwierig ist, diese Worte zu äußern – oder auch sie hier zu schreiben –, weil sie unversehens die Erniedrigung wieder in Umlauf bringen, folgt daraus noch nicht, daß diese Worte *keine andere Konnotation* haben können. Faktisch ist ihre Wiederholung notwendig (vor Gericht als Beweismaterial, in der Psychoanalyse als Trauma-Embleme, in ästhetischen Formen als kulturelles Durcharbeiten), wenn sie als Objekte in einen weiteren Diskurs aufgenommen werden sollen. Paradoxerweise ist es gerade ihr Status als »Akt«, der die Behauptung unterläuft, daß sie die Erniedrigung, die sie beabsichtigen, belegen und aktualisieren. Als Akte werden diese Worte zu Phänomenen; sie werden zu einer Art sprachlichem Schauspiel, das ihre erniedrigenden Bedeutungen nicht beseitigt, aber sie als öffentlichen Text reproduziert, und das sie in ihrer Reproduktion als reproduzierbare und resignifizierbare sprachliche Ausdrücke ausstellt. Die Möglichkeit, solche sprachlichen Ausdrücke in Formen der radikalen öffentlichen Fehlaneignung zu dekontextualisieren und zu rekontextualisieren, stellt den Boden einer ironischen Hoffnung dar, daß die konventionelle Beziehung zwischen den Worten und dem Verwunden geschwächt und mit der Zeit sogar zerbrochen werden könnte. Die erniedrigenden Worte verletzen, und doch sind, wie Derrick Bell bemerkt hat, »rassistische Strukturen angreifbar«. Ich halte dafür, daß das auf rassistische Sprachstrukturen ebenso zutrifft.

Ich möchte mich nicht für eine einfache Entgegensetzung des ästhetischen und des juridischen Bereichs aussprechen, denn was in vielen dieser Kontroversen auf dem Spiel steht, ist gerade die Macht des Staates zu definieren, was als ästhetische Repräsentation zählt. Der gesamte Bereich des Ästhetischen, betrachtet man ihn als durch künstlerische Ausdrucksfreiheit geschützt, existiert als staatlicher Erlaß. Der rechtliche Bereich des Staates hat offenkundig auch seine »ästhetischen« Momente, von denen hier einige untersucht wurden: dramatische Reartikulation und Reinszenierung, die Produktion souveränen Sprechens, die Wiederholung phantasmatischer Szenarien.

Wenn aber die Aufgabe der Wiederaneignung in den Bereich des durch Redefreiheit geschützten öffentlichen Diskurses aufgenommen wird, scheinen die Folgen mehr zu versprechen und demokratischer zu sein, als wenn die Aufgabe, über die Verletzung durch Sprechen zu urteilen, dem Gesetz übergeben wird. Der Staat resignifiziert immer und ausschließlich sein eigenes Gesetz, und diese Resignifizierung bedeutet eine Ausweitung seiner Jurisdiktion und seines Diskurses. Bedenken wir, daß *hate speech*, wie ich zu zeigen versucht habe, nicht nur vom Staat produziert wird, sondern daß die Absichten selbst, die die Rechtsprechung antreiben, unvermeidlich vom Staat fehlangeeignet werden. Wenn man die Aufgabe, über *hate speech* zu urteilen, an den Staat übergibt, übergibt man ihm die Aufgabe der Fehlaneignung. Es wird nicht einfach ein Rechtsdiskurs sein, in dem rassistische und sexistische Verleumdungen verhandelt werden, sondern er wird diese Verleumdungen wiederholen, wiederinszenieren, und sie jetzt als ein Sprechen reproduzieren, das der Staat sanktioniert hat. Solange der Staat die Macht behält, bestimmte eigene Formen verletzenden Sprechens zu schaffen und aufrechtzuerhalten, ist die politische Neutralität der Rechtssprache mehr als zweifelhaft.

Regulierungen von *hate speech*, die nicht staatszentriert sind wie z. B. die, deren Rechtsgültigkeit auf die Universität beschränkt bleibt, sind in dieser Hinsicht sicher weniger beunruhigend. Aber hier würde ich vorschlagen, daß Regulierungen auf *hate speech* als ein perlokutionäres Szenario beschränkt bleiben sollen, d. h. daß die Wirkungen dieses Sprechens nachgewiesen werden müssen, wobei die Beweislast beim Kläger bleibt. Wenn bestimmte Formen sprachlichen Verhaltens von seiten eines Professors die Arbeitsfähigkeit eines Studenten oder einer Studentin untergraben, dann ist es entscheidend, daß sich in diesem sprachlichen Verhalten ein Muster aufzeigen läßt und überzeugend festgestellt werden kann, daß das besagte Verhalten den Studenten tatsächlich so behindert hat, wie es das hat. Wenn wir uns darauf einlassen, daß *hate speech* illokutionär ist, dann lassen wir uns auch darauf ein, daß Worte die Verletzung unmittelbar und automatisch performieren, daß die gesellschaftliche Machtverteilung das bewirkt und daß wir keine Verpflichtung haben, die konkreten Wirkungen, die *hate speech* hervorruft, im Detail zu beschreiben. Das Sagen ist nicht selbst das Tun, aber es kann dazu führen, daß Verletzungen zugefügt werden, und dem muß man entgegentreten. Die Kluft zwischen Sagen und Tun, unter welchen Schwierigkeiten auch immer, aufrechtzuerhalten, muß heißen, daß es immer etwas dazu zu sagen gibt, wie und warum ein Sprechen die Verletzung zufügt, die es zufügt.

In diesem Sinn bin ich nicht gegen alle und jede Regulierung, aber ich schätze den Wert von Erklärungen skeptisch ein, die am illokutionären Status von *hate speech* festhalten und damit Sprechen und Verhalten vollständig zusammenfallen lassen. Doch denke ich, daß sich gegen die rituelle Kette des haßerfüllten Sprechens nicht mit Zensur wirkungsvoll vorgehen läßt. *Hate speech* ist wiederholbares Sprechen, und es wird sich so lange weiter wiederholen, wie es haßerfüllt ist. Sein Haß ist eine Funktion seiner Wiederholbarkeit. Da die Verleumdung immer Zitat ist, da sie sich aus bereits bestehenden sprachlichen Konventionen speist und sich wiederholt und stabilisiert, wenn sie in der Gegenwart wieder aufgerufen wird, muß die Frage sein, ob der Staat diese Praktik der Neuinszenierung aufgreift. Wir fangen an wahrzunehmen, wie der Staat *hate speech* produziert und reproduziert, indem er sie in den Äußerungen homosexueller Identität und homosexuellen Begehrens auffindet, in den bildlichen Darstellungen von Sexualität, von Sexual- und Körperflüssigkeiten, in den vielen Versuchen, die Wirkungskraft sexueller Scham und rassistischer Erniedrigung im Bild zu wiederholen und zu überwinden. Daß Sprechen eine Form von Handlung ist, bedeutet nicht notwendigerweise, daß es tut, was es sagt; es kann bedeuten, daß es ausstellt oder inszeniert, was es im gleichen Moment sagt oder sogar statt es überhaupt zu sagen. Das öffentliche Ausstellen von Verletzung ist auch eine Wiederholung, aber sie ist nicht nur das, denn das, was ausgestellt wird, ist niemals wirklich das gleiche wie das, was gemeint ist, und in dieser glücklichen Inkommensurabilität liegt die sprachliche Möglichkeit für eine Veränderung. Niemand hat jemals eine Verletzung durchgearbeitet, ohne sie zu wiederholen: Ihre Wiederholung ist sowohl die Verlängerung des Traumas als auch das, was noch in der traumatischen Struktur als Distanz zu sich selbst erscheint, die konstitutive Möglichkeit, anders zu sein. Es gibt keine Möglichkeit, *nicht* zu wiederholen. Eine einzige Frage bleibt: Wie wird diese Wiederholung stattfinden, an welchem Ort, in juridischer oder nicht juridischer Form, und mit welchen Schmerzen und mit welchem Versprechen?

3. Das ansteckende Wort: Paranoia und »Homosexualität« in der amerikanischen Armee

Auch wenn die Frage, ob die Staatsbürgerschaft eine Unterdrückung von Homosexualität erfordert, nicht neu ist, erscheint sie durch die jüngsten Bemühungen, homosexuelle Bekenntnisse in der Armee durch Vorschriften zu regulieren, in einem neuen Licht. Schließlich kommen den Armeeangehörigen zumindest einige der Bürgerrechte und -pflichten zu, wenn auch nicht alle. Schon deswegen ist die Armee ein Bezirk eingeschränkter Staatsbürgerschaft, in dem ausgewählte Merkmale von dieser gesichert bleiben, während andere aufgehoben sind. Die jüngsten Bemühungen der US-Armee, Sanktionen über homosexuelles Sprechen zu verhängen, wurden einer Reihe von Revisionen unterzogen,[1] über die vor Gericht noch gestritten wird,

1 Das Pentagon kündigte in seinen *New Policy Guidelines on Homosexuals in the Military* vom 19. Juli 1993 (*The New York Times*, 20. Juli 1993) die folgende »Entlassungspolitik« an: »Eine sexuelle Neigung ist kein Hinderungsgrund für den militärischen Dienst, solange sie sich nicht in homosexuellem Verhalten äußert. Die Armee wird diejenigen ihrer Angehörigen suspendieren, die homosexuelle Verhaltensweisen praktizieren. Dieses Verhalten ist definiert als eine homosexuelle Handlung, eine Aussage, daß der Angehörige homosexuell oder bisexuell ist, als Ehe oder als beabsichtige Ehe mit einer Person des gleichen Geschlechts.« Nachdem die politische Richtlinie im Kongreß diskutiert worden war, gab das Verteidigungsministerium am 22. Dezember 1993 eine Reihe neuer Regelungen aus, die versuchten, das Problem der Umsetzung der Richtlinie zu klären. Eines der Schlüsselprobleme war dabei, ob eine »Aussage« zur Tatsache der Homosexualität nicht nur als »Verhalten« aufgefaßt werden kann, sondern als hinreichender Grund für die Entlassung aus dem militärischen Dienst. Das Verteidigungsministerium machte deutlich, »daß diejenigen Äußerungen ein Grund für eine Entlassung sein können, die eine Veranlagung oder eine Absicht bezeugen, entsprechende Handlungen auszuführen«. Gegenüber den-

jenigen, die behaupten, daß Äußerungen von Begehren oder Absichten nicht das gleiche sind wie Handlungen, beharrte das Verteidigungsministerium darauf, daß es eine »verhaltensorientierte Politik« verfolge, die sich auf die »Wahrscheinlichkeit, daß eine Person handeln werde«, gründe, denn »eine Äußerung schafft die widerlegbare Annahme, daß eine Person Handlungen ausführen wird, doch hat der in Dienst stehende Angehörige der Armee die Möglichkeit zur Widerlegung«.

Während hier die »Aussage«, daß man homosexuell ist, die Möglichkeit eröffnet, diese Annahme zu widerlegen, legt der Sprecher des Verteidigungsministeriums später das Gegenteil nahe: »Aktivitäten, die zu Schlüssen Anlaß geben, wie der Besuch einer Schwulenveranstaltung oder die Lektüre eines bestimmten Magazins, sind – an und für sich – keine glaubwürdige Information [bezüglich des Verhaltens des betreffenden Individuums] und werden erst zu einer solchen, wenn sie eine Form annehmen, daß vernünftigerweise angenommen werden kann, *daß das Verhalten in der Absicht geschah, eine Äußerung zu machen bzw. anderen Personen mitzuteilen, daß die betreffende Person homosexuell ist* (Herv. J. B.). Hier scheint es nicht mehr um die Frage zu gehen, ob eine Äußerung eine widerlegbare Annahme übermittelt, daß die Person Handlungen ausführen wird, sondern darum, ob man anhand dieses Verhaltens, das bestimmte Schlußfolgerungen nahelegt, tatsächlich feststellen kann, daß eine Äußerung gemacht wurde. Ob die Grundlage für eine Entlassung die Äußerung oder das Verhalten ist, bleibt in der Tat offen (*New York Times*, 20. Juli 1993 u. 22. Dez. 1993).

Zusätzlich zu der früheren und geläufigen Richtlinie des Verteidigungsministeriums hat sich der Kongreß in die Auseinandersetzung eingeschaltet, indem er eine eigene Rechtsprechung eingeführt hat: den *National Defense Authorization Act for Fiscal Year for 1994*. Dieses bindende Statut betont die homosexuelle »Neigung« und legt fest, daß Personen, die eine homosexuelle Neigung zeigen, als unvereinbar mit dem militärischen Dienst gelten sollen. Das Statut zeigt Milde gegenüber denjenigen, die eine homosexuelle Handlung gelegentlich ausführen und später Reue bekunden oder behaupten, daß es ein Versehen war. Die Richtlinie führt auch die Verpflichtung für die Offiziere wieder ein, die Dienstleistenden nach ihrer Orientierung zu »befragen«. Obwohl sie es ablehnt, Äußerungen, die die eigene Homosexualität betreffen, als gleichwertig mit homosexuellen Handlungen zu betrachten, betrachtet sie solche Äußerungen als *Beweis für eine Veranlagung*, die eine widerlegbare Annahme von Homosexualität begründet.

Die jüngsten Gerichtsbeschlüsse zu der neuen Richtlinie gehen in einer Frage auseinander, ob nämlich die Richtlinie den Rechten des Ersten Zusatzes der amerikanischen Verfassung widerspricht (Rechtsfolgen, die die alte Richtlinie betreffen, werden immer noch von den Gerichten verhandelt, und zwar mit verschiedenen Ergebnissen). Eine gründliche und scharfsinnige Aufarbeitung dieses Rechtsstreits, auf die ich mich bei dieser Darstellung stütze, bietet Janet Halley, »The Status/Conduct Distinction in the 1993 Revision to Military Anti-Gay Policy«, in: *GLQ*, Winter 1996.

während ich dies schreibe. In der ersten Fassung der Regulierung, die das Verteidigungsministerium vorgelegt hat, wurde den Angehörigen der Armee untersagt, die Bezeichnung »homosexuell« im Rahmen einer Selbstzuschreibung oder Selbstdefinition zu verwenden. Man verbannte also nicht die Bezeichnung als solche, sondern ihre Äußerung im Kontext einer Selbstdefinition. Freilich muß die betreffende Regulierung gerade diese Bezeichnung äußern, um ihre Verwendung zu beschränken. Dies geschah jedoch in einer Situation, in der die Bezeichnung »homosexuell« sich in den Diskursen der Armee, des Staates und der Medien bereits vervielfältigt hatte, so daß es in der Begrifflichkeit der Regulierung anscheinend kein Problem war, das Wort zu äußern. Offenbar ist der öffentliche Diskurs über die Homosexualität infolge der Regulierung drastisch angewachsen, so daß man paradoxerweise gerade die Regulierung dafür verantwortlich machen kann, daß diese Bezeichnung eher leichter als schwerer zu äußern ist. Oder anders formuliert: Die Vervielfältigung öffentlicher Orte, an denen sie ausgesprochen werden kann, scheint direkt von den Bestrebungen abzuhängen, sie in der Armee zu einer unsagbaren Bezeichnung zu erklären, wenn es um Selbstbeschreibung geht. Wenn die Regulierungen diese sprachliche Bezeichnung im Kontext einer Selbstdefinition als unsagbar darstellen, können sie dies nur, indem sie diese sprachliche Bezeichnung zugleich immer wieder vortragen. Mit anderen Worten: Die Regulierungen bringen das Wort in den öffentlichen Diskurs ein, indem sie es rhetorisch aussprechen und die Abgrenzungen vollziehen, mittels deren – und durch die hindurch – es aussprechbar wird. Aber zugleich bestehen die Regulierungen darauf, daß man unter bestimmten Bedingungen *keineswegs* auf dieser sprachlichen Bezeichnung bestehen darf, nämlich im Kontext einer Selbstdefinition. Die Regulierung muß also jemanden heraufbeschwören, der sich als »homosexuell« definiert, um klarzustellen, daß eine solche Selbstdefinition in der Armee nicht erlaubt ist.

Die Regulierung der sprachlichen Bezeichnung ist damit nicht einfach eine Zensurhandlung oder eine Handlung, die zum Schweigen bringt. Im Gegenteil verdoppelt die Regulierung gerade die Bezeichnung, die sie zu beschränken versucht, und kann ihr Ziel nur durch diese paradoxe Verdoppelung erreichen. Die Bezeichnung erscheint nicht nur in der Regulierung als zu regulierender Diskurs. Vielmehr tritt sie erneut in der öffentlichen Diskussion über ihre Angemessenheit und ihren Wert auf, und zwar besonders als jener heraufbeschworene oder imaginierte Akt einer Selbstzuschreibung, der durch die Regulierung ausdrücklich verboten ist, wobei dieses Verbot genau diese Handlung heraufbeschwören muß. Daraus könnte man schließen, daß es dem Staat oder der Armee nur um die *Kontrolle darüber* geht, was diese Bezeichnung bedeutet bzw. unter welchen Bedingungen sie von einem sprechenden Subjekt geäußert werden kann. Denn sie beschränkt das Aussprechen dieser Bezeichnung genau und ausschließlich auf diejenigen Subjekte, die durch die geäußerte Bezeichnung nicht beschrieben werden. Die Bezeichnung soll ausschließlich dazu verwendet werden, andere zu beschreiben, jedoch nicht zum Zwecke der Selbst-Beschreibung. So wird aus ihrer Verwendung ausgeschlossen, sich selbst mit dieser Bezeichnung zu beschreiben, außer wenn man diese Beschreibung zugleich zurückweist oder spezifiziert. Die Bezeichnung »homosexuell« beschreibt damit eine Personengruppe, der es untersagt ist, sich selbst zu definieren; die Bezeichnung soll immer nur gleichsam von anderswo zugeschrieben werden. In gewisser Hinsicht entspricht dies genau der Definition des Homosexuellen, die die Armee und der Kongreß vornehmen: Ein Homosexueller ist jemand, dessen Definition anderen überlassen bleibt, jemand, dem der Akt der Selbstdefinition hinsichtlich seiner oder ihrer Sexualität verweigert wird und dessen Selbstverleugnung die Vorbedingung für den militärischen Dienst darstellt.

So stellt sich die Frage, womit sich diese merkwürdige Regulierung des homosexuellen Sprechens, die anscheinend die Bezeichnung genau am Ort ihres Verbots verdoppeln muß, erklären läßt. Wie läßt sich die gleichzeitige Produktion und Einschränkung dieser Bezeichnung verstehen? Woher kommt es, daß das Aussprechen dieser Bezeichnung im Kontext einer Selbstbeschreibung für die Moral der Armee bedrohlicher scheint als die stillschweigende Ausführung der Sexualpraktik selbst?

Die Armee setzt für ihre Beschäftigten bestimmte Rechte außer Kraft, die der Zivilbevölkerung zugestanden werden. Gerade an dieser Aufhebung läßt sich untersuchen, was im Bereich der Staatsbürgerschaft am wenigsten verankert und am leichtesten auszumerzen ist. In dieser Hinsicht könnte man die Schwulen in der Armee mit anderen Bereichen parallel setzen, in denen Bürgerrechte zurückgenommen werden, wie z. B. die jüngsten Einwanderungsgesetze und der Teil der Bürgerrechte, die für Immigranten außer Kraft gesetzt wurden; bzw. die verschiedenen Stufen von Außerkraftsetzung, die mit dem unterschiedlichen Status der Immigranten verbunden sind, der nicht nur entweder legal oder illegal ist, sondern unterschiedliche Abstufungen von Legalität kennt. Solche Vergleiche lassen sich auch mit Giorgio Agambens jüngster These verbinden, nach der der Staat selbst zu einem verlängerten Ausnahmezustand geworden ist, in dem die Inanspruchnahme von Bürgerrechten mehr oder weniger permanent aufgehoben ist.[2]

Die Revisionen der politischen Richtlinie zu schwulem Sprechen in der Armee machen deutlich, wie Rechte, die sich auf den ersten Zusatz der Amerikanischen Verfassung

2 Giorgo Agamben, »States of Emergency«, Vorlesung an der Berkeley-Universität in Kalifornien, November 1995.

gründen, beispielsweise das Recht auf Privatsphäre oder der Gleichheitsgrundsatz, systematisch außer Kraft gesetzt wurden. Obwohl Clinton sich dafür aussprach, Homosexuelle nur insoweit aus der Armee auszuschließen, als sie sich auf ein bestimmtes Verhalten einlassen, und nicht aufgrund ihres »Status«, machten die folgenden Erläuterungen der politischen Richtlinie deutlich, daß bereits die Aussage, homosexuell zu sein, d. h. der Verweis auf den Status, sich als homosexuelles Verhalten auffassen läßt. Für das Verteidigungsministerium gelten Aussagen selbst als Verhalten, und nach den neueren Statuten des Kongresses bezeugen Aussagen eine »homosexuelle« Neigung, die ein untragbares Risiko für die Armee darstelle.

Wie Janet Halley gezeigt hat, muß eine Argumentation, die versucht, die Verfolgung von Homosexualität entweder auf den Status oder das Verhalten einzuschränken, notwendigerweise zu Zweideutigkeiten führen, die in beiden Fällen die Kohärenz der rechtlichen Begründung bedrohen. Der Standard, von dem die Befragungen in der jüngsten Fassung der politischen Richtlinie ausgehen, ist die Frage, ob man »vernünftigerweise« vermuten würde, daß jemand anderes eine »Neigung« zu homosexuellem Verhalten hat. Halley weist zu Recht darauf hin, daß in diesem Fall dieses »vernünftigerweise« die homophoben kulturellen Normen verkörpert. Ich würde hinzufügen, daß es zudem gänzlich paranoid ist, indem es eine Homosexualität, die solche Vernunft von innen »bedroht«, nach außen projiziert. Die Frage lautet nicht mehr, ob es zulässig ist, allein von einer Aussage zur Homosexualität auf eine »Neigung« zu schließen, Homosexualität auch zu praktizieren. Denn es kann andere »Zeichen« geben, z. B. Bekanntschaften, Gesten, Nuancen, die alle in die gleiche Richtung weisen. Die »Neigungs«-Klausel schreibt scheinbar dem homosexuellen Status eine gleichsam natürliche Zielrichtung zu, die unterstellt, daß ein solcher Status fast immer in einer Handlung kulminiert. Dennoch wird die Zuschreibung, wonach diese »Neigung« dem homosexuellen Status als natürliche Ausdruckstendenz innewohnt, gerade »vernünftigerweise« vorgenommen und bleibt damit eine Fiktion des homophoben Imaginären.

Auch wenn die Armee nun alle Arten von Zeichen verdächtigt, Indizien einer »Neigung« darzustellen, werde ich mich auf die Auffassung von expliziter schwuler Selbsterklärung konzentrieren, die die Armee zu verhindern versucht und mit homosexuellem Verhalten gleichsetzt.

Der Akt der Eingrenzung, mit dem das Verteidigungsministerium diesen Akt des Sprechens einschränken will, ist davon abhängig, daß überhaupt erst ein einzuschränkender Sprechakt hergestellt wird, wobei diese Herstellung ihrerseits bereits das Werk der Einschränkung einleitet.

In den jüngsten militärischen Regulierungen des homosexuellen Verhaltens wird die homosexuelle Selbstdefinition ausdrücklich als ansteckendes und anstößiges Verhalten konstruiert: Die Worte »ich bin homosexuell« sind nicht nur eine Beschreibung. Vielmehr führen sie das, was sie beschreiben, angeblich zugleich aus, und zwar insofern sie sowohl den Sprecher als Homosexuellen wie auch das Sprechen als homosexuelles Verhalten konstituieren. Im folgenden möchte ich zeigen, daß die Selbstzuschreibung von Homosexualität in der Regulierung als performativer Akt beschrieben wird, der genau das tut, was er sagt. Indem die Regulierung die Macht solcher Äußerungen beschreibt, produziert sie diese Äußerungen überhaupt erst für uns. Sie übt eine performative Kraft aus, die die stillschweigende Möglichkeitsbedingung dafür ist, den Satz »ich bin homosexuell« als performative Äußerung zu bestimmen. Nur im Rahmen dieses regulierenden Diskurses wird also die performative Macht homosexueller Selbstzuschreibung erst performativ hergestellt. In diesem Sinne beschwören die Regulierungen das Gespenst einer performativen, d.h. die

Tat ausführenden, homosexuellen Äußerung herauf, die sie zensieren möchten, wobei sie sich in einen Kreislauf von Herstellung und Zensur verstricken, der sich als paranoid erweisen wird.

Die These, daß die Armee ein paranoides Bild der homosexuellen Äußerung als ansteckender und anstößiger Handlung herstellt, die das, worauf sie sich bezieht, performativ herbeiführt oder konstituiert, wirft freilich eine Frage auf: Denn wie läßt sich diese vermeintliche Performativität von jener anderen Form von Performativität abheben, die sich besonders die Bewegungen zu eigen gemacht haben, die eine größere Öffentlichkeit für Homosexualität schaffen möchten – das klare Ziel schwuler Politik. Nach diesen Bewegungen stellen *Coming out* und *Acting out* einen integralen Bestandteil der kulturellen und politischen Bedeutung des »Homosexuell-Seins« dar. Sein Begehren auszusprechen, sein Begehren öffentlich auszustellen ist für das Begehren selbst wesentlich. Das Begehren läßt sich nicht aufrechterhalten, ohne daß es ausgesprochen und gezeigt wird, und die diskursive Praxis von Homosexualität läßt sich nicht von Homosexualität als solcher trennen.

Gegen Ende dieses Kapitels werde ich auf dieses Thema zurückkommen, wenn auch nur, um der Frage nachzugehen, ob Homosexualität nicht eine Form von sprachlicher Bezeichnung ist, die ständig droht – oder verspricht –, zu ihrem eigenen Referenten zu werden oder, genauer formuliert: die Sexualität, auf die sie sich bezieht, zu konstituieren. Ich möchte zeigen, daß diese Bezeichnung, wie es auch keine andere vermag, ihren Referenten weder vollständig noch erschöpfend performativ erzeugen kann und daß dies auch »ganz richtig« ist. Der politische Gewinn, der sich aus dieser Inkommensurabilität von Performativität und Referentialität ziehen läßt, besteht darin, den autoritativen Konstruktionen von Homosexualität Grenzen zu setzen und den Signifikanten von »Homosexualität«, »Schwul-« oder

»Andersrumsein« sowie einer Reihe verwandter Begriffe eine lebendige sprachliche Zukunft zu ermöglichen. Gegen die gemeinhin geäußerten Bedenken, daß keine effektive schwule und lesbische Politik denkbar ist, wenn Homosexualität keinen Referenten hat, möchte ich vorschlagen, daß gerade die Abwesenheit eines letzten Referenten diese sprachliche Bezeichnung davor bewahrt, jene Performativität zu besitzen, die ihr die Armee zuschreibt. Die sprachliche Bezeichnung deutet auf einen Referenten, den sie nicht einholen kann. Darüber hinaus begründet diese Uneinholbarkeit gerade die sprachliche Möglichkeit einer radikalen demokratischen Auseinandersetzung, die der sprachlichen Bezeichnung künftige Reartikulationen eröffnet.[3]

So stellt sich die Frage, in welchem Sinn die militärischen Regulierungen symptomatisch für eine Paranoia sind, die die Möglichkeit der militärischen Staatsbürgerschaft begründet. Die der homosexuellen Äußerung zugeschriebene spezifische Performativität besteht nicht einfach darin, daß sie die Sexualität, von der sie spricht, ausführt, sondern darin, daß sie Sexualität durch Sprache übertragen soll. Die Äußerung figuriert somit als ein ansteckender Ort, wobei diese Figur uns auf Freuds Schrift »Totem und Tabu« zurückverweist, in der das Aussprechen verbotener Namen eine unkontrollierbare Kommunikation eröffnet. Im Rückgriff auf Freuds Auffassung von Gewissen, in der die Unterdrückung männlicher Homosexualität als Vorbedingung für die Ausbildung von Männlichkeit verstanden wird, lassen sich die Regulierungen bei der Armee so lesen, daß sie das Bild des »Mannes« als eines sich selbst verleugnenden Homosexuellen produzieren. Gegen einen psychologischen Reduktionismus, der die militärischen Handlungen einer individuellen Psyche zuordnen würde, möchte ich die

3 Vgl. Ernesto Laclau, Chantal Mouffe, *Hegemony and Socialist Strategy*, London 1986.

Psychoanalyse heranziehen, weil sich mit ihr der Text einer hochgradig symptomatischen Regulierung der militärischen *Staatsbürgerschaft* lesen läßt.[4]

Die Psychoanalyse wirft nicht nur ein theoretisches Licht auf die Spannungen zwischen Homosexualität und Staatsbürgerschaft. Vielmehr stellt der psychoanalytische Diskurs selbst eine textuelle Allegorie dar, die zeigt, wie sich die Produktion von Staatsbürgern durch die Verwerfung und Inversion einer stets in imaginärer Form präsenten Homosexualität vollzieht. Die besondere Form, gleichsam »gegen sich selbst« zu imaginieren, in der das Wesen der Paranoia besteht, macht Homosexualität nicht nur zu einer Form der Inversion, sondern zugleich zum exemplarischen Modell für die Arbeitsweise des Gewissens, denn diese vollzieht genau jene Wendung gegen sich selbst, die die Inversion und Idealisierung des sexuellen Ziels beinhaltet. In dieser Hinsicht erweist sich Freuds Text ebensosehr als Diagnose wie als Symptom, und wenn ich seinen Text psychoanalytisch lesen werde (und daher nicht nur als Äußerung einer psychoanalytischen Praxis), werde ich die Psychoanalyse doch ebenso als Allegorie lesen.[5] Einfacher ausgedrückt: Freud erzählt uns augenscheinlich eine Geschichte, wie Staatsbürgerschaft und Gemeinschaftsgefühl aus der Sublimierung von Homosexualität hervorgehen,

4 Folgende Texte von Sigmund Freud werden in diesem Kapitel zitiert: »Psychoanalytische Bemerkungen über einen autobiographisch beschriebenen Fall von Paranoia (Dementia paranoides)«, Abschnitt III; »Über den paranoiden Mechanismus« (1911) und »Zur Einführung des Narzißmus« (1914), *Studienausgabe*, Bd. 3, 41-68; »Das Unbehagen in der Kultur« (1930) und »Totem und Tabu« (1913), *Studienausgabe*, Bd. 9, S. 197-270 und 291-444.

5 Unter Allegorie verstehe ich eine Form der Narration, in der man, ganz allgemein formuliert, in einer anderen Weise spricht, als man zu sprechen scheint. Die Allegorie liefert eine narrative Sequenz, die etwas anderes verlangt, das nicht sequentiell beschrieben werden kann und in der der scheinbare Referent der Allegorie zum eigentlichen Geschehen der Ausarbeitung wird, das die allegorische Narration performativ ausführt.

wobei sich sein Diskurs im Verlauf der Erzählung genau in die Sublimierung verstrickt, die er beschreibt.[6]

Wenn man den Akt homosexueller Selbstdefinition als anstößiges Vergehen versteht, drängt sich die Frage auf, welche Beziehungen oder Bindungen er potentiell verletzt oder bedroht. An dieser Stelle ist es sinnvoll, Freuds Text »Über den paranoiden Mechanismus« heranzuziehen, der die Verdrängung homosexueller Triebe mit der Ausbildung eines Gemeinschaftsgefühls in Zusammenhang bringt. Am Ende dieses Aufsatzes bemerkt er, daß die »homosexuellen Strebungen« dazu beitragen, »die sozialen Triebe zu konstituieren, und so den Beitrag der Erotik zur Freundschaft, Kameradschaft, zum Gemeinschaftsgefühl und zur allgemeinen Menschenliebe darstellen«.[7] Und am Ende des Aufsatzes »Zur Einführung des Narzißmus« bestimmt Freud die Logik, mittels deren sich die Ausbildung des Gemeinschaftsgefühls vollzieht. Das »Ichideal« hat nach Freud einen sozialen Anteil: »es ist auch das gemeinsame Ideal einer Familie, eines Standes, einer Nation. Es hat außer der narzißtischen Libido einen großen Betrag der homosexuellen Libido einer Person gebunden, welcher auf diesem Weg ins Ich zurückgekehrt ist. Die Unbefriedigung durch Nichterfüllung dieses Ideals macht homosexuelle Libido frei, welche sich in Schuldbewußtsein (soziale Angst) verwandelt.«[8] Homosexualität verwandelt sich in Schuld und damit in die Grundlage des Gemeinschaftsgefühls, wenn sich die Furcht vor der elterlichen Bestrafung zu der allgemeinen Angst erweitert, die Liebe der Mitmenschen zu verlieren. In der Paranoia wird diese Liebe beständig als fast schon entzogene reimaginiert, wobei paradoxerweise gerade die Angst,

6 Eine interessante und wichtige Darstellung der Allegorie bietet Craig Owens, *Beyond Recognition: Representation, Power and Culture*, hg. v. Scott Bryson, Berkeley 1992.

7 Freud, »Über den paranoiden Mechanismus«, a. a. O., S. 185.

8 Freud, »Zur Einführung des Narzißmus«, a. a. O., S. 68.

diese Liebe zu verlieren, die Sublimierung bzw. Verinnerlichung der Homosexualität motiviert. Tatsächlich ist diese Sublimierung nicht so instrumentell, wie es klingen mag, denn sie verleugnet nicht nur die Homosexualität, um die Liebe der Mitmenschen zu gewinnen. Vielmehr kann eine bestimmte Homosexualität nur *durch und als* diese Verleugnung erreicht und bewahrt werden.

Wenn Freud in »Das Unbehagen in der Kultur« die Entstehung des Gewissens behandelt, wird das Gewissen selbst als psychisches Phänomen gerade durch die Untersagung der Homosexualität, die es angeblich durchsetzt und artikuliert, begründet und konstituiert. Das Verbot des Begehrens ist nichts anderes als das Begehren, das sich auf sich selbst zurückwendet, und in dieser Zurückwendung entsteht, wie Freud es später nennt, das »Gewissen«. Was in der substantivischen Form des Begriffs »Gewissen« als psychische Einheit erscheint, ist nichts anderes als eine habitualisierte reflexive Tätigkeit, die Zurückwendung auf sich selbst, ein Anlaufen des Begehrens gegen sich selbst, in dem das Verbot gerade zum Ort und zur Befriedigung des Begehrens wird. Aus dieser wiederholten Zurückwendung entsteht ein falscher Begriff von Gewissen als psychischem Vermögen.

Die Einschränkungen homosexueller Selbstdefinitionen deuten darauf hin, daß der Kreislauf des Selbstverbotes, der das Gemeinschaftsgefühl hervorbringt und aufrechterhält, gerade nicht mehr vom Gewissen garantiert werden kann bzw. daß das Gewissen nicht mehr der sozialen Regulierung dient. Wenn die Armee diese regulative Produktion von homoerotischer Gemeinschaft in ziemlich eindeutiger, extremer Form verkörpert, dann konnte dieser Kreislauf, in dem sich Homosexualität immer wieder auf sich selbst zurückwenden muß, offenbar nicht geschlossen werden. Dieses Paradox kommt vielleicht am deutlichsten in der Behauptung zum Ausdruck, daß der Zusammenhalt in der Armee das Verbot der Homosexualität braucht, wobei dieser Zusammenhalt als magisches *je ne sais quoi*, das die Soldaten aneinander bindet, beschrieben wird. Diese Beschreibung läßt sich folgendermaßen lesen: *Wir dürfen nicht homosexuell sein, wenn wir homosexuell sein wollen: Nehmt uns unsere Homosexualität / nehmt sie uns nicht.*

Das Verbot, das verhindern soll, daß Homosexualität aus diesem Kreislauf kollektiver Introversion ausbricht, stellt dieses Wort selbst als ansteckende Substanz oder gefährliche Flüssigkeit dar. Die Figur der Ansteckung ist hier wichtig, weil Homosexualität implizit nach dem Modell von AIDS aufgefaßt wird und angeblich wie eine Krankheit »übertragen« wird, wie ich später zeigen werde.

Wenn der Text der Verordnung offen darauf abzielt, homosexuelles Verhalten zu regulieren, so ist er zugleich in der Regulierung beständig produktiv. Er beschwört eine Homosexualität herauf, die durch eine magische Effizienz der Worte wirkt: Die öffentliche Erklärung, homosexuell zu sein, erscheint in der Begrifflichkeit dieses Erlasses nicht nur als Repräsentation eines Verhaltens, das ein Vergehen ist, sondern als das Vergehen selbst:

> »Eine sexuelle Neigung ist kein Hinderungsgrund für den militärischen Dienst, solange sie sich nicht in homosexuellem Verhalten äußert. Die Armee wird diejenigen ihrer Angehörigen suspendieren, die homosexuelle Verhaltensweisen praktizieren. Dieses Verhalten ist definiert als eine homosexuelle Handlung, eine Aussage, daß der Angehörige homosexuell oder bisexuell ist, als Ehe oder als beabsichtigte Ehe mit einer Person des gleichen Geschlechts.«[9]

Am Anfang der Verlautbarung steht die Unterscheidung zwischen sexueller Neigung und Verhalten, indem sie die Armeeführung anweist, nur diejenigen zu suspendieren, die homosexuelle Verhaltensweisen praktizieren. Anschlie-

9 »The Pentagon's New Policy Guidelines on Homosexuals in the Military«, a. a. O., S. A 14.

ßend wird jedoch homosexuelles Verhalten durch eine Reihe zusätzlicher Kriterien definiert, die seine Spielarten eher vervielfältigen als genauer eingrenzen. Bereits der Begriff »homosexuelles Verhalten« soll »eine homosexuelle Handlung« beinhalten, obschon dieser grammatische Singular eigentlich bedeutet, daß es sich nicht unbedingt um eine Praktik, eine wiederholte oder ritualisierte Angelegenheit, handelt. Zwar haben spätere Revisionen deutlich gemacht, daß man bei einer einmaligen Handlung Nachsicht üben werde, wenn sie als Fehltritt verleugnet wird. Doch hält die Sprache der politischen Richtlinie an dem Maßstab einer einmaligen Handlung fest und besteht darauf, »Handlung« und »Verhalten« zu verschmelzen. Diese inflationäre Ausdehnung einer Handlung zur Verhaltensweise ist bezeichnend, da sie stillschweigend und beharrlich die Singularität eines Ereignisses als Kette von Ereignissen oder regelmäßige Praktik imaginiert und damit eine bestimmte Kraft der Homosexualität erfindet, die jeden, der einmal eine homosexuelle Handlung ausgeführt hat, zu einer zwanghaften und regelmäßigen Wiederholung treibt. Wenn die Handlung bereits ein Verhalten ist, dann hat sie sich selbst schon wiederholt, bevor sie tatsächlich die Möglichkeit dazu hatte. Sie ist gleichsam immer schon dabei, sich zu wiederholen, und bietet damit das Bild eines Wiederholungszwangs, der die Kraft hat, jede Form von gesellschaftlicher Moral zu untergraben.

Kehren wir zum Wortlaut zurück, um in diesem Abschnitt die Artikulation eines homophoben Phantasmas zu lesen:

»Die Armee wird diejenigen ihrer Angehörigen suspendieren, die homosexuelle Verhaltensweisen praktizieren. Dieses Verhalten ist definiert als eine homosexuelle Handlung, eine Aussage, daß der Angehörige homosexuell oder bisexuell ist, als Ehe oder als beabsichtigte Ehe mit einer Person des gleichen Geschlechts.«

Homosexuelles Verhalten wird hier als »eine Aussage, daß der Angehörige homosexuell oder bisexuell ist«, definiert. Nach dieser Definition stellt also die »Aussage« eine Form des »Verhaltens« dar, eine Interpretation, die dem Buchtitel *Nur Worte* von MacKinnon eine neue Bedeutung verleiht. Wenn die Aussage ein Verhalten, und zwar ein homosexuelles ist, dann erscheint die Aussage, daß jemand homosexuell ist, als homosexuelles Handeln gegenüber ihrem Adressaten oder Zuhörer. In bestimmtem Sinne ist die Aussage nicht nur eine Handlung, sondern eine Form des Verhaltens, d. h. eine rituelle Form des Sprechens, der die Macht zugesprochen wird, das zu *sein*, was sie *sagt*. Sie ist also keine Repräsentation von Homosexualität, sondern eine homosexuelle Handlung und daher ein Vergehen. Damit stellt sich die Frage, unter welchen Bedingungen eine Äußerung, die eine Neigung oder eine Praktik bezeichnet, sich genau in diese Neigung oder Praktik verwandelt, wobei diese Verwandlung oder Übertragung bewirkt oder darauf beruht, daß die Unterscheidung zwischen Sprechen und Verhalten zusammenbricht. Das soll nicht heißen, daß sich eine klare Trennungslinie zwischen Sprechen und Verhalten zeichnen läßt. Im Gegenteil, es ist sicher richtig, daß eine Aussage eine Form des Handelns bzw. ein Sprechakt ist. Aber das heißt noch nicht, daß sie das Gesagte notwendigerweise ausführt oder den Referenten hervorbringt, auf den sie sich bezieht. Viele Sprechakte sind »Verhalten« in einem engen Sinn, aber nicht alle sind im Sinn von Austin »geglückt«. Denn nicht alle diese Handlungen haben die Macht, entsprechende Effekte hervorzurufen bzw. bestimmte Folgen herbeizuführen.

Die Äußerung, die eine homosexuelle Identität behauptet oder verkündet, läßt sich nur dann als anstößiges Verhalten begreifen, wenn bereits das Aussprechen von Homosexualität im Kontext einer Selbstdefinition als brisant gilt. Doch woher beziehen diese Worte diese angeblich brisante

Macht? Setzt diese Annahme nicht voraus, daß jemand die Äußerung als Aufforderung hört? In gewissem Sinne legt die Rezeption den umgekehrten Weg zurück, den Foucault beschrieben hat: Nach Foucault gab es zuerst homosexuelle »Handlungen«, und erst später trat die »Identität« Homosexualität hinzu, während das Militär jede Zuschreibung von Identität als Ausführung einer Handlung auffaßt. Freilich muß man zwei Formen unterscheiden, in denen Identität als Handlung neu gedacht werden kann. Man könnte einerseits sagen: Mit der Aussage »Ich bin homosexuell« meine ich: »Ich führe homosexuelle Handlungen bzw. Praktiken aus oder habe homosexuelle Beziehungen.« In diesem Fall bezieht man sich zwar auf diese Handlungen, führt sie aber strenggenommen nicht aus, zumindest oder vor allem nicht durch diese Sprachhandlung. Die zweite Lesart, die die Armee dieser Aussage gibt, liegt offensichtlich auf einer anderen Ebene: Sie nimmt die Aussage »Ich bin homosexuell« selbst als eine homosexuelle Handlung, d. h. nicht als einen Hinweis auf Handlungen, die geschehen, sondern als das diskursive Geschehen der Handlung selbst.

Damit stellt sich die Frage, in welchem Sinn die Handlung ein »Verhalten« ist. Sicher könnte man behaupten, daß jedes Sprechen ein »Verhalten« darstellt, wie auch Austin einräumt, daß jede Äußerung in einem gewissen Sinn eine »Handlung« ist. Aber selbst wenn sich jede Äußerung als Handlung auffassen läßt, folgt daraus nicht, daß sie in jedem Fall in einer festgelegten oder mechanischen Weise auf den Hörer einwirkt. Bei Austin verdeutlicht die Problematik der Rezeption die kontingente Dimension jeder Aneignung von perlokutionären Äußerungen. Doch gibt es nicht auch Situationen, in denen die Kontingenz, die interpretative Vielfalt und das potentielle Scheitern der Rezeption von der Kraft der Äußerung determiniert werden? Und wäre die öffentliche Erklärung »Ich bin homosexuell« ein Beispiel für eine solche determinierende Äußerung?

Die Problematik der Rezeption verschwindet aus dem Blick, wenn die der Äußerung zugeschriebene performative Kraft phantastisch überdeterminiert wird. Eine solche Überdeterminierung liegt in der paranoiden Phantasie vor, mit der die Armeeführung die homosexuelle Äußerung versteht. Sie faßt die Aussage »Ich bin homosexuell« völlig falsch als »Ich will dich sexuell« auf. Eine Behauptung, die in erster Linie reflexiv ist, mit der jemand nur sich selbst einen Status zuschreibt, wird als Aufforderung genommen, sei es als eine Behauptung, die Verfügbarkeit oder Begehren ankündigt, oder als die Absicht zu einer Handlung oder gar als Handlung selbst, d. h. als der sprachliche Träger der Verführung. Tatsächlich schreibt man entweder der Aussage eine begehrliche Absicht zu, *oder* aber die Aussage selbst erhält die *ansteckende* Macht des magischen Wortes, so daß man sich angeblich die entsprechende Sexualität »zuzieht«, wenn man die Äußerung hört. Die Voraussetzung ist hier, daß die sprachliche Bezeichnung »homosexuell« nicht nur dazu dient, das eigene Begehren auszusprechen, wenn man sie für sich selbst in Anspruch nimmt. Vielmehr wird sie zur diskursiven Bedingung und zum diskursiven Träger des Begehrens, das sie angeblich überträgt und erweckt. In dieser Auffassung wird eine Aussage zur Aufforderung, eine Feststellung wird zu einer Frage, eine Selbstzuschreibung zur Anrede.

Wenn die Armeeführung eine Aussage, mit der man sich selbst definiert, als ein Vergehen auffaßt, setzt sie voraus, daß man ein Tabu des öffentlichen Diskurses bricht, sobald man diese Bezeichnung ausspricht: Die Schleusen öffnen sich, und der Ausdruck des Begehrens wird unkontrollierbar. Daher wird der Hörer, vor dem das tabuisierte Begehren ausgesprochen wird, unmittelbar von dem durch das Wort getragene Begehren heimgesucht. Das Wort vor jemandem auszusprechen bedeutet, den Zuhörer in ein unsagbares Begehren zu verwickeln. Man zieht sich das Wort und das Begehren in genau derselben Weise zu, wie man sich eine Krankheit zuzieht. Im gegenwärtigen militärischen Diskurs wird der tabuisierte Status der Homosexualität noch verstärkt, indem man homosexuelle Beziehungen angstvoll auf die Übertragung von AIDS reduziert und damit den Eindruck vertieft, daß eine öffentliche Inanspruchnahme des homosexuellen Status eine ansteckende Handlung darstellt. Es ist auffällig, wie stark die Ansteckungsmetapher in Freuds »Totem und Tabu« hervortritt, wenn er das Tabu behandelt:

> »Tabu ist ein [...] Verbot, von außen (von einer Autorität) aufgedrängt und gegen die stärksten Gelüste der Menschen gerichtet. Die Lust, es zu übertreten, besteht in deren Unbewußten fort; die Menschen, die dem Tabu gehorchen, haben eine ambivalente Einstellung gegen das vom Tabu Betroffene. Die dem Tabu zugeschriebene Zauberkraft führt sich auf die Fähigkeit zurück, die Menschen in Versuchung zu führen, sie benimmt sich wie eine Ansteckung, weil das Beispiel ansteckend ist und weil sich das verbotene Gelüste im Unbewußten auf anderes verschiebt.«[10]

Mit dieser letzteren Bemerkung macht Freud deutlich, daß das verbotene Begehren sich im Unbewußten von einem Gegenstand auf den nächsten verschiebt, daß das Begehren selbst sich unkontrollierbar überträgt und einer metonymischen Logik gehorcht, die noch nicht vom Gesetz eingeschränkt ist. Tatsächlich ist es die unendliche Übertragbarkeit des Begehrens, die durch das Tabu freigesetzt wird und die die Logik der Ansteckung steuert, durch die das tabuisierte Begehren als eine höchst kommunizierbare Bezeichnung in den Diskurs eintritt. Wenn ich vor jemandem sage »Ich bin homosexuell«, dann wird der Zuhörer in die geäußerte »Homosexualität« verstrickt. Man geht davon aus, daß die Äußerung eine Beziehung zwischen dem Sprecher und dem Hörer herstellt: Wenn der Sprecher seine Homo-

10 Freud, »Totem und Tabu«, a. a. O., S. 326.

sexualität behauptet, dann stellt die Äußerung diese diskursive Beziehung her, und die Homosexualität selbst wird vom einen zum anderen übertragen. Die Äußerung scheint also Homosexualität sowohl mitzuteilen als auch zu übertragen (und wird selbst zum Mittel für die Verschiebung auf den Adressaten), und zwar in einem metonymischen Strömen, das definitionsgemäß keiner bewußten Kontrolle unterliegt. Tatsächlich zeigt sich sein unbewußter Status daran, daß es sich zwischen dem Sprecher und dem Hörer gerade in dieser unkontrollierbaren Weise »mitteilt« bzw. »überträgt«.

An einer früheren Stelle im selben Text spricht Freud von »gefährlichen Eigenschaften«, die zugleich und unterschiedslos auf Personen, ihre Zustände und ihre Handlungen angewandt werden. Die Eigenschaft bewegt sich nicht nur zwischen diesen Registern, sondern erscheint zugleich in dieser Beweglichkeit als verführerisch und erschreckend: »Der Mensch, der ein Tabu übertreten hat, wird selbst tabu, weil er die gefährliche Eignung hat, andere zu versuchen, daß sie seinem Beispiel folgen. [...] warum sollte ihm gestattet sein, was anderen verboten ist? Er ist also wirklich *ansteckend*, insofern jedes Beispiel zur Nachahmung ansteckt [...]« (Herv. Freud).[11] Freud unterscheidet zwischen Tabus, die die ansteckende Macht haben, »Versuchung hervorzurufen und zur Nachahmung zu ermutigen«, und einem Tabu, dessen Übertragbarkeit in der Verschiebung auf materielle Gegenstände besteht.[12] Diese beiden Formen überschneiden sich jedoch später, wenn Freud sich auf das Tabu der Namen als materielle Instanz der Sprache bezieht, die sowohl das Begehren wie sein Verbot trägt, d. h. die zum diskursiven Ort für die Verschiebung der Ambivalenz wird. Die »Übertragbarkeit des Tabus« ist eine Funktion met-

11 Ebd., S. 324.
12 Ebd., S. 325.

onymischer Verschiebung, »die Neigung des unbewußten Triebes [...], sich auf assoziativen Wegen auf immer neue Objekte zu verschieben«.[13]

Wenn man die Logik der Ansteckung lesen will, wie sie in dem Verbot homosexueller Äußerungen und Handlungen in der Armee wirksam ist, stellt sich die Frage, wie eine sprachliche Bezeichnung, im besonderen eine Handlung der Selbstbezeichnung, gerade ein solcher materieller/diskursiver Träger für die Verschiebung und »Übertragbarkeit« wird. Das Zeichen, das im Dienste eines Verbots ausgesprochen wird, trägt dieses Verbot und läßt sich nur im Dienst dieses Verbots sagen. Wird das Verbot verletzt, weil das Zeichen geäußert wird, dann löst sich das Zeichen von der Verbotsfunktion ab und überträgt unbewußt das Begehren, das durch das Zeichen bis zu dieser Resignifikation in Schach gehalten wurde. Die Bezeichnung »homosexuell« ist nicht bloß ein Zeichen des Begehrens, sondern das Mittel, durch das das Begehren in das Zeichen selbst aufgenommen und von ihm getragen wird. Im Dienst des Verbotes hat sich das Zeichen an die Stelle des repräsentierten Begehrens gesetzt und damit zugleich eine Trägerfunktion angenommen, die Homosexualität mit Ansteckung verbindet. Man kann sich natürlich unschwer vorstellen, um welche es sich handelt. Wie läßt sich nun diese symbolische Verschmelzung der Flüssigkeit des Zeichens mit den »gefährlichen Flüssigkeiten« erklären? Homosexualität ist in dieser paranoiden Metonymie zum Paradigma für Ansteckung geworden. Die Äußerung der »Homosexualität« als Selbstbeschreibung wird gerade zur Handlung einer gefährlichen Mitteilung, die den Hörer – gleichsam unbefleckt – durch das Ohr infiziert. Damit scheint sie an der gegenwärtigen Wiederaufwertung dieses heiligen Szenarios beteiligt zu sein.

13 Ebd., S. 326.

Am Ende erinnert Freud daran, daß das Tabu nur durch einen Sprechakt wiedereingesetzt werden kann, der auf das Begehren *verzichtet*: »Die Sühne der Übertretung des Tabu durch einen Verzicht erweist, daß der Befolgung des Tabu ein Verzicht zugrunde liegt.«[14] In einem folgerichtigen Zug hat die Armeeführung für diejenigen Sorge getragen, die ihre Unbedachtheit wiedergutmachen wollen: Die einzige Form, der offenen Kraft und Bedrohung durch den öffentlichen Akt der Selbstdefinition entgegenzuwirken, liegt in einer ebenso öffentlichen Selbstverleugnung. In den Kommentaren, die die Umsetzung der politischen Richtlinie klären sollen, macht die Armeeführung deutlich, daß die Selbstdefinition als Homosexueller lediglich eine »widerlegbare Annahme« begründet, daß man sich homosexuell verhalten werde. Mit anderen Worten, man kann nun sagen: »Ich bin homosexuell, aber ich beabsichtige nicht, meinen Wünschen entsprechend zu handeln«, und in diesem Fall verliert der erste Satz »Ich bin homosexuell« seine performative Kraft; sein Status einer Feststellung wird durch den hinzugefügten zweiten Satz wiederhergestellt. Bei Freud nimmt der Verzicht die Form von Reue und Sühne an, ohne daß er beansprucht, das Begehren beseitigt zu haben. Tatsächlich bleibt das Begehren im Verzicht intakt, und auf eine seltsame, aber wichtige Art und Weise wird es sogar durch das Verbot *bewahrt*.

In »Das Unbehagen in der Kultur« wird die Unterdrükkung der Libido selbst von der Libido getragen. Die Libido wird durch die Unterdrückung nicht absolut verleugnet, sondern eher zum Instrument ihrer eigenen Unterwerfung. Das repressive Gesetz liegt nicht außerhalb der Libido, die es unterdrückt, sondern die Unterdrückung nimmt eine Form an, in der sie selbst zur libidinösen Tätigkeit wird.[15]

14 Ebd.

15 Man erkennt hier, daß Foucaults Kritik an Freud im ersten Band von *Sexualität und Wahrheit* zum Teil falsch ist.

Darüber hinaus stützen sich moralische Verbote, besonders diejenigen, die sich gegen den Körper richten, gerade auf die körperliche Tätigkeit, die sie zu zügeln versuchen.

»[...] eine Idee [...], die durchaus der Psychoanalyse eigen und dem gewöhnlichen Denken der Menschen fremd ist. [...] Sie sagt nämlich, anfangs ist zwar das Gewissen (richtiger: die Angst, die später Gewissen wird) Ursache des Triebverzichts, aber später kehrt sich das Verhältnis um. Jeder Triebverzicht wird nun eine dynamische Quelle des Gewissens, jeder neue Verzicht steigert dessen Strenge und Intoleranz [...].«[16]

Nach Freud werden die selbstauferlegten Anweisungen, die den Kreislauf des Gewissens kennzeichnen, genau deswegen befolgt und angewendet, weil sie zum Ort jener Befriedigung werden, die sie zu verbieten versuchen. Mit anderen Worten, das Verbot wird zum verschobenen Ort der Befriedigung des »Triebes« oder des verbotenen Begehrens, d. h. zu einer Möglichkeit, den Trieb unter dem Titel des verurteilenden Gesetzes noch einmal auszuleben. Daraus speisen sich die Komödien, die zeigen, daß der Vertreter des moralischen Gesetzes seine Gebote mehr als jeder andere übertritt. Und weil bei der Anwendung der Gesetze diese verschobene Befriedigung erlebt wird, verstärkt und intensiviert sich die Anwendung jedesmal dann, wenn sich ein verbotenes Begehren zeigt. Das Verbot zielt nicht darauf, das verbotene Begehren auszulöschen, sondern verfolgt im Gegenteil die Reproduktion des verbotenen Begehrens und verstärkt sich durch die Verzichtleistungen, die es bewirkt. Das Verbot selbst sichert das Fortleben des verbotenen Begehrens, indem es nicht nur das Begehren unterstützt, das es in den Verzicht treibt, sondern umgekehrt von ihm *unterstützt* wird. In dieser Hinsicht findet also der Verzicht gerade durch das Begehren, auf das man verzichtet, statt. Oder anders formuliert: Man verzichtet *niemals* auf das Be-

16 Freud, »Das Unbehagen in der Kultur«, a. a. O., S. 255.

gehren, sondern dieses wird gerade durch die Struktur des Verzichts gesichert und wieder zur Geltung gebracht. Der Verzicht, durch den sich der Staatsbürger in der Armee von seiner Sünde reinigt und seinen Platz wieder einnimmt, wird so zu einer Handlung, durch die das Verbot das homosexuelle Begehren zugleich verwirft und zuläßt. Strenggenommen ist das Begehren nicht *un*aussprechbar, sondern es erhält sich allgemeiner betrachtet gerade durch das Aussprechen des Verbots. Wenn ein Homosexueller Anspruch auf diesen Status erhebt, aber versichert, daß er nicht seinen Wünschen entsprechend handeln wird, besteht die Homosexualität in und als die Anwendung des Verbots auf sich selbst fort. Interessanterweise hat Paul Ricœur einmal so die seelische Höllenfahrt beschrieben, nämlich als einen Teufelskreis von Begehren und Verbot. Und vielleicht ist die militärische »Regulierung« ein kultureller Ort, an dem die theologische Macht dieses Verbots verstärkt fortbesteht.

Doch stellt sich die Frage, wie eine sprachliche Bezeichnung oder das Zeugnis einer Identität diskursiv so zu verstehen ist, daß sie zur Ursache oder zum Träger einer Rechtsverletzung wird. Welche Theorie der Verursachung liegt hier zugrunde, und geht die »Ursache« auf Paranoia zurück? Freud gibt folgende Erklärung, wie Paranoia *verursacht* wird, ohne zu analysieren, wie die Erklärung der Ursache von Paranoia in eine paranoische Erklärung von Verursachung umkippt: »Gerade bei der Paranoia ist die sexuelle Ätiologie keineswegs evident, dagegen drängen sich soziale Kränkungen und Zurücksetzungen, besonders für den Mann, in der Verursachung der Paranoia auffällig hervor.« Bis hierhin scheint Freud die falsche Ursache von Paranoia durch die wirkliche zu ersetzen: Scheinbar wird Paranoia durch Zurücksetzungen und Verletzungen verursacht, aber die wirkliche Ursache von Paranoia ist ein nach innen gewendeter sexueller Wunsch: Die Vorstellung einer

Bestrafung durch andere ist der idealisierte und nach außen projizierte Effekt eines Verbots des eigenen Begehrens, das der eigentliche Ursprung dieser Idealisierung und Exteriorisierung ist. Die Handlungsmacht des Verbots ist in einem gewissen Sinn verschoben, so daß der Grund der Strafe unlesbar wird. Freud fährt fort, daß es »aber nur geringe Vertiefung« in diese Materie »erfordert, um an diesen sozialen Schädigungen die Beteiligung der homosexuellen Komponente des Gefühlslebens als das eigentlich Wirksame zu erkennen«.[17]

Dieser letzte Satz führt eine merkwürdige Zweideutigkeit in Freuds Erklärung ein. Denn wie soll man die Aussage verstehen, daß »an diesen sozialen Schädigungen die Beteiligung der homosexuellen Komponente des Gefühlslebens als das eigentlich Wirksame zu erkennen« ist? Das Gefühl oder die Vorstellung, man sei zurückgesetzt oder verletzt worden – wie läßt sich gerade dieses Phänomen als eine Transformation von Homosexualität lesen? Ist die Zurücksetzung, die Verletzung eine imaginierte äußere Form, die das Verbot der Homosexualität annimmt, und wird man aufgrund des homosexuellen Begehrens zurückgesetzt und verletzt? Oder ist die Zurücksetzung und Verletzung eine imaginäre Form, sich die gesellschaftlichen Verletzungen vorzustellen, denen ein Homosexueller, der sich exponiert, sehr wohl ausgesetzt sein kann? Die Unentschiedenheit liegt in der Frage, ob es um ein gesellschaftliches Verbot geht, das als verbreitet und allgemein zu beschreiben ist, oder um ein psychisches und inneres Verbot, das erst im Verlauf der Paranoia nach außen tritt und verallgemeinert wird. Im ersten Fall wird die gesellschaftliche Verletzung, der ein Homosexueller ausgesetzt ist, in ein allgemeines Gefühl projiziert, in dem die anderen zurücksetzend und strafend erscheinen. Im zweiten Fall hingegen produziert die

17 Freud, »Über den paranoiden Mechanismus«, a. a. O., S. 183.

psychische Sublimierung der Homosexualität erst den Begriff des Sozialen, den Begriff der anderen, die regulieren, beobachten und urteilen. Sie bringt damit ein imaginäres Szenario hervor, das zum Gewissen wird und das Subjekt mit dem Gemeinschaftsgefühl ausstattet, auf dem die Staatsbürgerschaft beruht. Die beiden möglichen Ablaufschemata unterscheiden sich drastisch in ihren Konsequenzen. Die zweite Auffassung unterstellt ein homosexuelles Begehren, das sich gegen sich selbst richtet und genau daraus anschließend einen Begriff des Sozialen hervorbringt. Das Gemeinschaftsgefühl, hier so verstanden, daß es koextensiv mit sozialer Regulierung ist, ist also eine Folge sublimierter Homosexualität bzw. die Projektion und Verallgemeinerung von anderen, die urteilen und beobachten. Diese Version beschreibt Homosexualität als das Außen des Sozialen, als das Vor-Soziale, und leitet das Soziale, das in erster Linie als regulierender Bereich verstanden wird, aus der homosexuellen Selbstunterdrückung ab.

Doch ist fraglich, ob man die homosexuelle Selbstunterdrückung abgelöst von den gesellschaftlichen Regulierungen verstehen kann, die Homosexualität selbst als das Asoziale, das Vor-Soziale, als die Unmöglichkeit des Sozialen innerhalb des Sozialen entwerfen. Wenn sich die beiden Versionen des Verbots (die psychische und die soziale) nicht voneinander trennen lassen, wie können wir sie zusammendenken? Die Zurücksetzungen und Verletzungen, die in der Paranoia erfahren werden, sind die psychischen Spuren bestehender gesellschaftlicher Regulierungen, gerade auch wenn sie sich von diesen Regulierungen entfernt haben. Die Zurücksetzungen und Verletzungen sind nicht nur die Effekte eines Begehrens, das sich gegen sich selbst wendet und sich dann in dieser Form auf das Urteil der anderen projiziert (in der Tat eine Vermischung von Über-Ich und gesellschaftlichen Funktionen). Es ist eher so, daß aus der Übereinstimmung zwischen dem Urteil der anderen und der Wendung gegen sich selbst jenes imaginäre Szenario entsteht, in dem das verurteilte und nicht ausgelebte Begehren psychisch als die eingebildeten Verletzungen und Zurücksetzungen durch die anderen auftritt.

Deswegen ist der Rückgriff auf Freud kein Versuch, Freud als Wahrheit über die Homosexualität zu lesen, sondern eher der Versuch, ein Beispiel oder eine Allegorie für den Zirkel in der Erklärung von Paranoia zu bieten, der schließlich auch Freuds eigenes Erklärungsmodell betrifft. In »Über den paranoiden Mechanismus« beschreibt Freud beispielsweise in affirmativer Weise, wie homosexuelle Gefühle für die Ausbildung der allgemeinen Menschenliebe nötig sind und in verhüllter Form mit den Selbsterhaltungstrieben »zusammentreten«, um so den »Menschen im eigentlichen Sinne« hervorzubringen. Wenn, um seine Worte zu verwenden, homosexuelle Neigungen mit Ichtrieben »zusammentreten« und Ichtriebe als selbsterhaltend definiert sind, dann gehört es zur Selbsterhaltung des »Menschen« – d. h. zur Erhaltung des »Menschen im eigentlichen Sinne« – seine Homosexualität umzulenken und sie in der Umlenkung zu erhalten.[18] Damit vollzieht sich die Ätiologie, die Freud anbietet, bereits in jenem normativen und regulativen Bereich des Sozialen, den er zu erklären versucht. Es gibt nicht zuerst homosexuelle Gefühle, die dann mit Selbsterhaltungstrieben zusammentreten, sondern den gesellschaftlichen Normen zufolge, die die Bedingungen für die Selbsterhaltung als »Mensch im eigentlichen Sinne« festlegen, muß Homosexualität eine permanent umgelenkte Möglichkeit bleiben. Nicht aus der Homosexualität des »Menschen« entstehen seine Sozialtriebe und die allgemeine Berücksichtigung von anderen, sondern gerade die Unterdrückung oder Umlenkung des vorgeblichen Narzißmus der Homosexualität wird von Freud als Bedingung

18 Ebd., S. 185.

von Altruismus aufgefaßt und als Nutzen einer voll ausgebildeten Heterosexualität verstanden. In dieser Hinsicht zielt die Entsexualisierung und die Externalisierung von Homosexualität auf den »Menschen im eigentlichen Sinne« – der immer dann Zurücksetzungen und Verletzungen empfinden wird, wenn er ein homosexuelles Begehren hätte ausleben können, und für den diese Verschiebung des Begehrens in eine imaginäre Verletzung die Grundlage von Gemeinschaftsgefühl und Staatsbürgerschaft ist. Somit stellt gerade jene Homosexualität, die sich nicht in Handlung umsetzt, die Bedingung von Gesellschaftlichkeit und allgemeiner Menschenliebe dar.

Man kann nicht einfach sagen, daß Homosexualität nicht zur Handlung werden darf und umgelenkt bleiben muß, damit der »Mensch im eigentlichen Sinne« im Sinne seiner Selbst-Erhaltung leben kann. Vielmehr besteht gerade der Begriff des Ichideals – die imaginäre Norm, durch die Staatsbürgerschaft psychisch reguliert wird – selbst aus dieser ungelebten und umgelenkten Homosexualität. Das Ichideal bildet sich durch den Abzug großer Mengen homosexueller Kathexis.[19] Die Homosexualität wird aber weder einfach abgezogen noch einfach umgelenkt oder unterdrückt, sondern wendet sich eher auf sich selbst zurück. Diese Zurückwendung ist keine einfache Selbstauslöschung; im Gegenteil, sie ist die Bedingung dafür, daß das Ichideal entsteht, indem Homosexualität und ihr Verbot in der Figur des heterosexuellen Staatsbürgers »zusammentreten«, der mehr oder weniger permanent schuldig ist. Tatsächlich sagt Freud, daß sich homosexuelle Libido in ein »Gefühl der Schuld verwandelt«, aus dem sich dann die Staatsbürgerschaft – die Bindung an das und die Verkörperung des Gesetzes – ableitet.

Wie kommen wir nun zu dem Problem zurück, das sich

19 Freud, »Zur Einführung des Narzißmus«, S. 62f.

in der Armee stellt? Denn die Armee ist zugleich ein Bereich aufgehobener Staatsbürgerschaft und ein Bereich, der überdeutlich macht, wie der männlich bestimmte Staatsbürger durch das Verbot von Homosexualität hergestellt wird. Obwohl die militärischen Regulierungen die Homosexualität in einer männlich bestimmten Form vorstellen, ist klar, daß Lesben genauso im Blick sind. Paradoxerweise nimmt die Befragung zu ihrem Privatleben jedoch oft die Form sexueller Belästigung an. Mit anderen Worten: Frauen können ihre Homosexualität nicht aussprechen, weil dadurch die heterosexuelle Achse, die die Geschlechterunterordnung sichert, gefährdet würde. Und wenn Männer ihre Homosexualität aussprechen, droht dieses Sprechen die »Homo-Sozialität«, in der die Gruppe der Männer miteinander verbunden ist, ans Licht zu bringen und damit zu zerstören.

Die Demarkationslinie, die das Sagbare vom Unsagbaren trennt, bringt die geläufigen Grenzen des Sozialen zur Geltung. Denn es stellt sich die Frage, ob das Aussprechen eines Wortes eine Zurücksetzung, eine Verletzung, ja sogar ein Vergehen darstellen könnte, wenn das Wort nicht die sedimentierte Geschichte seiner eigenen Unterdrückung transportierte. In diesem Sinne ist das Wort gerade insofern eine »Handlung«, wie seine Unsagbarkeit das Soziale umschreibt. Wird das Wort außerhalb seines Verbotes ausgesprochen, so wird die Geschlossenheit und der Grund des Sozialen als solchen in Frage gestellt. Das Wort greift also die Grenzen des Sozialen oder den repressiven Grund an, auf dem das Subjekt als Staatsbürger beruht, indem es die Beziehung benennt, aus der Gesellschaftlichkeit entsteht – doch nur solange entsteht, wie diese Beziehung gerade nicht benannt wird. Anscheinend bringt gerade die Armeeführung unabsichtlich die Bezeichnung in einen ansteckenden Umlauf, und zwar gerade durch das Verbot, das ihre Unsagbarkeit sicherstellen soll. Auf diese Weise spricht die Armeeführung das Begehren immer wieder aus – nämlich gerade in dem Augenblick und in den Begriffen, durch die es unterdrückt werden soll.

Wichtig ist, daß das Militär Homosexualität nicht nur als ein Problem angeht, das reguliert und niedergehalten werden soll. Vielmehr produziert es aktiv diese Figur des Homosexuellen, indem es darauf beharrt, daß der Homosexuelle keine Macht der Selbstzuschreibung besitzen darf – es ist der Staat, der ihn mit seiner Macht der Anrufung benennt und beseelt. Im militärischen Bereich besteht der Staat auf der Kodifizierung von Homosexualität. Das homosexuelle Subjekt entsteht durch einen Diskurs, der »Homosexualität« benennt und diese Identität als einen Verstoß gegen gesellschaftliche Normen definiert und zugleich hervorbringt. Indem der Staat dieses Subjekt zwangsweise benennt, streitet er ihm die Macht ab, sich selbst zu benennen. Damit versucht der Staat nicht nur, homosexuelle Handlungen, sondern auch die überschüssige Macht des Namens einzudämmen, der sich von seinem Ursprung, dem Verbot, befreien kann. Die Frage ist somit, was und wen der Name bezeichnet, wenn er nicht mehr den disziplinären Zielsetzungen der militärischen Benennung dient.

Wie läßt sich also die Situation begreifen, in der die Selbstzuschreibung, die reflexive Aussage »Ich bin homosexuell«, als Verführung bzw. Angriff fehlkonstruiert wird? In dieser Situation wird ein Begehren nicht nur beschrieben, sondern in der Beschreibung angeblich zugleich übermittelt und ausgeführt. Ich denke, wir müssen diese Konstruktion von Homosexualität und homosexuellen Handlungen als Angriff und/oder Krankheit in erster Linie als einen Versuch lesen, Homosexualität in einem Katalog pathologisierender Repräsentationen einzukreisen. Hier handelt es sich nicht einfach um eine Erklärung, wie die Worte von Homosexuellen performativ Homosexualität erzeugen, sondern, als staatlich sanktionierte Figur, um eine

Definition von Homosexualität als bedrohliche und ansteckende Handlung. Daher läßt sich der angeblich performative Charakter der homosexuellen Äußerung nur durch die Performativität eines staatlichen Diskurses begründen, der diese Zuschreibung vornimmt. Die homosexuelle Äußerung als ansteckende Krankheit ist eine performative Figur; sie gehört zur Performativität eines regulativen Diskurses. Die Frage ist also, ob die Aussage tatsächlich die performative Macht der homosexuellen Äußerung enthüllt oder ob sie nur die produktive oder performative Macht derer unterstreicht, die Homosexualität mit diesen Begriffen definieren?

Diese diskursive Macht, eine Definition des Homosexuellen durchzusetzen, kommt letztlich weder der Armee noch denjenigen zu, die sich gegen diese Definition auflehnen. Schließlich habe ich gerade selbst die Diskursproduktion des Militärs produziert und bin in die Kette der Performativität eingetreten, die ich skizziert habe. Damit habe ich mich selbst in die Reproduktion des Begriffs verstrickt, wenn auch zugegebenermaßen mit weniger Macht als diejenigen, deren Handlungen ich beschreibe. Wird aber in dieser Kette der Performativität so etwas wie Homosexualität beschrieben? Vielleicht ist es ein Irrtum, wenn wir die Macht beanspruchen, eine autoritative, affirmative Konzeption von Homosexualität zu schaffen, indem wir sie oder uns benennen und ihre Begrifflichkeit definieren. Das Problem liegt nicht nur darin, daß homophobe Personen, die zu Zeugen einer homosexuellen Selbsterklärung werden, das Aussprechen des Wortes als Ausführung der Tat halluzinieren. Vielmehr sind selbst diejenigen, die sich der Armee widersetzen, bereit, zu akzeptieren, daß Benennen performativ ist und in einem gewissen Ausmaß das zu sprachlicher Existenz bringt, was es benennt. Allgemeiner formuliert, man könnte in einem bestimmten Sinne durchaus sagen, daß Sprechakte und Sprechen ein Verhalten begründen und daß der Diskurs, der über Homosexualität produziert wird, an der gesellschaftlichen Konstitution von Homosexualität, wie wir sie kennen, teilhat. Tatsächlich brechen die konventionellen Unterscheidungen zwischen Sprechen und Verhalten zusammen, wenn beispielsweise das, was wir locker »Repräsentation« nennen, mit beispielsweise dem »Outen« als kultureller schwuler Praktik zusammenfällt. Damit bräche die Unterscheidung zwischen kulturellen Repräsentationen von Homosexualität und Homosexualität als solcher zusammen. Schließlich wäre es auch eine Reduktion zu behaupten, daß Homosexualität einfach sexuelles Verhalten in sehr engem Sinn ist und daß es dann zusätzlich noch Repräsentationen von Sexualität gibt, die strenggenommen nicht *selbst* Homosexualität im eigentlichen Sinne sind. Oder sind sie es doch?

Viele würden dafürhalten, daß Homosexualität und ihre kulturelle Repräsentation sich nicht voneinander trennen lassen, daß die Repräsentation der Sexualität nicht als ihr schwacher Widerschein folgt, sondern eine konstitutive Funktion hat und daß, wenn überhaupt, umgekehrt die Sexualität der Repräsentation als einer ihrer Effekte folgt. Diese Auffassung scheint der Behauptung zugrunde zu liegen, daß öffentliche Konventionen »Sexualität« organisieren und ermöglichen und daß die Handlungen und die kulturellen Praktiken, die diese Handlungen orchestrieren und tragen, sich nicht streng voneinander unterscheiden lassen. Sexualität als Handlung aufzufassen heißt schon, sie aus einer kulturellen Praktik, einem wiederholten Ritual, in dem sie stattfindet und das sie beispielhaft veranschaulicht, herauszulösen. Tatsächlich setzt sich bereits der Begriff einer sexuellen Praktik über die Unterscheidung von »Handlung« und »Repräsentation« hinweg.

Aber wenn man darauf besteht, daß der Diskurs über die Homosexualität, einschließlich der diskursiven Handlung des Coming out, zu einer »Homosexualität« im kulturellen Sinne gehört, behauptet man noch nicht, daß die Äußerung einer Homosexualität eine homosexuelle Handlung, geschweige denn ein Vergehen ist. Obwohl wir uns schwule oder lesbische Aktivisten vorstellen können, die Selbstbezeichnung im weitesten Sinne zur homosexuellen Handlung erklären, macht es einen fast komischen Eindruck, wenn die Bezeichnungen »schwul« bzw. »lesbisch« so ganz von den sexuellen Praktiken abgelöst werden, die gutwillige Heterosexuelle mit ihnen verbinden. Dennoch muß man sicher die Behauptung ernst nehmen, daß das Coming out gerade als ansteckendes Beispiel beabsichtigt ist, daß es einen Präzedenzfall schaffen und zu ähnlich strukturierten Handlungen im öffentlichen Diskurs herausfordern soll. Die Armeeführung reagiert vielleicht gerade auf die geglückten perlokutionären Wirkungen des Coming out, auf die Flut von Coming outs, die das erste Beispiel in der öffentlichen Sphäre ausgelöst hat, indem es sich selbst vervielfältigte, als ob es eine ansteckende Sprachkrankheit wäre. Freilich soll diese ansteckende Krankheit vermutlich zum Teil der Macht einer anderen ansteckenden Krankheit entgegenwirken, nämlich AIDS. Worin besteht dann der Unterschied zwischen der Logik, die die Grundsatzverordnung des Militärs beherrscht, und der Logik, die den schwulen und lesbischen Aktivismus leitet?

Dieser Unterschied läßt sich vielleicht verstehen, wenn man betrachtet, wie die paranoide militärische Wahrnehmung durchgängig die Kluft zwischen dem Aussprechen eines Begehrens und dem ausgesprochenen Begehren schließt. Bei einer Verführung scheint das erste das letztere direkt zu vermitteln (aber selbst hier kennen wir schmerzliche Beispiele, in denen die Kommunikation nicht immer richtig gedeutet wird). Nach der Vorstellungswelt der Paranoia geht das Begehren, das im Sprechen erscheint, ganz und ohne Aufforderung aus dem Sprecher hervor. Das Begehren kommt von außen, als ein Angriff oder eine Krankheit, und wird als Verletzung und/oder Ansteckung aufgenommen. Daher wird das Begehren schon als Angriff oder Krankheit figuriert und kann in der einen oder der anderen Form (oder in beiden) konzipiert werden. Die Frage ist, wie sich diese Formen nun von jener Produktion eines Diskurses über Homosexualität abheben lassen, die gegen diese pathologische Einengung angeht und eine affirmative gesellschaftliche Bedeutung von Homosexualität schaffen könnte.

An dieser Stelle möchte ich behaupten, daß eine diskursive Produktion von bzw. ein Sprechen oder Schreiben über Homosexualität und deren institutionelle Anerkennung nicht mit dem Begehren gleichzusetzen ist, von dem gesprochen wird. Zwar konstituiert der diskursive Apparat der Homosexualität deren gesellschaftliche Wirklichkeit, aber nicht im umfassenden Sinne. Die öffentliche Erklärung, das Coming out, ist sicher eine Art Handlung, ohne daß diese den Referenten, auf den sie sich zurückbezieht, vollständig konstituiert. Die Erklärung *verwandelt Homosexualität in Diskurs, aber sie macht den Diskurs nicht referentiell.* Das heißt nicht, daß das Begehren ein Referent ist, den wir anders oder besser beschreiben könnten. Im Gegenteil setzt das Begehren als Referent ganz allgemein der referentiellen Beschreibung gewisse Grenzen, obgleich dieser nichtsdestoweniger die Kette von Performativität erzwingt, die ihn niemals ganz einfangen kann. Will man diese Bedeutung des Begehrens als Grenze der Referentialität bewahren, ist es wichtig, die Kluft zwischen dem Performativen und Referentiellen nicht zu schließen. Wir sollten also nicht glauben, daß Homosexualität durch ihre öffentliche Erklärung im Coming out selbst zu nichts anderem als einer Erklärung wird. Obwohl Foucault behaupten würde, daß der Diskurs durch eine solche Handlung sexualisiert wird, wird vielleicht umgekehrt in diesem Fall die Homosexualität durch den Diskurs entsexualisiert.[20] Meiner Ansicht nach begeht diese Erklärung der diskursiven Produktion von Homosexualität den Fehler, die sprachliche Benennung an die Stelle dessen zu setzen, was sie benennt. Obwohl sich der Referent nicht vollständig benennen läßt, muß er doch von allem Benennbaren getrennt bleiben, wenn auch nur deswegen, weil keine Bezeichnung für sich behaupten kann, daß sie die Bedeutung dessen, was wir sind und was wir tun, völlig ausschöpft. Wenn dies geschähe, wäre die Möglichkeit verschlossen, mehr und anders zu werden, als wir geworden sind. Anders formuliert, damit wäre die Zukunft unseres Lebens in der Sprache verworfen, eine Zukunft, in der der Signifikant gerade ein umstrittener Ort bleibt, der für eine demokratische Reartikulation offen ist.

So möchte ich behaupten, daß der Diskurs über das homosexuelle Begehren, strenggenommen, nicht das gleiche ist wie das ausgesprochene Begehren selbst. Zu glauben, daß wir homosexuell handeln, wenn wir über Homosexualität sprechen, ist offensichtlich ein Irrtum. Denn eine kritische Produktion alternativer Formen von Homosexualität hat die Aufgabe, Homosexualität von ihren Figuren im herrschenden Diskurs abzulösen, besonders wenn diese die Form von Angriff oder Krankheit annehmen. Sosehr es darauf ankommt, andere Figuren zu schaffen, um der Performativität und damit der Homosexualität eine Zukunft zu erhalten, bleibt doch immer eine Distanz zwischen der

20 In dieser Form könnte man die jüngsten Vorschläge, die Leo Bersani in *Homos*, Cambridge 1995, vorgelegt hat, sowohl bestätigen als auch widerlegen. Bersani nimmt an, daß die Behauptung einer stabilen Identität die Voraussetzung für schwulen Aktionismus ist und daß der intellektuelle Skeptizismus, der sich gegen den Erfolg dieses Sprechakts richtet, nur einer Entsexualisierung des Schwulseins in die Hände arbeitet. Das Coming out ist jedoch immer noch das Ausführen einer sprachlichen Handlung und erfordert daher nicht, daß man Sex hat oder sich sexuell verhält, außer in jener diskursiven Form, die vielleicht ein weiteres Beispiel für die von Bersani beklagte sprachliche Sublimierung von Sex ist.

Benennung »Homosexualität« und dem, was diese niemals ganz anrufen kann. Diese Distanz untergräbt die Macht jeder Figur, die gleichsam »das letzte Wort« zur Homosexualität beansprucht. Gerade diesem letzten Wort müssen wir, meiner Ansicht nach, zuvorkommen.

4. Implizite Zensur und diskursive Handlungsmacht

> »Ja, Sprechen ist eine Form des Handelns. Ja, es gibt Handlungen, die nur die Sprache ausführen kann. Aber es gibt auch Handlungen, die Sprechen allein nicht vollbringen kann. Sie können die Kranken nicht heilen, indem Sie zu ihnen sagen, daß sie gesund sind. Sie können den Zustand der Armen nicht dadurch verbessern, daß Sie sie zu Reichen erklären.«
>
> *Henry Louis Gates Jr.*

Mit der Behauptung, daß bestimmte Formen des Sprechens richtiger als Verhalten denn als Sprechen konstruiert werden, umgeht man die Frage nach der Zensur. Zensur erscheint als eine Beschränkung des Sprechens, und wenn man *hate speech*, Pornographie oder die öffentliche Erklärung, schwul zu sein, nicht mehr als Sprechen versteht, dann wäre die Beschränkung dieser Aktivitäten offenbar keine Zensur mehr. Tatsächlich hat MacKinnon behauptet, daß die Verfügungen gegen Pornographie, die sie ausgearbeitet und unterstützt hat, keine Zensur sind, daß sie sich vielmehr darauf richten, die Reichweite des Gleichheitsgrundsatzes auszudehnen.[1] Was man als Frage der Redefreiheit hätte ansehen können, wird damit zur Frage, wie Gleichheit umgesetzt wird.

Wenn wir uns nicht auf die rechtliche Definition von Zensur beschränken, können wir uns fragen, wie gerade die Regulierung der Unterscheidung von Sprechen und Verhalten einer impliziteren Form der Zensur dient. Wenn man behauptet, daß bestimmte Formen des Sprechens kein Sprechen sind und insofern auch nicht Gegenstand der Zensur,

1 Eine Verteidigung MacKinnons in dieser Richtung findet sich bei Francis Ferguson, »Pornography: The Theory«, in: *Critical Inquiry*, Sommer 1995.

hat man Zensur bereits ausgeübt. Tatsächlich geht diese besondere Ausübung von Zensur gerade dann über die rechtlich definierten Grenzen hinaus, wenn sie das Gesetz als eines ihrer Instrumente geltend macht.[2]

Wider den Zensor

Im konventionellen Verständnis von Zensur ist vorausgesetzt, daß sie vom Staat gegen diejenigen ausgeübt wird, die weniger Macht haben. Konventionelle Verteidigungen derjenigen, die weniger Macht haben, argumentieren, daß deren Freiheit eingeschränkt wird, und manchmal, spezifischer, daß ihre Redefreiheit es ist. In den meisten Fällen bezieht man sich auf Zensur als etwas, das sich gegen Personen oder den Inhalt ihrer Rede richtet. Wenn aber Zensur eine Form ist, Sprechen zu *erzeugen*, eine, die von vornherein zwingend festlegt, was akzeptables Sprechen ist und was nicht, dann läßt sie sich nicht ausschließlich in den Begriffen juridischer Macht verstehen. In ihrem konventionellen Verständnis folgt die Zensur der Äußerung, die Rechte verletzt: Sprechen ist bereits zu einem Vergehen geworden, und dann wird auf ein regulatorisches Prinzip zurückgegriffen. Aber wenn man Zensur so auffaßt, daß sie Sprechen *erzeugt*, ist das Zeitverhältnis umgekehrt. Die Zensur geht dem Text (worunter ich auch »Sprechen« und andere Formen kulturellen Ausdrucks verstehe) voraus und ist in gewissem Sinn für seine Produktion verantwortlich.

Bei einer Tagung hörte ich vor kurzem zwei offenbar gegensätzliche Auffassungen zu diesem Thema. Nach der ei-

2 Eine starke Verteidigung der »Werte« des Ersten Verfassungszusatzes über die Regulierungen von *hate speech* hinaus und gegen sie findet sich bei Robert Post, »Racist Speech, Democracy and the First Amendment«, in: Henry Louis Gates Jr. et al. (Hg.), *Speaking of Race, Speaking of Sex*, a. a. O.

nen muß das »Rückgängigmachen von Zensur in einem Text notwendig unvollständig bleiben«.[3] Damit scheint es, daß kein Text ein Text, d. h. lesbar bleiben kann, ohne daß er zuvor durch eine Form der Zensur gegangen ist. Diese Auffassung setzt voraus, daß Zensur dem in Frage stehenden Text vorausgeht und daß, wenn ein Text lesbar sein soll, er in einem Selektionsprozeß produziert werden muß, der bestimmte Möglichkeiten ausschließt und andere realisiert. Dieser Selektionsprozeß scheint eine Entscheidung vorauszusetzen, eine Entscheidung, die vom Autor des Textes getroffen wird. Dennoch schafft der Autor nicht die Regeln, nach denen die Selektion verfährt. Die Regeln, die die Verständlichkeit eines Sprechens beherrschen, sind vor jeder individuellen Entscheidung »entschieden«. Radikal wäre es zu sagen, daß diese Regeln, die vor jeder individuellen Entscheidung entschieden sind, gerade die restriktiven Bedingungen sind, die jede gegebene Entscheidung erst ermöglichen. Damit gibt es eine Ambiguität der Handlungsmacht am Ort der Entscheidung. Das sprechende Subjekt trifft seine Entscheidung nur im Kontext eines bereits begrenzten Feldes sprachlicher Möglichkeiten. Man entscheidet nach Maßgabe eines bereits umschriebenen sprachlichen Feldes, aber diese Wiederholung macht die Entscheidung des sprechenden Subjekts nicht redundant. Der Zwischenraum zwischen Redundanz und Wiederholung ist der Raum der Handlungsmacht.

Die andere Auffassung besagte, daß das »Zensieren eines Textes notwendig unvollständig« bleibt. Das heißt, daß sich ein Text immer den Handlungen entzieht, die ihn zensieren,

3 In diesem Punkt bin ich den Einsichten verpflichtet, die Richard Burt in seinem weitreichenden Werk über die Zensur vorgelegt hat: »Uncensoring in Detail«, vorgetragen im Getty Center im Dezember 1995; ebenso Richard Burt (Hg.), *Licensed by Authority: Ben Johnson and the Discourses of Censorship*, Ithaka 1993, und ders. (Hg.), *The Administration of Aesthetics: Censorship, Political Criticism, and the Public Sphere*, Minneapolis 1994.

und daß Zensur stets und ausschließlich eine versuchsweise oder partielle Handlung ist. Hier, so scheint es, geht etwas an dem zensierten Text über den Zugriff des Zensors hinaus und legt zugleich nahe, daß es einer Erklärung für diese »überschreitende« Dimension des Sprechens bedarf. Man könnte sich auf eine allgemeine Theorie der Textualität berufen, um zu zeigen, daß eine Beschränkung des Sprechens ihr Ziel nie ganz erreicht und es ihr nicht gelingt, die Polysemie der Sprache zu unterbinden. Ähnlich könnte man anführen, daß das kommunikative Moment der Sprache notwendig einen obszönen Bereich setzt, den es – immer nur mit teilweisem Erfolg – vollständig aus dem eigenen Ablauf auszuschließen versucht.[4] Diese Bestrebung, den Bereich des öffentlichen Diskurses durch die Institutionalisierung von Normen zu säubern, die bestimmen, was angemessenerweise in ihn aufgenommen werden soll, hat die Funktion eines vorgeschalteten Zensors. Versuche dieser Art haben nicht nur mit der Furcht vor Ansteckung zu kämpfen; sie sind auch gezwungen, in dem Spektakel der öffentlichen Denunziation, das sie aufführen, gerade die Äußerungen, die sie aus dem öffentlichen Leben verbannen möchten, zu reinszenieren. Sprache, die gezwungen ist, zu wiederholen, was sie zu beschränken versucht, wiederholt und reinszeniert unweigerlich genau das Sprechen, das sie ausschalten will. In dieser Form geht Sprechen über den Zensor, der es beschränkt, hinaus.

Die Verallgemeinerbarkeit dieser beiden Erklärungen ist nützlich, aber begrenzt: Sie geben keinen Aufschluß darüber, wann und warum bestimmte Formen der Zensur tatsächlich vollständiger sind als andere, warum bestimmte Verfahren der Zensur das anstößige Sprechen scheinbar in den Griff bekommen und andere weitgehend unfähig schei-

4 So hat Ellen Burt in »An Immediate Taste for Truth: Censoring History in Baudelaire's ›Les Bijoux‹« argumentiert. Siehe Robert Post (Hg.), *Censorship and Silencing*, New York (im Erscheinen).

nen, überhaupt etwas in den Griff zu bekommen. Was erklärt die Effizienz bzw. das wahrscheinliche Scheitern der verschiedenen Zensurverfahren? Da sie sich nie ganz von dem trennen läßt, was sie zu zensieren sucht, verstrickt sich die Zensur auf paradoxe Weise in das Material, das sie verwirft. Wenn die Zensur eines Textes immer in einem bestimmten Sinn unvollständig ist, dann liegt das möglicherweise zum Teil daran, daß der in Frage stehende Text zu neuem Leben gerade in dem Diskurs erwacht, den der Mechanismus der Zensur erzeugt.[5]

Diese paradoxe Produktion eines Sprechens durch die Zensur funktioniert implizit und unversehens. Deswegen ist es wichtig, zwischen expliziter und impliziter Zensur zu unterscheiden. Letztere bezieht sich auf implizite Machtoperationen, die in nicht-sprachlicher Form vorzeichnen, was unsagbar bleibt. In diesen Fällen bedarf es keiner expliziten Regulierung, in der diese Einschränkung artikuliert wird. Die Verfahrensweise impliziter und wirkungsvoller Formen der Zensur deutet darauf hin, daß sich die Macht des Zensors nicht in expliziter staatlicher Politik oder Regulierung erschöpft. Die impliziten Formen der Zensur setzen dem Sagbaren womöglich eine wirksamere Grenze als die expliziten Formen. Explizite Formen der Zensur sind gerade deswegen anfällig für eine gewisse Verletzbarkeit, weil sie einfacher zu lesen sind. Eine Regulierung, *die sagt, was nicht gesagt werden soll*, widersetzt sich ihrem eigenen Begehren, sie führt einen performativen Widerspruch aus, der die Fähigkeit der Regulierung in Frage stellt, das zu meinen und zu tun, was sie sagt, d. h. ihren Anspruch auf Souveränität. Solche Regulierungen bringen das zensierte Sprechen in den öffentlichen Diskurs und richten es damit als einen Ort der Auseinandersetzung ein, d. h. als das Sze-

5 Ich gehe auf diesen Punkt kurz in »The Force of Fantasy: Mapplethorpe, Feminism, and Discursive Excess«, in: *differences* 2,2 (Herbst 1990), ein.

nario öffentlicher Äußerungen, dem zuvorgekommen werden sollte.

Dieser Fall wurde im vorigen Kapitel an einem Beispiel behandelt: das Gesetz, das der Kongreß im Oktober 1994 erlassen hat und das die politische Richtlinie »Frage nicht, antworte nicht«, die die öffentliche Erklärung der eigenen Homosexualität innerhalb der Armee behandelt, zu geltendem Recht erhoben hat. Das Gesetz selbst bezog sich nicht nur auf Homosexualität innerhalb der Armee, aber die Dokumentation, auf die es sich stützt, und die öffentlichen Debatten, die zu diesem Thema veranstaltet wurden, fokussierten diese Referenz. Bei dem Gesetz kam es nicht nur darauf an, das Coming out der Dienstleistenden einzuschränken, sondern es kam auf die Festlegung an, daß solches Sprechen, mit dem der Sprecher sich selbst etwas zuschreibt, entweder eine Form von homosexuellem Verhalten oder ein Anzeichen für die Wahrscheinlichkeit einer Neigung zu homosexuellem Verhalten darstellt.[6] In dieser Weise hat sich das Militär an einer ziemlich langwierigen Diskussion darüber beteiligt, was als »homosexuell« anzusehen ist, wie Sprechen und Verhalten voneinander zu unterscheiden sind und ob diese Unterscheidung überhaupt möglich oder wünschenswert ist. Die Regulierung der sprachlichen Bezeichnung »homosexuell« oder »Homosexueller« ist damit kein einfacher Akt der Zensur oder ein Sprechverbot. Die Regulierung *verdoppelt* die Bezeichnung, die sie zu beschränken sucht, und kann diese Beschränkung nur durch ebendiese paradoxe Verdoppelung bewirken. Die Bezeichnung ist nicht als solche unsagbar, sondern wird nur dann unsagbar, wenn man sie gebraucht, um sich selbst mit ihr zu beschreiben, und es versäumt, eine

6 Eine gründliche und einsichtsvolle Behandlung dieses Gesetzes und der »Neigungs«-Klausel findet sich bei Janet E. Halley, »Achieving Military Discharge: the 1993 Revisions to Military Anti-Gay Policy«, in: *GLQ*, 1996.

adäquate oder überzeugende Unterscheidung zwischen dieser Zuschreibung eines Status und der Absicht einzuführen, homosexuelles Verhalten zu praktizieren.

Damit kulminiert der Versuch, die Verwendung der Bezeichnung zu beschränken, gerade in ihrer Vervielfachung – ein ungewollter rhetorischer Effekt des rechtlichen Diskurses. Die Bezeichnung tritt in der Regulierung nicht nur als der Diskurs auf, der reguliert werden soll, sondern tritt auch in der öffentlichen Debatte über ihre Angemessenheit und ihren Wert insbesondere als die beschworene oder imaginierte Handlung einer Selbstzuschreibung wieder auf, die von der Regulierung explizit verboten ist. Das Verbot beschwört damit den Sprechakt herauf, den es einzuschränken sucht, und verstrickt sich in einer selbstgemachten zirkulären und imaginären Produktion. Dieses Äußern der Äußerung, die das Militär zu zensieren versucht, inszeniert auch die Erfüllung des Begehrens, sich selbst als Autor/Ursprung aller Äußerungen einzusetzen, die in seinem Bereich stattfinden. Die Regulierung spricht sowohl den Part des Zensierten wie die zensierende Stimme selbst und eignet sich das Drama als eine mögliche Form, Kontrolle über die Äußerung zu gewinnen, an.

Ich gehe so ins Detail dieses Beispiels, weil es illustriert, wie der Mechanismus der Zensur an der Produktion einer Figur der Homosexualität beteiligt ist, einer Figur, die der Staat unterstützt. Die Regulierung, die bestimmt, ob Homosexuelle in die Armee eintreten oder dort bleiben dürfen, übt nicht nur Zwang auf das Sprechen derer aus, die ihr unterworfen sind; es scheint, daß es um bestimmte Weisen des Sprechens geht, aber sie befaßt sich auch damit, *eine Norm zu schaffen, die eine militärische Subjektivierung erlaubt.* Für das männliche militärische Subjekt heißt das, daß die Normen, die Männlichkeit stiften, dieselben sind, die eine Verleugnung der Homosexualität fordern. Für Frauen erfordert die Selbstverleugnung entweder die Rückkehr zu einer Schein-Heterosexualität oder zu einer Asexualität (wie sie sich manchmal mit herrschenden Vorstellungen von weiblicher Heterosexualität verbindet), die zum militärischen Verständnis von Gruppenzusammengehörigkeit paßt.

Damit sind die Mechanismen der Zensur nicht nur aktiv an der Subjektproduktion beteiligt; sie definieren auch die gesellschaftlichen Parameter für den sagbaren Diskurs, dafür, was im öffentlichen Diskurs zulässig sein wird und was nicht.[7] Daß die Zensur daran scheitert, das betreffende Sprechen vollständig zu zensieren, liegt nun besonders daran, daß sie (a) daran scheitert, eine vollständige oder totale Subjektivierung mit rechtlichen Mitteln zu erreichen, und (b) daran scheitert, den gesellschaftlichen Bereich des sagbaren Diskurses effektiv zu umschreiben.

Es ist klar, daß der Versuch des Militärs, Sprechen zu regulieren, nicht für alle Formen der Zensur paradigmatisch ist. Er bringt jedoch mindestens zwei »produktive« Machtmodalitäten ins Spiel, die im Gegensatz zum gängigen Verständnis von Zensur als einer juridischen Macht stehen. Mit »produktiv« meine ich nicht positiv oder nutzbringend, sondern vielmehr Macht als formative und konstitutive Funktion, d. h. einen Entwurf von Macht, in dem sie nicht ausschließlich eine äußerliche Kontrollgewalt übt oder bestimmte Freiheiten entzieht.[8] In diesem Machtbegriff ist Zensur nicht bloß restriktiv und privativ, was hieße, daß sie aktiv den Subjekten die Freiheit nimmt, sich auf bestimmte Weisen auszudrücken; sondern sie konstituiert sowohl Subjekte als auch die legitimen Grenzen des Sprechens. Diese Konzeption einer produktiven oder formativen

7 Zu einer ausführlicheren Darstellung des öffentlichen Diskurses siehe Robert Post, »Racist Speech ...«, a. a. O.

8 Diese Unterscheidung macht Michel Foucault im zweiten Band von *Sexualität und Wahrheit*, wo er dem Modell der souveränen Macht eines der Disziplinarmacht entgegensetzt. Er unterscheidet zwischen »repressiver« und »produktiver« Macht.

Macht läßt sich nicht auf die Funktion staatlicher Bevormundung einschränken, auf die moralische Erziehung der Bürger; sondern diese Macht wirkt, indem sie bestimmte Staatsbürger-Typen ermöglicht und andere ausschließt. Vertreter dieser Auffassung haben herausgestellt, daß sich Zensur nicht in erster Linie gegen das Sprechen richtet; daß sie eingesetzt wird, um andere gesellschaftliche Ziele zu erreichen, und daß die Restriktion des Sprechens für andere, oft unausgesprochene gesellschaftliche und staatliche Ziele instrumentalisiert wird. Ein Beispiel dafür schließt eine Konzeption von Zensur ein, in der sie als notwendiger Schritt im Prozeß der Bildung einer Nation erscheint. Hier kann Zensur von marginalisierten Gruppen ausgeübt werden, die kulturelle Kontrolle über ihre eigene Repräsentation und Narrativierung anstreben. Ein ähnliches, aber verschiedenes Argument wird oft mit Bezug auf die herrschende Macht vorgebracht, die versucht, jede Infragestellung ihrer eigenen Legitimität zu kontrollieren. Ein anderes verwandtes Beispiel ist der Einsatz der Zensur, wo versucht wird, in einer Institution wie der Armee oder in einer Nation Konsens herzustellen (oder wiederherzustellen); wieder ein anderes Beispiel ist der Einsatz der Zensur bei der Kodifizierung der Erinnerung (etwa bei der staatlichen Kontrolle des Schutzes und der Errichtung von Denkmälern) oder auch im Beharren darauf, daß bestimmte Arten von historischen Ereignissen nur in einer Form berichtet werden sollen.

Das »produktive« Verständnis von Zensur deckt sich jedoch nicht immer mit Auffassungen, in denen diese immer als ein *Instrument* erscheint, mit dem andere gesellschaftliche Ziele durchgesetzt werden sollen. Halten wir uns vor Augen, daß in den Beispielen, die ich gerade angeführt habe, Zensur sich nicht in erster Linie mit Sprechen befaßt und daß die Kontrolle oder die Regulierung des Sprechens wenig dazu beiträgt, andere gesellschaftliche Ziele zu erreichen (bestimmte Vorstellungen von Legitimität, Konsens, kultureller Autonomie, nationalem Gedächtnis zu bestärken). Die extremste Version dieser Art Instrumentalismus konzipiert Sprechen so, daß es für die Ziele der Zensur völlig nebensächlich erscheint oder, eher noch, daß es so funktioniert, daß es die wirklichen politischen Ziele der Zensur verdeckt, die nichts oder nur wenig mit Sprechen zu tun haben.

Zensur ist eine produktive Form der Macht: Sie ist nicht bloß privativ, sondern auch formativ. Ich meine, daß Zensur darauf abzielt, Subjekte nach expliziten und impliziten Normen zu erzeugen und daß die Subjektproduktion eng mit der Regulierung des Sprechens zusammenhängt. Die Subjektproduktion findet nicht nur durch die Regulierung des Sprechens des betreffenden Subjekts statt, sondern auch durch die Regulierung des gesellschaftlichen Bereichs des sagbaren Diskurses. Die Frage ist nicht, was ich sagen kann, sondern was den Bereich des Sagbaren konstituiert, in dem sich mein Sprechen von Anfang an bewegt. Subjekt zu werden heißt, einer Gruppe von impliziten und expliziten Normen unterworfen zu werden, die das Sprechen beherrschen, das als Sprechen eines Subjekts lesbar wird.[9] Hier geht es nicht um die Frage, ob das Sprechen eines Subjekts zensiert wird, sondern wie ein bestimmtes Verfahren der Zensur festlegt, wer ein Subjekt ist, und diese Entscheidung davon abhängig macht, ob das Sprechen eines solchen Kandidaten

9 Die Formulierung mag verdreht erscheinen, doch haben politische Theoretiker von Aristoteles bis Arendt behauptet, daß Menschen als sprechende Lebewesen zu einer Art politischer Lebewesen werden. Meine Überlegungen weiten diese Behauptung aus. Arendt zitiert die aristotelische »Definition« des Menschen als »*zoon logon echon*«, die darauf beruht, »daß die griechische Lebensform sich dadurch auszeichnete, daß sie vom Reden bestimmt war und daß das zentrale Anliegen der Bürger das Miteinander-Sprechen war«. Hannah Arendt, *Vita Activa*, München 1981, S. 31. Zu Arendts Interpretation der aristotelischen »Definiton« des politischen Lebewesens als sprechendes Lebewesen vgl. ebd. S. 27-31.

der Subjektivität bestimmten Normen gehorcht, die bestimmen, was gesagt werden kann und was nicht. *Sich außerhalb des Bereichs des Sagbaren zu begeben heißt, seinen Status als Subjekt aufs Spiel zu setzen. Diejenigen Normen zu verkörpern, die das Sagbare im Sprechen einer Person beherrschen, heißt, seinen Status als Subjekt des Sprechens zu vollenden.* »Unmögliches Sprechen« wäre genau das Abschweifen des Asozialen, das Schwadronieren des Psychotikers, das die Regeln, die den Bereich des Sagbaren beherrschen, hervorbringt und von dem es unentwegt heimgesucht wird.[10]

Man könnte behaupten, daß kein Text ganz von den Fesseln der Zensur befreit werden kann, weil jeder Text und jeder Ausdruck zum Teil von einem Selektionsprozeß strukturiert wird, der teilweise von den Entscheidungen eines Autors oder Sprechers bestimmt ist und teilweise von der Sprache, die nach selektiven und differentiellen Regeln verfährt, die kein individueller Sprecher jemals aufgestellt hat (die sehr wohl kollektiv geschaffen sein können, sich aber nicht auf einen einzigen Autor zurückführen lassen, es sei denn in speziellen Fällen wie der Neuregelung einer Grammatik oder der Einführung von Neologismen). Eine sehr allgemeine These, die sich offenbar auf *alle* und *jede* Sprache anwenden läßt. Und auch wenn sie richtig und gültig ist, denke ich, daß sie sich in dieser Allgemeinheit nicht in eine politische Reflexion der Zensur übertragen läßt oder in ein normatives Verständnis davon, wie in Fragen von Zensur am besten entschieden werden soll. Tatsächlich ist, wenn man sie in ihrer allgemeinsten Form nimmt, eine der normativen Implikationen dieser Perspektive folgende: Weil jeder Ausdruck immer schon zu einem gewissen Grad

10 Weiter entfaltet diese Auffassung Dina Al-Kassims Dissertation über das »Faseln und Schwadronieren« (*ranting*), die sie am Departement of Comparative Literature in Berkeley verfaßt hat: »On Pain of Speech: Fantasies of the First Order and the Literary Rant«.

zensiert ist, hat es keinen Sinn, sich der Zensur zu widersetzen, denn das würde bedeuten, sich den Bedingungen der Intellligibilität, der Verständlichkeit, zu widersetzen (und damit gerade den Begriffen, in denen sich der Widerstand artikuliert).

Die Sicht, die ich vorschlagen möchte, revidiert diese sehr allgemeine These nach folgender Richtung: Die Bedingungen für die Verständlichkeit sind selbst mit Macht und durch sie formuliert, und diese normative Machtausübung wird selten überhaupt als Funktion der Macht erkannt. Tatsächlich könnten wir sie zu den implizitesten Formen der Macht rechnen, einer Macht, die gerade durch ihre Unlesbarkeit wirkt: Sie enzieht sich den Begriffen einer Lesbarkeit, die sie selbst hervorbringt. Daß Macht auf unlesbare Weisen fortwirkt, ist einer der Gründe für ihre relative Unverwundbarkeit.

Jemand, der innerhalb der Normen der Sagbarkeit spricht, gehorcht nicht notwendig bewußt einer Regel. Man spricht gemäß einem Arrangement stillschweigender Normen, die nicht immer explizit als Regeln kodiert sind. Charles Taylor erklärt, daß sich unser Verständnis solcher Regeln nicht auf eine bewußte Vorstellung von ihnen zurückführen läßt; es beruhe auf »Mustern des adäquaten Handelns«.[11] Ein »Hintergrundverständnis liegt unserer Fähigkeit zugrunde, Anweisungen zu verstehen und Regeln zu befolgen«, und dieses Hintergrundverständnis wird nicht bloß verkörpert, sondern wird in einem geteilten Gemeinschaftsgefühl verkörpert: Man folgt einer Regel nicht allein. In *Was heißt sprechen?* warnt Pierre Bourdieu davor, ein solches verkörpertes Verstehen oder einen *Habitus* auf die Praktik einer bewußten Regelbefolgung zu reduzieren:

11 Charles Taylor, »To Follow a Rule...«, in: Craig Calhoun, Edward LiPuma u. Moishe Postone (Hg.), *Bourdieu: Critical Perspectives*, a. a. O., S. 51.

»Jede symbolische Herrschaft setzt von seiten der Beherrschten ein gewisses Einverständnis voraus, das keine passive Unterwerfung unter einen Zwang von außen, aber auch keine freie Übernahme von Wertvorstellungen darstellt. Die Anerkennung der Legitimität der offiziellen Sprache hat mit einem freiwilligen und widerrufbaren Glaubensbekenntnis ebensowenig zu tun wie mit einem bewußten Akt der Anerkennung einer ›Norm‹.«[12]

Um zu verstehen, wie das gesellschaftliche Verstehen solcher Regeln die Form einer körperlichen Tätigkeit annimmt, müssen wir genauer zwischen der Verfahrensweise der Zensur einerseits, die stillschweigend das Subjekt des Sprechens bildet, und jenem Akt der Zensur andererseits, der im nachhinein Zwang auf das Subjekt ausübt, unterscheiden. Wenn Zensur die Parameter der Subjektivität schafft, wie gelingt es diesen Normen dann, sich im körperlichen Leben des Subjekts einzunisten? Schließlich wollen wir fragen, wie die stillschweigende Verfahrensweise der Zensur, wenn sie als eine Form der Verwerfung verstanden wird, die gewaltsame Inauguration des körperlichen Lebens des Subjekts konstituiert, die innere Inkongruenz der Sprache dieses Körpers, einer Sprache, deren Rhetorizität sich in ihrer Normativität absetzt.

Wenn ein Subjekt dadurch zum Subjekt wird, daß es in die Normativität der Sprache eintritt, dann gehen diese Regeln der Subjektbildung voraus und orchestrieren sie. Obwohl es in die Normativität der Sprache eintritt, existiert das Subjekt vor diesem Eintritt in die Sprache nur als eine grammatikalische Fiktion. Darüber hinaus hat, wie Lacan und die Lacanianer ausgeführt haben, dieser Eintritt in die Sprache seinen Preis: Die Normen, durch die das sprechende Subjekt als solches zu existieren beginnt, differenzieren das Subjekt vom Unsagbaren, d. h. sie schaffen das Unsagbare als die Bedingung der Subjektbildung.

12 Pierre Bourdieu, *Was heißt sprechen?*, a. a. O., S. 27.

Obwohl die Psychoanalyse diesen Beginn der Subjektkonstitution in der Kindheit situiert, wird diese primäre Beziehung zum Sprechen, der Eintritt des Subjekts in die Sprache durch die ursprüngliche »Sperre«, erneut im Politischen aufgerufen, wenn die Fähigkeit zu sprechen erneut zur Überlebensbedingung für das Subjekt wird. Bei den »Kosten« dieses Überlebens geht es nicht einfach darum, daß ein Unbewußtes erzeugt wird, das sich das Ich nicht vollständig aneignen kann, oder ein »Reales«, das niemals in der Sprache präsentiert werden kann. Die Bedingung für das Überleben des Subjekts ist gerade die Verwerfung dessen, was das Subjekt fundamental bedroht. Damit stellt die »Sperre« eine Bedrohung dar und schützt zugleich vor ihr. Einer solchen ursprünglichen Verwerfung ähneln politische Situationen, in denen das Subjekt, das sprechen will, gerade von der Macht eingeschränkt wird, die das Subjekt gegen seine eigene Auflösung zu schützen versucht.

Diese doppelte Dimension der Lacanschen »Sperre« (*bar*) darf jedoch nicht nur als eine Struktur gedacht werden, von der das Subjekt einmal inauguriert worden ist, sondern muß als eine kontinuierliche Dynamik im Leben des Subjekts vorgestellt werden. Die Regeln, die die Intelligibilität des Subjekts beschränken, werden das Subjekt sein Leben lang strukturieren. Der Strukturierungsprozeß ist niemals ganz abgeschlossen. Dadurch, daß das Subjekt im Handeln seinen Platz in der Sprache einnimmt, sichert es seine Fortdauer dort, wo diese Fortdauer zugleich durch eine Bedrohung und den Widerstand dagegen aufrechterhalten wird, eben durch die Bedrohung einer Auflösung des Subjekts. Wenn das Subjekt auf unmögliche Weise spricht, in Formen spricht, die sich nicht als Sprechen oder als das Sprechen eines Subjekts betrachten lassen, dann ist dieses Sprechen entwertet und die Fortdauer des Subjekts in Frage gestellt. Die Konsequenzen eines derartigen Einbruchs des Unsagbaren können von einem Gefühl, daß man »zerfällt«, bis zur staatlichen Intervention reichen, die für die Einlieferung in eine psychiatrische oder eine Strafvollzugsanstalt sorgt.

Das Bindeglied zwischen Überleben und Sagbarkeit zeichnet sich in dem Sprechen ab, das die Inaugurierung des sich selbst verleugnenden und reuigen Homosexuellen in militärische Ränge konstituiert: Ich bin nicht das, was Sie mich zu sein verdächtigen, aber daß ich das nicht bin, ist genau das, wozu ich nun geworden bin, und ist damit meine durch meine Verleugnung determinierte neue Selbstdefinition. Bedenken wir auch folgende Situation, die Saidiya Hartman skizziert hat: Die Emanzipation von der Sklaverei, die zur Staatsbürgerschaft führt, erfordert, daß die eigene Arbeitskraft eingetauscht und der eigene Wert in eine Warenform und damit in eine neue Form von Abhängigkeit übersetzt wird.[13] Der Diskurs der Freiheit, in dem man emanzipatorische Ansprüche erhebt, unterdrückt gerade die Energien, die er freizusetzen vorgibt. Oder sehen wir uns an, was bei einem Rechtsstreit gegen sexuellen Mißbrauch in der Ehe geschieht: Die Situation erfordert, daß sich eine Frau so darstellt, daß jeder Zweifel an ihrer sexuellen Reinheit entkräftet ist; sie erfordert, daß die Frau vor dem Gesetz mit einer idealisierten und entsexualisierten Version weiblicher Heterosexualität übereinstimmt. Wenn wir uns fragen, was es bedeutet, die Voraussetzungen für eine Klage vor Gericht zu erfüllen, bemerken wir die nachträgliche Wiederholung der Verwerfung, die ein Subjekt, das einen solchen Anspruch haben kann, ermöglicht und orchestriert.[14]

Noch in kulturellen Kontexten, in denen es keine notwendige oder offensichtliche Verbindung zum Gesetz gibt, regeln Formen von »Zwangsdiskursivität«[15] die Vorausset-

13 Siehe dazu Saidiya Hartman, *Scenes of Subjection*, New York (im Erscheinen).

14 Vgl. Vicky Schultz, »Women ›Before the Law‹«, in: Butler und Scott (Hg.), *Feminists Theorize the Political*, New York 1993.

zungen, unter denen politische Ansprüche erhoben werden können. Die Diskursregime des Bekenntnisses strukturieren die Form, in denen politische Fragen verhandelt werden; beim Thema Drogen etwa steht eine Mißbrauchs- und Heilungsgeschichte im Zentrum der politischen Herangehensweise an dieses Thema; bei antiaffirmativen Aktionen gegen die Leistungseliten (wie sie die Resolution der University of California belegt[16]) sind es Geschichten von Personen, die heldenhaft widrige Umstände überwunden haben und über alle Analysen systematisch institutionalisierter Diskrimination im Erziehungssystem triumphieren. Solche »Zwangs«-Narrationen erzwingen eine diskursive Form der Politisierung, die, wie Wendy Brown erläutert, nicht nur festlegt, (a) in welcher Form ein Anspruch als politischer Anspruch lesbar wird, sondern die (b), was wichtiger ist, *Politik als eine Diskursproduktion* konsolidiert und damit »Schweigen« als den Ort des möglichen Widerstands gegen solche diskursive Diskursregime und ihre normalisierenden Effekte etabliert.[17]

15 Wendy Brown, »Freedom's Silences«, in: Robert Post (Hg.), *Censorship and Silencing*, a. a. O.

16 Am 20. Juli 1995 hat der Board of Regents der University of California zwei Resolutionen verabschiedet, SP-1 und SP-2, die die Anwendung von »Rasse, Religionszugehörigkeit, Geschlecht, Hautfarbe, ethnischer Zugehörigkeit oder nationaler Herkunft als Kriterium für die Zulassung zum Universitätsstudium oder zu irgendeinem Studienförderungsprogramm« oder für Beschäftigung bei oder Vertragsabschluß mit der Universität verurteilen. Im Abschnitt 4 macht dieses Dokument deutlich, daß man bereit ist, Ausnahmen für ausgewählte Personen zu machen, die widrige Umstände erfolgreich überwunden haben: »Solche Personen sollen in Betracht gezogen werden, die, obwohl sie unter ökonomischer Benachteiligung oder unter einem unvorteilhaften gesellschaftlichem Umfeld gelitten haben (wie etwa unter Mißbrauch in der Familie oder anderweitig nicht funktionierenden Familienverhältnissen oder Nachbarschaftsverhältnissen mit einem schlechten gesellschaftlichen Einfluß), nichtsdestoweniger eine ausreichende Charakterstärke und Entschlossenheit in der Bewältigung von Widrigkeiten gezeigt haben, daß Vertrauen in sie gesetzt werden kann [...].«

17 Wendy Brown, »Freedom's Silences«, a. a. O.

Begreift man Zensur als eine zentralisierte oder sogar souveräne Macht, die Sprechen einseitig unterdrückt, so wird suggeriert, daß die Äußerlichkeit der Macht auf dem Subjekt des Sprechens lastet. Nicht ganz so sehr wird das Subjekt zum Opfer gemacht, wenn man davon ausgeht, daß Staatsbürger die Macht haben, einander der Redefreiheit zu berauben. Wenn ein Subjekt mit seinen geringschätzigen Bemerkungen oder Schilderungen ein anderes Subjekt »zensiert«, dann kann diese Zensur als ein »Zum-Schweigen-Bringen« gelten (Langton). Hier wird dem Staatsbürger, an den sich solches Sprechen richtet, die Macht zu antworten wirksam genommen, er wird von dem verächtlichen Sprechakt, der sich scheinbar an ihn richtet, seiner sprachlichen Autorschaft beraubt. Verstummen ist der performative Effekt einer bestimmten Form des Sprechens, einer Anrede, die sich zu dem Ziel an ihren Adressaten richtet, denjenigen, an den sich der Sprechakt richtet, der Autorschaft für sein Sprechen zu berauben. Nun gilt vom Subjekt – und nicht vom Staat oder einer anderen zentralisierten Institution –, daß es diese Macht hat, obwohl derjenige eine institutionelle Macht voraussetzt und anruft, der mit Worten »zum Schweigen bringt«. Tatsächlich wird das Subjekt nach dem Modell der staatlichen Macht beschrieben, und obwohl sich der *locus* der Macht vom Staat auf das Subjekt verschoben hat, bleibt die einseitige Wirkung der Macht die gleiche. Macht wird von einem Subjekt über ein anderes Subjekt ausgeübt, und ihre Ausübung kulminiert darin, ihm das Sprechen zu entreißen.

Es ist eine Sache, daß bestimmte Formen des Sprechens zensiert werden; eine ganz andere ist es, daß Zensur auf einer Ebene arbeitet, die dem Sprechen vorausgeht, demnach als die konstitutive Norm, die das Sagbare vom Unsagbaren differenziert. Die Psychoanalytiker Jean Laplanche und J.-B. Pontalis haben die zensierende Handlung der Verdrängung von einem vorgängigen Verfahren der Norm unterschieden und vorgeschlagen, dieses vorgängige Handeln als »Verwerfung« zu bezeichnen – etwas, das nicht *von* einem Subjekt ausgeführt wird, sondern das vielmehr als Verfahren die Bildung des Subjekts ermöglicht.[18] Der englische Begriff für Verwerfung, »foreclosure«, bedeutet neben »eine Hypothek für verfallen erklären« etwa »aussperren«, »vollständig ausschließen«.

Als ein Handeln scheint die Verwerfung ein Subjekt vorauszusetzen, aber diese Voraussetzung könnte sich auch als nichts anderes denn eine einfache Versuchung der Grammatik entpuppen. Tatsächlich ist Verwerfung, wenn man sie psychoanalytisch betrachtet, keine einzelne Handlung, sondern der wiederholte Effekt einer Struktur. Etwas wird gesperrt, aber kein Subjekt sperrt es, das Subjekt entsteht

18 Lacan benutzt den Ausdruck *forclusion*, die französische Übersetzung von Freuds Begriff der »Verwerfung«. In den englischen Freud-Ausgaben wird »Verwerfung« im allgemeinen mit *repudiation* oder *rejection* übersetzt. In *Das Vokabular der Psychoanalyse* (Frankfurt a. M. 1994) beschreiben Laplanche und Pontalis »Verwerfung« als ursprüngliche Zurückweisung dessen, was außerhalb der symbolischen Welt des Subjekts bleibt. In dieser Definition hat das »Außen« einen spezifischen Sinn, der jedoch Derridas Begriff eines konstitutiven »Außen« nahekommt. Dieses Außen ist die bestimmende Grenze einer symbolischen Welt, das ihre Geschlossenheit und ihren Zusammenhang zerstören würde, wenn es nach innen käme. Was außerhalb der symbolischen Welt gehalten bzw. verworfen wird, ist, mit anderen Worten, das, was diese Welt *in der Ausschließung* zusammenhält.

Laplanche und Pontalis behaupten, daß Verwerfung von Verdrängung unterschieden werden muß (*repression* im Englischen und *refoulement* im Französischen). Das Verworfene ist nicht Teil des Unbewußten eines Subjekts, es kann nicht erinnert oder bewußt gemacht werden. Es gehört nicht in den Zusammenhang der Neurose, sondern in den der Psychose; tatsächlich würde eine Psychose drohen, wenn das Verworfene in die symbolische Welt hineinkäme – sein Ausschluß sichert die Kohärenz des Symbolischen. Freud spricht sowohl in den »Drei Abhandlungen zur Sexualtheorie« als auch in »Aus der Geschichte einer infantilen Neurose« im Zusammenhang der Kastrationsangst von Verwerfung. Während Freud nur gelegentlich versucht, eine Form der Verdrängung zu definieren, die der Psychose entspricht, führt Lacan den Begriff der Verwerfung ein, um diese Form zu spezifizieren.

selbst als Ergebnis der Sperre. Dieses Sperren ist eine Handlung, die nicht wirklich *an* einem vorgegebenen Subjekt ausgeführt wird, sondern in der Weise, daß das Subjekt selbst performativ als Ergebnis dieses primären Schnitts erzeugt wird. Der Rest oder das, was abgeschnitten wird, stellt das Nicht-Performierbare der Performativität dar.

Was vor der Sperre ist, kann man nur wissen, indem man dieses »Vor« imaginiert, das von der Nachträglichkeit des Imaginären durchzogen ist, seiner vereitelten Sehnsucht. Wenn wir fragen, was oder wer die Sperre setzt, wünschen wir, daß sich eine grammatikalische Erwartung erfüllt: Daß wir die Frage überhaupt stellen können, scheint vorauszusetzen, daß sich die Frage beantworten läßt. Aber welche Grammatik hat die Möglichkeit dieser Frage geschaffen, und wie wurde diese Grammatik geschaffen? Wenn gerade die grammatikalische Position des Subjekts das Ergebnis einer Verwerfung ist, dann ist jede Erklärung der Verwerfung, die wir innerhalb einer solchen Grammatik geben können, immer der Effekt dessen, was sie zu erklären sucht. Wir möchten also, daß die Lage der Dinge vor einer solchen Grammatik in den Begriffen einer Grammatik erklärt wird, die per definitionem die Szene nachdatiert. Die Frage offenbart somit die Begrenzungen der Grammatik, die die Frage ermöglicht.

Obwohl der psychoanalytische Gebrauch von »Verwerfung« sehr komplex ist, schlage ich vor, daß wir uns den Begriff für andere Zwecke gezielt fehlaneignen, seine eigentliche Bedeutung in eine uneigentliche übertragen, um damit das Verfahren der Zensur als eine »produktive« Form von Macht neu zu denken. Ich schlage das nicht einfach deswegen vor, weil ich meine, daß eine solche Übertragung interessant sein könnte; ich denke, daß der Vorgang der Verwerfung nicht nur einmal stattfindet, daß er vielmehr kontinuierlich stattfindet und daß durch diesen kontinuierlichen Vorgang genau die Urszene aufgerufen wird, in der die Subjektbildung an die restriktive Produktion eines Bereichs des Sagbaren gebunden ist. Das erklärt das Gefühl der Gefährdung beim Subjekt, wenn die Möglichkeit des Sprechens verworfen ist.

Auf dieses Verfahren der Verwerfung beziehen wir uns stillschweigend, wenn wir fragen: Was darf in gegenwärtigen Diskursregimen nicht gesagt werden, damit sie ihre Macht weiter behaupten können? Wie wird »das Subjekt« vor dem Gesetz dadurch erzeugt, daß andere mögliche Orte der Äußerung innerhalb des Gesetzes ausgeschlossen werden? Soweit dieser Ausschluß die Möglichkeitsbedingung für jeden Sprechakt ist, folgt daraus, daß das »Rückgängigmachen von Zensur in einem Text notwendig unvollständig bleiben muß«. Nachdem es kein zulässiges Sprechen gibt, ohne daß ein anderes Sprechen unzulässig wird, ist Zensur das, was Sprechen zuläßt, indem sie gerade die Unterscheidung von zulässigem und unzulässigem Sprechen durchsetzt. Als Verwerfung verstanden, stellt Zensur Diskursregime her, indem sie das Unsagbare erzeugt.

Obwohl der Sprecher ein Effekt dieser Verwerfung ist, läßt sich das Subjekt nie ganz oder vollständig auf diesen Effekt reduzieren. Ein Subjekt, das an der Grenze des Sagbaren spricht, nimmt das Risiko in Kauf, eine neue Unterscheidung von Sagbarem und Unsagbarem vorzunehmen, das Risiko, selbst in den Bereich des Unsagbaren verbannt zu werden. Weil die Handlungsmacht des Subjekts kein spezifisches Charakteristikum des Subjekts, kein inhärenter Wille oder eine Freiheit ist, sondern ein Machteffekt, ist sie zwar eingeschränkt, aber nicht von vornherein vollständig determiniert. Wenn das Subjekt im Sprechen durch eine Reihe von Verwerfungen erzeugt wird, dann setzt diese begründende und formative Begrenzung das Szenario für die Handlungsmacht des Subjekts. Handlungsmacht wird unter der Bedingung einer solchen Verwerfung möglich. Das ist nicht die Handlungsmacht eines souveränen Subjekts, das Macht immer und ausschließlich instrumentell gegen ein anderes ausübt. Als Handlungsmacht eines postsouveränen Subjekts ist sein diskursives Vorgehen von vornherein umschrieben, kann aber auch wieder neu und in unerwarteter Form umschrieben werden. Weil die Handlung der Verwerfung nicht ein für allemal stattfindet, muß sie wiederholt werden, um ihre Macht und Effizienz zu befestigen. Eine Struktur bleibt nur dann eine Struktur, wenn sie immer wieder als solche eingesetzt wird.[19] Damit ruft das Subjekt, das innerhalb des Bereichs des Sagbaren spricht, implizit die Verwerfung, von der es abhängt, wieder auf und hängt erneut von ihr ab. Doch geschieht dieses Wiederaufrufen weder mechanisch noch vorsätzlich. Tatsächlich hat das Subjekt keine instrumentelle Distanz zu dieser Verwerfung – was wieder aufgerufen wird, ist auch das, was die Möglichkeit der Verwerfung begründet, auch wenn die Form, die das Wiederaufrufen annimmt, nicht auf ihre vorausgesetzte Form reduzierbar ist. Man spricht eine Sprache, die niemals ganz die eigene ist, aber diese Sprache besteht nur darin weiter, daß dieses Aufrufen immer wieder möglich ist. Die Sprache gewinnt ihr zeitliches Leben nur in und durch die Äußerungen, die ihre eigenen Möglichkeitsbedingungen wieder aufrufen und neu strukturieren.

Die Aufgabe der Kritik liegt nicht einfach darin, »gegen« das Gesetz zu sprechen, als wäre das Gesetz dem Sprechen äußerlich und Sprechen der privilegierte Ort der Freiheit. Wenn Sprechen auf Zensur beruht, dann ist das Prinzip, dem man sich womöglich widersetzen will, zugleich das Formprinzip der Widerrede. Es gibt keine Opposition gegen die Grenzlinien der Verwerfung außer der, die genau diese Grenzlinien neu zieht. Doch zeigt sich hier keine Sackgasse für die Handlungsmacht, sondern die zeitliche

19 Hier folge ich Derridas einflußreichem frühen Aufsatz »Struktur, Zeichen und Spiel im Diskurs der Humanwissenschaften«, in: ders., *Die Schrift und die Differenz*, Frankfurt a. M. 1976, S. 117-145.

Dynamik und das Versprechen, das in ihrer spezifischen Gebundenheit liegt. Es bleibt möglich, die Voraussetzungen des Sprechens auszunutzen, um eine zukünftige Sprache zu schaffen, die in diesen Voraussetzungen noch nirgends impliziert ist.

Ein solches weitgefaßtes Verständnis der Zensur, die an der Bildung des Subjekts des Sprechens beteiligt ist, sagt nichts darüber aus, wie in Fragen der Zensur zu entscheiden sein wird. Sie liefert keine Kriterien, mit denen man anstößige von nicht anstößiger Zensur unterscheiden kann. Sie liefert aber eine Analyse einer Gruppe von Voraussetzungen, auf der jede derartige Kriteriendiskussion beruht. Wichtig ist, daß man weiß, was man mit »Zensur« meint (was also nach der Definition von Zensur »zensiert« worden ist), um sowohl die Grenzen zu verstehen, innerhalb deren sie beseitigt werden kann, als auch den Rahmen, in dem normative Ansprüche plausibel erhoben werden können. Darüber hinaus verändert sich die Bedeutung von »normativ« notwendigerweise, sobald wir erkennen, daß gerade der Bereich des Sprechens von Normen strukturiert und eingerahmt wird, die jeder Möglichkeit von Beschreibung vorausgehen. Gewöhnlich nehmen wir für uns in Anspruch, zuerst die verschiedenen Zensurpraktiken zu beschreiben und dann über sie zu entscheiden, indem wir auf normative Prinzipien zurückgreifen. Aber wenn unsere Beschreibungen selbst von vornherein durch eine Verwerfung, die den Bereich des Sagbaren (und, innerhalb dessen, des Beschreibbaren) gegründet, normativ strukturiert sind, dann bedeutet diese Auffassung der Zensur, daß wir überdenken müssen, wo und wie wir die Macht der Normativität verstehen.

Jede Entscheidung darüber, was zu tun ist, bleibt in einen Zensurprozeß verstrickt, dem sie sich weder ganz widersetzen noch den sie ganz tilgen kann. So ist Zensur zugleich die Bedingung der Handlungsmacht und deren notwendige

Grenze. Dieses Paradox scheidet die Möglichkeit einer Entscheidung nicht aus, sondern zeigt nur, daß Handlungsmacht in Macht verstrickt ist. Entscheidungen sind nur innerhalb eines entschiedenen Feldes möglich, das nicht ein für allemal entschieden ist. Diese vorgängige Entscheidung, die niemand getroffen hat, verwirft nicht Handlungsmacht, sondern konstituiert die Verwerfung, die Handlungsmacht erst ermöglicht.

Sprechakte, politisch

Das implizite Verfahren der Zensur ist per definitionem schwierig zu beschreiben. Wenn sie in einem körperlichen Verständnis verfährt, wie Taylor und Bourdieu vorschlagen, wie verstehen wir dann die körperliche Verfahrensweise eines solchen sprachlichen Verständnisses? Wenn Zensur die Bedingung von Handlungsmacht ist, wie können wir dann sprachliche Handlungsmacht am besten verstehen? Worin besteht die »Kraft« der performativen Äußerung, und wie läßt sie sich als Teil einer Politik verstehen? Bourdieu behauptet, daß die Kraft der performativen Äußerung Effekt der gesellschaftlichen Macht ist und daß diese durch die etablierten autoritativen Kontexte und ihre Zensurinstrumente verstanden werden muß. Im Gegensatz zu dieser gesellschaftlichen Erklärung der performativen Wirkungskraft behauptet Derrida, daß die Kraft der Äußerung darin besteht, daß sie mit früheren, etablierten Kontexten bricht.

In der Einleitung habe ich die Position vertreten, daß der Sprechakt eine körperliche Handlung ist und daß sich die Wirkungskraft der performativen Äußerung nie ganz von der körperlichen Kraft trennen läßt: Darin konstituiert sich der Chiasmus der »Drohung« als Sprechakt, der zugleich körperlich und sprachlich ist. Felmans Beitrag zur Sprechakttheorie unterstreicht, daß Sprechen, gerade weil es eine körperliche Handlung ist, von dem, was es sagt, nicht immer weiß. Mit anderen Worten, die körperlichen Effekte des Sprechens überschreiten die Absichten des Sprechers und werfen die Frage nach dem Sprechakt selbst als einer Verbindung von körperlichen und psychischen Kräften auf. Oben habe ich darauf hingewiesen, daß Verwerfung im revidierten Verständnis das Subjekt inauguriert oder bildet, indem sie die Grenzen des sagbaren Diskurses als die Grenzen, innerhalb deren ein Subjekt leben kann, festlegt. Verwerfung beinhaltet, daß die normative Erzeugung des Subjekts vor jedem offensichtlichen Akt der Zensur eines Subjekts stattfindet, deshalb sollte sie als Form einer produktiven Macht im Foucaultschen Sinne verstanden werden. Jetzt stellt sich die Frage: Warum richten sich Normen, die das Sprechen beherrschen, im Körper ein? Und auf welche Weise versuchen diese Normen, die das Subjekt des Sprechens erzeugen und regulieren, sich in seinem Körper einzurichten und sein körperliches Leben zu gestalten?

Pierre Bourdieu gibt eine Erklärung dafür, wie Normen verkörpert werden: Danach stilisieren und kultivieren sie den Habitus des Körpers, den kulturellen Stil seiner Gestik und seines Verhaltens. Am Ende dieses Kapitels hoffe ich zu zeigen, daß Bourdieu eine vielversprechende Erklärung dafür anbietet, wie die nicht beabsichtigte und nicht vorsätzliche Verkörperung von Normen vonstatten geht. Was Bourdieu aber nicht verstehen kann, ist, wie das, was am Sprechen körperlich ist, eben den Normen, die es regulieren, widersteht und sie durcheinanderbringt. Auch vernachlässigt er in seiner Erklärung der Performativität des politischen Diskurses die stillschweigende Performativität des körperlichen »Sprechens«, die Performativität des Habitus. Seine konservative Erklärung des Sprechakts geht davon aus, daß die Konventionen, die die performative Äußerung autorisieren, bereits bestehen, und deswegen kann er den Derridaschen »Bruch« mit dem Kontext, den Äußerungen performativ herbeiführen, nicht erklären. Seine Perspektive sieht nicht die Krise der Konvention, die das Aussprechen des Unsagbaren hervorruft, die widerständige »Wirkungskraft« des zensierten Sprechens, das im »offiziellen Diskurs« auftaucht und der performativen Äußerung eine unvorhersehbare Zukunft eröffnet.

Pierre Bourdieu bezeichnet Praxisformen als wirkungskräftig – man kann ihnen nur schwer widerstehen, da sie »stumm und hinterhältig sind, beharrlich und manipulativ«.[20] Was damit gemeint ist, hat er in zahlreichen Werken deutlich gemacht, am deutlichsten vielleicht in seinem Aufsatz »Zensur und Formgebung«.[21] Hier schreibt er über Fachsprachen, genauer über die akademischen Fachsprachen, und legt dar, daß sie nicht nur auf Zensur beruhen, sondern auch auf einer Sedimentierung und Verdrehung der gewöhnlichen Umgangssprache – »Euphemisierungsstrategien«,[22] um seine Formulierung zu benutzen. Bourdieu stellt das Werk Heideggers in den Mittelpunkt und führt aus, daß Heideggers Sprache durchweg Strategien einsetzt, die die Illusion erzeugen, daß sie mit der normalen Sprache gebrochen habe. Legitimierende Codes werden gerade dadurch geschaffen, daß ungewöhnliche Worte auf solche Weise aufgerufen werden, daß sie in einer systematischen Beziehung zueinander zu stehen scheinen. »Verwandelt und verklärt, verliert es [das Wort] seine soziale Identität und seine normale Bedeutung an eine abgeleitete Bedeutung«, schreibt Bourdieu.[23] »Jedes Wort trägt von nun an unauslöschlich die Spur des *Schnitts*, der den eigentlichen

20 Bourdieu wurde hier direkt aus dem Text von Judith Butler übersetzt. (A. d. Ü.)

21 Pierre Bourdieu, »Zensur und Formgebung«, in: ders., *Was heißt sprechen?*, a. a. O., S. 117-145.

22 Ebd., S. 117.

23 Ebd., S. 122.

ontologischen vom normalen, vulgären Sinn scheidet.«[24] Nicht nur beruhe ein solcher philosophischer Diskurs auf der Unterscheidung von heiligem und profanem Wissen, sondern zur Kodifizierung dieser Unterscheidung selbst werde heiliges Wissen eingesetzt.

Aber Bourdieu hat sich nicht einfach die Aufgabe gestellt, uns in eine Welt der normalen Lokutionen zurückzubringen. Er bietet eine theoretische Rekonstruktion der Kluft an, die Heideggers Diskurs institutionalisiert habe, und weigert sich, die Alltagssprache als primär und unhintergehbar anzusehen. Alltagssprache ist, seiner Auffassung nach, »politisch geprägt«, denn »die objektiv politischen Prinzipien der Opposition (zwischen sozialen Gruppen) sind in der Alltagssprache aufgezeichnet und gespeichert«.[25]

Nach Bourdieu stellt sich der philosophische Diskurs offenkundig gegen die Alltagssprache, diese selbst ist durch politische und gesellschaftliche Gegensätze zwischen einzelnen Gruppen strukturiert; die letzteren sind teilweise durch das, was er den Markt nennt, strukturiert, den er als objektives Feld versteht. Die Alltagssprache nimmt gesellschaftliche Gegensätze auf und bewahrt sie, doch tut sie das in einer Form, die nicht unmittelbar transparent ist. Diese Gegensätze sind in der Alltagssprache sedimentiert, und es bedarf einer theoretischen Rekonstruktion genau dieses Sedimentierungsprozesses, um sie überhaupt verstehen zu können. Ein philosophischer Diskurs wie der von Heidegger entfernt sich damit sowohl von der Alltagssprache als auch von der Möglichkeit einer theoretischen Rekonstruktion der Weisen, in denen sich gesellschaftliche Gegensätze in der Alltagssprache sedimentiert haben. Auch wiederholt der philosophische Diskurs einen Klassengegensatz, aber in

24 Ebd., S. 125 f.

25 Bourdieu wurde hier direkt aus dem Text von Judith Butler übersetzt. (A. d. Ü.)

einer abweichenden Form. In ihrem Gegensatz zur Alltagssprache partizipiert die Philosophie an einem hierarchischen Komplex von Gegensätzen, der kaum sichtbar genau die gesellschaftlichen Gegensätze reinszeniert, die in der Alltagssprache sedimentiert und durch sie verstellt sind.

Bourdieu spricht sich für eine theoretische Rekonstruktion genau dieser Kluft zwischen alltagssprachlichem und philosophischem Sprachgebrauch aus. In diesem Sinne stellt er sich gegen einen Hyperintellektualismus, der nicht vermag, den Bruch anzuerkennen, den er gegenüber der Alltagssprache vollzieht, aber er stellt sich genauso gegen einen Anti-Intellektualismus, der nicht vermag, diese von ihm skizzierte Kluft zwischen Alltagssprache und Philosophie theoretisch zu erklären.

In der jüngsten amerikanischen Kulturpolitik wurden verschiedene Positionen vertreten, die die Fesseln der Zensur abstreifen und zu einer unmittelbareren, direkteren Form von Diskurs zurückkehren wollen. Heute erleben wir nicht nur eine Tendenz zur Aufwertung der Stimme des Autors in literatur- und kulturwissenschaftlichen Studien, sondern beobachten auch, wie ein fast schon zwanghafter Ausstoß überschäumender Affekte aktiven und beharrlichen Widerstand gegen die Macht der Zensur unter Beweis stellen soll. Daß solche Ausdrucksformen schnell geläufig und vorhersagbar werden, läßt vermuten, daß diese Affekte von einer noch hinterhältigeren Form der Zensur hervorgebracht werden und daß die scheiternde Annäherung an eine vermeintlich regelwidrige Emotionalität im genauen Sinn ein Scheitern daran ist, sich nach bestimmten impliziten Regeln zu verhalten, jenen, die die »freiheitlichen« Möglichkeiten im kulturellen Leben beherrschen.

Wenn Anti-Intellektualismus zum Gegenstück von Antizensur wird und die akademische Sprache ihre eigene Auflösung betreibt, um sich dem Normalen, dem Körperlichen und dem Intimen anzunähern, dann werden die Rituale der Kodifizierung, die hier am Werk sind, hinterhältiger und schwerer lesbar. Man ersetzt eine scheinbar evasive intellektuelle Sprache durch eine immer wieder romantisierte, hypostasierte Normalsprache, die eine Alternative zur Zensur sein soll, aber damit lassen sich weder die Produktivität von Zensur noch ihre subversiven Effekte erklären. Der »Bruch« mit dem alltagssprachlichen Diskurs, den eine intellektuelle Sprache vollzieht, muß nicht vollständig sein, um einen Diskurs zu dekontextualisieren und zu denaturalisieren und damit möglicherweise heilsame Effekte zu erzielen. Das Spiel zwischen dem Alltagssprachlichen und dem Nicht-Alltagssprachlichen ist entscheidend, wenn die Beschränkungen revidiert und reformuliert werden, die die Grenzen des Sagbaren und damit die Lebensfähigkeit des Subjekts sichern.

Katachrestische Effekte im politischen Diskurs sind nur möglich, wenn Begriffe, die traditionell in einer bestimmten Weise bezeichnet haben, für andere Zwecke fehlangeeignet werden.[26] Wenn z. B. der Begriff »Subjekt« offenbar zu stark mit der Erwartung von Souveränität und epistemologischer Transparenz beladen ist, soll dieser Begriff angeblich nicht mehr zu gebrauchen sein. Doch kann der neue Gebrauch eines solchen Begriffs – etwa in einem postsouveränen Kontext – die sonst festgefügte Kontextwahrnehmung erschüttern, die er aufruft. Derrida nennt diese Möglichkeit »Wiedereinschreibung«. Auch die Schlüsselbegriffe der Moderne sind für solche Wiedereinschreibungen anfällig, ein Paradox, auf das ich gegen Ende dieses Kapitels noch zurückkommen will. Kurz gesagt, es geht mir darum, daß gerade in der Fähigkeit dieser Begriffe, eine nicht-gewöhnliche Bedeutung anzunehmen, ihr beständiges politisches Versprechen liegt. Ich würde sogar sagen,

26 Siehe Gayatari Chakravorty Spivak, »In a Word. Interview« mit Ellen Rooney, in: *differences: A Journal of Feminist Cultural Studies*, Bd. 1, Nr. 2 (Sommer 1989), S. 124-156.

daß das Widerstandspotential solchen Aufrufens genau in dem Bruch besteht, den es zwischen einer gewöhnlichen und einer nicht-gewöhnlichen Bedeutung hervorruft. Ich möchte vorschlagen, in Anlehnung an Bourdieu und mit ihm davon auszugehen, daß der Sprechakt ein institutioneller Ritus ist, um damit zu zeigen, daß bestimmte Formen, ein Sprechen aufzurufen, Akte des Widerstands sind.

Damit derartige Sprechakte erklärbar sind, darf Sprache nicht als statisches und geschlossenes System verstanden werden, in dem Äußerungen von vornherein durch die »gesellschaftlichen Positionen« funktional verankert sind, mit denen sie mimetisch assoziiert werden. Die Kraft und die Bedeutung einer Äußerung sind nicht ausschließlich durch frühere Kontexte oder »Positionen« determiniert; eine Äußerung kann ihre Kraft gerade aus dem Bruch mit dem Kontext gewinnen, den sie ausführt. Solche Brüche mit früheren Kontexten oder mit gewöhnlichen Anwendungen sind tatsächlich entscheidend für den politischen Vorgang der performativen Äußerung. Sprache nimmt genau dazu eine nicht-gewöhnliche Bedeutung an, um sich gegen das zu stellen, was sich im und als das Gewöhnliche sedimentiert hat.

Bourdieu beharrt darauf, daß ein gewisser Intellektualismus, der unter den Rubriken »literarische Semiologie« oder »sprachlicher Formalismus« stattfindet, seine eigene theoretische Konstruktion als gültige Beschreibung von gesellschaftlicher Realität fehlkonstruiert. Ein intellektuelles Unternehmen dieser Art mißversteht nach Bourdieu nicht nur die gesellschaftlichen Machtpositionen, die es in den legitimierten Institutionen der Universität innehat, sondern vermag auch nicht, die kritische Differenz zwischen der *sprachlichen* und der *gesellschaftlichen* Dimension ebender textuellen Praktiken, die es beobachtet, wahrzunehmen. Bourdieu führt nicht aus, wessen intellektuelle Position er unter der Rubrik »literarische Semiologie« kritisiert, scheint aber im stummen Streit mit Derridas Lektüre von

Austins Theorie der performativen Äußerung in seinem Text »Signatur Ereignis Kontext« zu liegen.

Sowohl Bourdieu als auch Derrida lesen Austin, um klarer zu bestimmen, was die Kraft der performativen Äußerung ist, was einer sprachlichen Äußerung die Kraft verleiht, das zu tun, was sie sagt, oder ihr erlaubt, Effekte als Folge des Gesagten zu befestigen. Austin macht deutlich, daß die illokutionäre performative Äußerung ihre Kraft bzw. ihre Effizienz aus dem Rekurs auf bestehende Konventionen bezieht. Sobald eine Konvention besteht – und die performative Äußerung partizipiert an einem konventionellen Wortlaut – und die entsprechenden Umstände gegeben sind, wird das Wort zur Tat: Die Taufe ist ausgeführt, der mutmaßliche Verbrecher inhaftiert, das heterosexuelle Paar heiratet. Für Austin scheinen Konventionen stabil zu sein, und diese Stabilität spiegelt sich in einem stabilen gesellschaftlichen Kontext wider, in dem diese Konventionen im Lauf der Zeit sedimentiert wurden. Bourdieu kritisiert die Dürftigkeit dieser »Theorie« des gesellschaftlichen Kontexts gerade deswegen, weil sie, ohne deren weitere Ausführung, eine Erklärung gesellschaftlicher Macht voraussetzt, eine Erklärung, die Sprache einbezieht, aber nicht auf sie beschränkt bleibt. Wider den mit Austin einsetzenden Formalismus schreibt Bourdieu:

»Dies ist der Ursprung jenes am deutlichsten bei Austin (oder später bei Habermas) zu beobachtenden Irrtums, der im Diskurs selber, das heißt in der eigentlichen sprachlichen Substanz – wenn dieser Ausdruck erlaubt ist – des Wortes, den Ursprung seiner Wirkung zu entdecken meint. Der Versuch, die Macht sprachlicher Äußerungen sprachlich zu begreifen, die Suche nach der Ursache der Logik und der Wirkung der *Sprache der Setzung* in der Sprache selber, übersieht, daß die Sprache ihre Autorität von außen bekommt [...]. Allenfalls *repräsentiert* die Sprache diese Autorität, manifestiert, symbolisiert sie [...].«[27]

27 Bourdieu, *Was heißt sprechen?*, a. a. O., S. 73, 75.

Nach Bourdieu verweist die Unterscheidung zwischen performativen Äußerungen, die funktionieren, und solchen, die scheitern, eindeutig auf die gesellschaftliche Macht dessen, der spricht: Derjenige, der über eine legitime Macht verfügt, bringt Sprache zum Handeln, derjenige, der nicht über sie verfügt, mag den gleichen Wortlaut aussprechen und ruft doch keine Wirkung hervor. Der erste ist legitimiert, der zweite ein Betrüger.

Aber ist es überhaupt möglich, sicher zwischen Betrug und wirklicher Autorität zu unterscheiden? Und gibt es Situationen, in denen die Äußerung notwendig den Unterschied zwischen beiden verwischt, in denen die Äußerung die bestehenden Gründe dieser Legitimität in Frage stellt, in denen die Äußerung tatsächlich als Effekt der Äußerung selbst eine Verschiebung in der Begrifflichkeit der Legitimität performiert? Bourdieu bringt das Beispiel des liturgischen Rituals und mehrere Beispiele für die Bedingungen ihrer Äußerung und für mögliche Veränderungen ihres Wortlauts, die die Liturgie fehlerhaft machen. Sein Verständnis eines fehlerhaften bzw. korrekten Rituals setzt allerdings voraus, daß die legitimen Formen des liturgischen Rituals bereits bestehen und daß keine neuen legitimen Formen, es aufzurufen, entstanden sind, die die alten transformieren und ersetzen könnten. Tatsächlich könnte das Ritual, das mit den Regeln der Liturgie bricht, immer noch die Liturgie sein, in ihrer zukünftigen Form.

Bourdieus Beispiel ist deshalb signifikant, weil seine Theorie nicht zu berücksichtigen vermag, daß eine gewisse performative Kraft aus der Wiedergabe konventioneller Formeln in nicht-konventionellen Formen resultiert. Die Möglichkeit einer Resignifizierung dieses Rituals beruht auf der vorgängigen Möglichkeit, daß eine Formel mit ihrem ursprünglichen Kontext brechen und Bedeutungen und Funktionen annehmen kann, für die sie niemals bestimmt war. Weil für ihn gesellschaftliche Institutionen statisch sind, gelingt es Bourdieu nicht, die Logik der Iterierbarkeit zu erfassen, die die Möglichkeit eines gesellschaftlichen Wandels beherrscht. Wenn wir ein fehlerhaftes oder falsches Aufrufen als *Reiteration* verstehen, sehen wir, wie die Form gesellschaftlicher Institutionen einem Wandel unterworfen ist und sich verändert und wie eine Aufrufung, die keine vorgängige Legitimität besitzt, die bestehenden Formen der Legitimität herausfordern und damit die Möglichkeit zukünftiger Formen eröffnen kann. Als Rosa Parks im vorderen Abteil des Busses saß, hatte sie dazu kein vorgängiges Recht, das irgendeine Rassentrennungskonvention der Südstaaten garantiert hätte. Und trotzdem verlieh sie, indem sie ohne vorgängige Autorisierung Anspruch auf dieses Recht erhob, ebendieser Handlung eine gewisse Autorität und leitete den Umsturz der bestehenden Legitimitätscodes ein.

Bezeichnenderweise ist gerade die Iterabilität der performativen Äußerung, die Bourdieu verkennt, das Hauptanliegen von Derridas Austin-Lektüre. Für Derrida leitet sich die Kraft der performativen Äußerung aus ihrer Dekontextualisierung ab, aus ihrem Bruch mit einem früheren Kontext und ihrer Fähigkeit, neue Kontexte an sich zu ziehen. Tatsächlich müsse eine performative Äußerung, soweit sie konventional ist, wiederholt werden, damit sie funktionieren kann. Und diese Wiederholung setzt voraus, daß die Formel selbst auch in neuen Kontexten weiter funktioniert, daß sie nie an einen bestimmen Kontext gebunden ist, wenn sie auch, wie ich hinzufügen würde, immer im einen oder anderen Kontext auftreten wird. »Unabschließbarkeit« eines Kontexts bedeutet nur, daß jede Begrenzung, die man an ihm vornehmen kann, selbst einer neuen Kontextualisierung ausgesetzt ist und daß Kontexte in keiner einheitlichen Form vorliegen. Das bedeutet nicht und hat nie bedeutet, daß man nicht länger versuchen sollte, einen Kontext zu begrenzen; es bedeutet nur, daß jede solche Begrenzung einer potentiell unendlichen Revision ausgesetzt ist. Wenn es Bourdieu nicht gelingt, jene besondere Kraft theoretisch zu fassen, die die Äußerung entfaltet, wenn sie mit einem früheren Kontext bricht, fokussiert Derrida die augenfälligen »Struktur«-Merkmale der performativen Äußerung, die unabhängig von jedem gesellschaftlichen Kontext und ohne jede Rücksicht auf die Semantik bestehen bleiben – und macht damit die Logik der Iterabilität sichtbar. Performative Äußerungen funktionieren nach der gleichen Logik wie Schriftzeichen – nach Derrida enthalten sie als Zeichen »die Kraft eines Bruchs mit seinem Kontext [...]. Diese Kraft des Bruches [*force de rupture*] ist kein akzidentelles Prädikat, sondern die Struktur des Geschriebenen selbst.«[28] Wenig später setzt Derrida die Möglichkeit des Bruchs mit dem Kontext mit einer Verräumlichung bzw. mit dem Intervall, das aus der Wiederholung resultiert, in Beziehung. Das Zeichen, insofern es wiederholbar ist, ist eine differentielle Markierung, die von ihrem angeblichen ersten Auftreten bzw. Ursprung »getrennt« ist, wie Derrida behauptet, oder nur lose an ihn zurückgebunden. Das würde die Frage aufwerfen, ob die Funktion des Zeichens wesentlich mit der Sedimentierung seiner Anwendungen verbunden ist oder ob sie wesentlich frei von jeder Geschichtlichkeit ist.

Derridas Erklärung tendiert dazu, die relative Autonomie der strukturellen Verfahrensweise des Zeichens zu betonen und die »Kraft« der performativen Äußerung als Strukturmerkmal jedes Zeichens zu identifizieren, das mit seinen früheren Kontexten brechen muß, um seine Iterierbarkeit als Zeichen zu erhalten. Die Kraft der performativen Äußerung leitet sich daher nicht aus einem früheren Gebrauch ab, sondern entsteht gerade aus dem Bruch mit jedem früheren Gebrauch. Dieser Bruch ist die Kraft der

28 Jacques Derrida, »Signatur Ereignis Kontext«, in: Peter Engelmann (Hg.), *Randgänge der Philosophie*, a. a. O., S. 300.

performativen Äußerung, jenseits aller Fragen nach Wahrheit oder Bedeutung. Derrida setzt die strukturelle Ebene der Sprache in Gegensatz zu ihrer semantischen und beschreibt ein autonomes strukturelles Verfahren, das anscheinend jeden gesellschaftlichen Rückstand abgeschüttelt hat. Wenn er schreibt, daß eine performative Äußerung »an sich nur eine wiederholende oder zitathafte [...] Struktur haben kann«,[29] dann bezieht er damit deutlich eine Gegenposition zu Austins Erklärung der Wiederholbarkeit als einer Funktion der Sprache als gesellschaftlicher Konvention. Für Derrida hat die Iterierbarkeit, die der Konvention eigentümlich ist, einen strukturellen Status, bei dem keinerlei gesellschaftliche Faktoren berücksichtigt werden müssen. Daß *Dissemination* »nicht auf eine Polysemie reduziert«[30] werden kann, bedeutet, daß sich die Dissemination des Zeichens, als graphematische Markierung, nicht auf die Fähigkeit des Zeichens reduzieren läßt, multiple Bedeutungen zu transportieren; Dissemination findet eher auf einer strukturellen als auf einer semantischen Ebene statt.

Auf Austins Behauptung, daß »das Mißlingen [...] ein Übel ist, dem alle Handlungen, die den allgemeinen Charakter eines Rituals oder eines Zeremoniells haben: also alle *konventionellen Handlungen*, ausgesetzt sind«,[31] antwortet Derrida mit der folgenden Reformulierung der performativen Äußerung (die die Wiederholung der Formel mit einer Differenz vorführt),

»[...] daß Austin genau an dieser Stelle nur jene Konventionalität zu berücksichtigen scheint, die den *Umstand* der Äußerung [*enoncé*] bildet, ihre kontextuelle Umgebung, und nicht eine gewisse innere Kontextualität dessen, was die Äußerung [*locution*] selbst konstituiert, all das, was man, um schnell zu machen, unter der problematischen Rubrik der ›Beliebigkeit des Zeichens‹ zu-

29 Ebd., S. 310.
30 Ebd., S. 313.
31 Austin, zit. nach Derrida, ebd. S. 307.

sammenfaßt; wodurch die Schwierigkeit ausgeweitet, verschärft und radikalisiert wird. Der ›Ritus‹ ist keine Eventualität [*éventualité*], sondern als Iterierbarkeit ein strukturelles Merkmal des Zeichens [*marque*].«[32]

Wenn Iterierbarkeit das Strukturmerkmal jeder Markierung ist, dann gibt es keine Markierung ohne die für sie spezifische Iterierbarkeit; wenn also eine Markierung eine Markierung sein soll, dann muß sie wiederholbar sein und muß diese Wiederholbarkeit ihr notwendiges und konsumtives Merkmal sein. An einer früheren Stelle in dem gleichen Aufsatz legt Derrida nahe, »Mitteilen (*communiquer*) hieße, im Fall des ›performative‹ [...], durch den Anstoß eines Zeichens (*marque*) eine Kraft mitzuteilen (*communiquer*)«.[33] Diese Kraft hängt mit dem Bruch mit dem Kontext zusammen, dem Szenario, in dem der Wortlaut seine strukturelle Unabhängigkeit von jedem der bestimmten Kontexte, in denen er auftritt, durch seine Wiederholung etabliert. Die »Kraft« leitet sich nicht aus außersprachlichen Bedingungen ab, wie Bourdieu nahelegt, sondern resultiert aus der Iterabilität des graphematischen Zeichens.

Indem er darauf hinweist, daß performative Effekte mit einer Kraft zusammenhängen, die nichts mit Fragen der Wahrheit oder Bedeutung zu tun hat, bemerkt Derrida, der »semantische Horizont, der gewöhnlich den Begriff von Kommunikation beherrscht«, werde »durch die Intervention von Schrift, das heißt eine *Dissemination*, die sich nicht auf eine *Polysemie* reduziert, überschritten oder durchbrochen«.[34] In dieser letzten Formulierung, mit der wir uns oben schon kurz beschäftigt haben, scheinen Struktur und Semantik immer und ausschließlich gegeneinander zu arbeiten. Wie läßt sich dieses »immer und ausschließlich« verteidigen? Was sichert die Permanenz dieser gekreuzten und

32 Ebd.
33 Ebd., S. 305.
34 Ebd., S. 313.

unruhigen Beziehung, in der die Struktur die Bedeutung überschreitet und gegen sie arbeitet und in der die Bedeutung immer von der Struktur durchkreuzt und besiegt wird? Gibt es eine strukturelle Notwendigkeit für diese Verwirrung der Beziehung, eine Struktur oder vielleicht eine Bedeutung, die diese Struktur begründet?

Die Frage ist wichtig, wenn man ernsthaft darauf eingeht, daß die Logik der Iterabilität als gesellschaftliche Logik durchdacht werden sollte. Wenn man das Problem der performativen Äußerung von einer Vielzahl politischer Szenarien her angeht – *hate speech*, brennende Kreuze, Pornographie, schwule Selbstbezeichnung –, dann drängt sich eine Lektüre des Sprechakts auf, die mehr leistet, als seine Verfahrensweise auf der Basis einer angeblich formalen Struktur zu universalisieren. Wenn der Bruch mit dem Kontext, den eine performative Äußerung ausführt oder, mit Derridas zu sprechen, ausführen *muß*, etwas ist, das jede »Markierung« [*marque*] aufgrund ihrer graphematischen Struktur ausführt, dann sind alle Markierungen und Äußerungen gleichermaßen diesem Mißlingen ausgesetzt, und es hat keinen Sinn, sich zu fragen, wie es kommt, daß bestimmte Äußerungen leichter mit einem früheren Kontext brechen als andere oder warum bestimmte Äußerungen die Kraft haben zu verwunden, wohingegen es anderen nicht gelingt, überhaupt eine solche Kraft auszuüben. Bourdieu kann nicht berücksichtigen, wie eine performative Äußerung mit bestehenden Kontexten brechen und neue Kontexte anziehen kann und damit die Begriffe selbst der legitimen Äußerung neu setzt; Derrida scheint dagegen den Bruch als notwendiges Strukturmerkmal jeder Äußerung und jeder kodierbaren schriftlichen Markierung einzusetzen und lähmt damit eine gesellschaftliche Analyse der wirkungsvollen Äußerung. Wir müssen allerdings noch zu einer Erklärung der gesellschaftlichen Wiederholbarkeit der Äußerung kommen.

Als Austin schrieb, daß alle konventionellen Handlungen dem Mißlingen ausgesetzt sind, versuchte er, die Bedingungen dieses Mißlingens auszumachen, und zwar, zum Teil, in der jeweiligen Situation. Derrida behauptet dagegen, daß es eine Konventionalität und eine Gefahr des Mißlingens gibt, die dem Sprechakt selbst eigen sind – ein Mißlingen, das das Äquivalent der Arbitrarität des Zeichens ist. Austin hat das Verständnis der Konvention um die Begriffe »Ritual« und »Zeremonie« bereichert; bei Derrida verwandelt sie sich vollständig in sprachliche Iterierbarkeit. Dem gesellschaftlich komplexen Begriff des »Rituals«, der auch in Althussers Definition der Ideologie als »Ritual« erscheint, wird jede gesellschaftliche Bedeutung abgezogen, seine Wiederholungsfunktion von seiner gesellschaftlichen Verfahrensweise abstrahiert und als inhärentes Strukturmerkmal aller und jeder Markierung gesetzt.

Auf der anderen Seite bemüht sich Bourdieu, das »rituelle« Verständnis der »Konvention« auszuweiten und jede Rücksicht auf die Temporalität oder Logik der Performativität auszuschließen. Tatsächlich kontextualisiert er das Ritual im gesellschaftlichen Feld des »Marktes«, um den Ursprung sprachlicher Macht radikaler außerhalb ihrer selbst zu verorten.

Die »Unglücksfälle« Austins, für die performative Äußerungen anfällig sind, werden somit ganz anders konzipiert: Performative Äußerungen mißlingen entweder (für Derrida), weil sie als Bedingung ihrer Iterierbarkeit mißlingen müssen, oder sie werden (für Bourdieu) nicht von geeigneten Formen des Ausdrucks gesellschaftlicher Macht gestützt. Derrida behauptet, daß das Mißlingen performativer Äußerungen die Bedingung ihrer Möglichkeit ist, »die Kraft und das Gesetz«[35] des Sprechakts. Daß performative Äußerungen danebengehen können, daß sie inkorrekt an-

35 Ebd., S. 309.

gewendet oder aufgerufen werden können, ist wesentlich für ihre »eigentliche« Funktionsweise: Solche Fälle exemplifizieren eine allgemeinere Zitathaftigkeit, die immer in die Irre gehen kann und die die künstlerische Mimesis in der »Täuschung«, die sie vollzieht, ausnutzt. Tatsächlich stützt sich jede Performativität auf eine glaubwürdige Erzeugung von »Autorität« und ist daher nicht nur eine Wiederholung ihrer eigenen ersten Instanz – und damit auch ein Verlust dieser ursprünglichen Instanz –, sondern ihre Zitathaftigkeit nimmt die Gestalt endloser Abbildung an. Die Täuschung, die die performative Äußerung ausführt, ist daher zentral für ihre »legitime« Funktionsweise: Alles, was glaubwürdig erzeugt wird, muß gemäß den Legitimitätsnormen erzeugt werden, es kann daher nicht mit diesen Normen identisch sein und bleibt notwendig von der Norm selbst entfernt. Die Performanz der Legitimität ist die glaubwürdige Erzeugung des Legitimen, eines Legitimen, das die Kluft zu schließen scheint, die es ermöglicht.

Bourdieu behauptet, daß jedes Versagen oder jede Fehlanwendung der Sprache ein Licht auf die gesellschaftlichen Bedingungen wirft, unter denen eine performative Äußerung funktioniert und es uns ermöglicht, diese Bedingungen zu artikulieren. Bourdieu beschuldigt Derrida unter dem Vorzeichen der »literarischen Semiologie« einer übertrieben formalen Interpretation der performativen Äußerung; und doch weitet Bourdieu die gesellschaftliche Dimension der performativen Äußerung auf Kosten ihrer Transformierbarkeit aus. Paradoxerweise bietet Derridas Formulierung so die Möglichkeit, Performativität in Verbindung mit Transformation zu denken, mit dem Bruch mit früheren Kontexten, der Möglichkeit, Kontexte zu inaugurieren, die erst noch wirklich werden müssen.

Die Frage, was die »Kraft« der performativen Äußerung konstituiert, läßt sich jedoch weder mit der einen noch mit der anderen Formulierung angemessen beantworten, obwohl beide Auffassungen, zusammengenommen, auf eine Theorie der gesellschaftlichen Iterabilität des Sprechaktes hindeuten. Es ist sinnvoll, sich daran zu erinnern, daß die Kraft des Sprechaktes, so wie sie Toni Morrison und Shoshana Felman gefaßt haben, eng mit dem Status von Sprechen als körperlicher Handlung zusammenhängt. Daß Sprechen nicht das gleiche ist wie Schreiben, scheint klar, und zwar nicht, weil der Körper im Sprechen in einer Form anwesend ist, wie er es im Schreiben nicht ist, sondern weil die indirekte Beziehung von Körper und Sprechen selbst von der Äußerung performiert wird – umgelenkt, und doch von der Performanz selbst getragen. Die Behauptung, daß der Körper im Sprechen und im Schreiben gleichermaßen abwesend ist, ist nur insoweit richtig, als weder Sprechen noch Schreiben den Körper unmittelbar anwesend werden lassen. Aber die Formen, in denen der Körper indirekt im Sprechen erscheint, unterscheiden sich notwendig von den Formen, in denen er im Schreiben erscheint. Obwohl beides körperliche Handlungen sind, ist es offenbar die Markierung des Körpers, die im geschriebenen Text gelesen wird. Wessen Körper es ist, kann dauerhaft unklar bleiben. Der Sprechakt dagegen wird körperlich ausgeführt, und obwohl er keine absolute oder unmittelbare Anwesenheit des Körpers herbeiführt, kommuniziert die Gleichzeitigkeit von Produktion und Übermittlung des Ausdrucks nicht nur, was gesagt wird, sondern auch das Körperverhalten als rhetorisches Instrument des Ausdrucks. Das offenbart die inkongruente Wechselbeziehung von Körper und Sprechen, auf die Felman hinweist, den Überschuß im Sprechen, der mit und oft gegen den propositionalen Gehalt des Gesagten gelesen werden muß.

Bourdieu bietet in seinem Begriff des Habitus eine Theorie des Körperwissens, aber er verbindet diese Ausführungen zum Körper nicht mit der Theorie der performativen Äußerung. Der Habitus bezieht sich auf jene Rituale des

Körpers im Alltagsleben, mit denen eine gegebene Kultur den Glauben an ihre eigene »Offensichtlichkeit«[36] erzeugt und aufrechterhält. Damit betont Bourdieu den Ort des Körpers, seiner Gesten, seiner Stile, seines unbewußten Wissens als Schauplatz, an dem sich ein praktischer Sinn immer wieder herstellt, ohne den gesellschaftliche Realität als solche nicht bestehen würde. Träger dieses praktischen Sinns ist der Körper, der aber nicht nur ein bloßes positives Datum ist, sondern Ort oder Speicher einer verkörperten Geschichte.[37]

Der Körper ist nicht nur Ort einer solchen Geschichte, sondern auch das Instrument, mit dem der Glaube an die Offensichtlichkeit in der Gegenwart immer wieder hergestellt wird. Damit funktioniert er auf eine magische Weise, aber im gleichen Sinne, den Bourdieu dem Vorgang der performativen Äußerung vorbehält. Bourdieu beruft sich auf das Phänomen »sozialer Magie«, um die produktive Kraft

36 Bourdieus Begriff des Habitus ließe sich auch als eine Reformulierung von Althussers Ideologiebegriff lesen. Allerdings schreibt Althusser, daß Ideologie die »Offensichtlichkeit« des Subjekts konstituiert, daß diese Offensichtlichkeit aber der Effekt eines *dispositif* ist. Die gleiche Bezeichnung taucht bei Bourdieu wieder auf, um die Form zu beschreiben, in der ein Habitus bestimmte Überzeugungen herstellt. Dispositionen sind generativ und lassen sich transponieren. Man beachte in Althussers *Ideologie und ideologische Staatsapparate* den Beginn dieser späteren Wiederaneignung:

»Ein Individuum glaubt an Gott oder an die Pflicht oder die Gerechtigkeit usw. Dieser Glaube hängt (bei jedem, d. h. bei all denjenigen, die in einer ideologischen Vorstellung der Ideologie leben, die die Ideologie auf Ideen reduziert, welche per definitionem eine geistige Existenz haben) von den Ideen dieses Individuums, also von ihm selbst als einem mit Bewußtsein ausgestatteten Subjekt ab, dessen Bewußtsein die Ideen seines Glaubens enthält. Hieraus, d. h. aus dieser absolut ideologischen ›begrifflichen‹ Anordnung (ein Subjekt, das ein Bewußtsein hat, in dem es Ideen, an die es glaubt, frei bilden oder sich freiwillig in ihnen wiedererkennen kann), ergibt sich völlig natürlich das (materielle) Verhalten des besagten Subjekts.« Althusser, *Ideologie und ideologische Staatsapparate*, a. a. O., S. 137.

37 Siehe dazu die Einleitung des Herausgebers zur englischen Ausgabe von Bourdieu, *Was heißt sprechen?*, a. a. O. (*Language and Symbolic Power*, Cambridge 1991, S. 13).

performativer Sprechakte zu charakterisieren, die »Einsetzungsriten«, mit denen diejenigen, die Macht haben, Sprache gebrauchen, um bestimmte bindende gesellschaftliche Wirkungen hervorzurufen. Genau diese Bezeichnung ließe sich aber auch auf den Habitus anwenden, auf Bourdieus Begriff der »körperlichen *hexis*« und die gesellschaftlichen Wirkungen, die diese Körperpraxis erzeugt. Interessanterweise bezieht Bourdieu den generativen bzw. produktiven Bereich des Habitus *nicht* auf das Problem der Performativität, das er im Verhältnis zum Intellektualismus und sprachlichen Formalismus entfaltet. In diesen letzten Kontexten denkt Bourdieu die Bedeutung performativer Sprechakte neu und gegen Austin, um die zweifache und je voneinander unabhängige Funktionsweise gesellschaftlicher und sprachlicher Elemente in der Konstitution dessen zu bestimmen, was bestimmte Sprechakte zu »sozialer Magie« macht, d. h. was bestimmten Sprechakten die effiziente Kraft der Autorität gibt.

Es stellt sich die Frage, in welchem Maß der Habitus durch eine Form der Performativität strukturiert wird, eine Performativität, die unleugbar weniger explizit und juridisch ist als jene, die die Beispiele für die Verfahren der Staatsmacht gezeigt haben (Heirat, öffentliche Erklärungen und Gerichtsurteile). Wenn wir berücksichtigen, daß der Habitus im Sinne einer Performativität verfährt, dann zeigt sich tatsächlich, daß die theoretische Unterscheidung zwischen dem Gesellschaftlichen und dem Sprachlichen schwierig, wenn nicht überhaupt unmöglich aufrechtzuerhalten ist. Das gesellschaftliche Leben des Körpers stellt sich durch eine Anrufung her, die sprachlich und produktiv zugleich ist. Die Form, in der dieser anrufende Ruf immer weiter ruft, immer weiter in körperlichen Stilen Form annimmt, die ihrerseits eine soziale Magie performativ herstellen, ist die stillschweigende und materiale Funktionsweise von Performativität.

Anrufungen, die ein Subjekt in die Existenz rufen, d. h. gesellschaftliche performative Äußerungen, die mit der Zeit ritualisiert und sedimentiert worden sind, sind für den Prozeß der Subjektbildung ebenso zentral wie der verkörperte, partizipatorische Habitus. Von einer gesellschaftlichen Anrufung angerufen oder angesprochen zu werden heißt, zugleich diskursiv und gesellschaftlich konstituiert zu werden. Diese Anrufung muß keine explizite oder offizielle Form annehmen, um gesellschaftlich effizient und für die Subjektbildung konstitutiv zu sein. So gesehen leistet die Anrufung als performative Äußerung die diskursive Konstitution des Subjekts, die unlösbar an seine gesellschaftliche Konstitution gebunden ist. Obwohl Althussers eigene Erklärung der Anrufung nicht hinreicht, um die diskursive Konstitution des Subjekts zu erklären, schafft sie doch den Rahmen für die Fehlaneignung von anrufenden performativen Äußerungen, die im Zentrum jedes Projekts subversiver Territorialisierung und Resignifizierung einer herrschenden gesellschaftlichen Ordnung steht.

In *Entwurf einer Theorie der Praxis* schreibt Bourdieu über die Beziehung von »Glauben und Körper«: »Der Körper glaubt an das, was er spielt: Er weint, wenn er Traurigkeit mimt. Er repräsentiert nicht, was er ausführt, er erinnert die Vergangenheit nicht, er *stellt* die Vergangenheit in seinem Spiel *dar* und bringt sie wieder zum Leben.«[38] Hier macht Bourdieu deutlich, daß der Körper nicht nur in Übereinstimmung mit bestimmten geregelten oder ritualisierten Praktiken handelt, er *ist* selbst diese sedimentierte rituelle Aktivität; sein Handeln ist in diesem Sinn eine Form von verkörpertem Gedächtnis.[39] So wird die offenkundige

38 Bourdieu wurde hier direkt aus dem Text von Judith Butler übersetzt. (A. d. Ü.)

39 Bourdieus Argument, das deutlich an dasjenige Bergsons aus *Materie und Gedächtnis* erinnert, ist, daß der Körper als Speicher seiner gesamten Geschichte fungiert. Der Habitus – eine verkörperte Geschichte, die als zweite Natur verinnerlicht wird und deshalb ihre Ge-

Materialität des Körpers als eine Form praktischer Aktivität neu gefaßt, die nicht vorsätzlich und doch zu einem bestimmten Grad improvisatorisch ist. Aber dieser körperliche Habitus wird von der stillschweigenden Normativität generiert, die das gesellschaftliche Spiel beherrscht, in dem das verkörperte Subjekt handelt. In diesem Sinn eignet sich der Körper die Regelförmigkeit des Habitus an, indem er nach ebendiesen Regeln im Kontext eines gegebenen gesellschaftlichen Feldes spielt. Daß er an diesem Spiel teilnimmt, ist die Voraussetzung für eine Mimesis oder, genauer, für eine mimetische Identifikation, die den Habitus gerade in der praktischen Anpassung an seine Konventionen erwirbt. »Dieser Erwerb«, schreibt Bourdieu, »ist eine praktische Mimesis (oder ein Mimetismus), die eine vollständige Identifikation beeinhaltet und nichts mit einer *Nachahmung* zu tun hat, die eine bewußte Bemühung voraussetzen würde, eine Geste, eine Äußerung oder einen Gegenstand zu reproduzieren, die explizit als Modell fungieren.«[40] Dieser Erwerb ist in dem Maß historisch, in dem die »Spielregeln«, ganz buchstäblich, *verkörpert* werden, zu einer zweiten Natur und einer herrschenden *doxa* werden. Weder das Subjekt noch sein Körper schafft eine Repräsen-

schichtlichkeit vergißt – sei die beharrliche Präsenz der gesamten Vergangenheit, deren Produkt er ist. Die Metaphorik des Körpers als »Behälter« erinnert an Bergson (und an Platons *chora*, das berühmte Gefäß aus dem *Timaios*). Aber die Annahme, daß die Gesamtheit des Gedächtnisses in der Gegenwart bewahrt oder »aufgeführt« wird, kennzeichnet nach Bergson die zeitliche Materialität des Körpers: »[...] andererseits führt dieses Gedächtnis selbst mit der Totalität unserer Vergangenheit einen Vorstoß aus, um den größtmöglichen Teil seiner selbst der gegenwärtigen Tätigkeit einzufügen« (*Materie und Gedächtnis*, S. 164). An früherer Stelle in *Materie und Gedächtnis* hatte er geschrieben: »Gewohnheit mehr als Gedächtnis, *spielt* sie unsere vergangene Erfahrung, ruft aber nicht ihr Bild hervor.« (Henri Bergson, *Materie und Gedächtnis. Eine Abhandlung über die Beziehung zwischen Körper und Geist*, Hamburg 1991, S. 146)

40 Bourdieu wurde hier direkt aus dem Text von Judith Butler übersetzt. (A. d. Ü.)

tation dieser konventionalen Aktivität, denn der Körper ist selbst in der *hexis* dieses mimetischen Erwerbs hergestellt. Der Körper ist damit kein rein subjektives Phänomen, das Erinnerungen an die Partizipation an den konventionalen Spielen des gesellschaftlichen Feldes beherbergt; seine Kompetenz zur Partizipation hängt selbst von der Verkörperung dieses kulturellen Gedächtnisses und seines Wissens ab. In diesem Sinn hört man starke Anklänge an Merleau-Ponty, wo er über das sedimentierte oder habitualisierte »Wissen« des Körpers und tatsächlich auch über die Untrennbarkeit von Denken und Körper spricht.[41] Aber man hört auch Althusser, der Pascal anruft, um mit ihm Ideologie zu erklären: Man kniet nieder zum Gebet, und erst später stellt sich der Glaube ein.

Insoweit Bourdieu anerkennt, daß der Habitus mit der Zeit gebildet wird und daß diese Bildung zu einem gefestigten Glauben an die »Wirklichkeit« des gesellschaftlichen Feldes führt, in dem er wirksam wird, erfüllen bei ihm gesellschaftliche Konventionen die Körper mit Leben, die wiederum diese Konventionen als Praktiken reproduzieren und ritualisieren. So wird der Habitus geformt, aber er formt auch: Der körperliche Habitus stellt in ebendiesem Sinne eine stillschweigende Form von Performativität dar, eine Zitatenkette, die auf der Ebene des Körpers gelebt und geglaubt wird. Der Habitus ist nicht nur ein Ort der Reproduktion des Glaubens an die Wirklichkeit eines gegebenen gesellschaftlichen Feldes – er generiert auch *Dispositionen*, die das gesellschaftliche Subjekt dazu »neigen« lassen, in relativer Übereinstimmung mit den scheinbar objektiven Anforderungen dieses Feldes zu handeln.[42]

41 Maurice Merleau-Ponty, *Phänomenologie der Wahrnehmung*, Berlin 1966.

42 Eine interessante und durchdachte Einschätzung der Paradoxien in Bourdieus Theorie der »Neigung« und »Motivation« findet sich bei Theodore Richard Schatzki, »Overdue Analysis of Bourdieu's Theory of Practice«, in: *Inquiry* 30, März 1987, S. 113-135.

Aber der Körper ist nicht nur Sedimentierung von Sprechakten, die ihn konstituiert haben. Wenn diese Konstitution scheitert, trifft die Anrufung in dem Moment, in dem sie ihre Forderung erhebt, auf einen Widerstand; dann überschreitet etwas die Anrufung, und dieses Überschreiten wird als Außen der Intelligibilität gelebt. Das wird daran deutlich, wie der Körper rhetorisch über den Sprechakt hinausgeht, den er zugleich ausführt. Dieses Überschreiten fehlt in Bourdieus Erklärung oder unterdrückt es: die beständige Inkongruenz des sprechenden Körpers, die Art, wie er über seine Anrufung hinausgeht und in keinem seiner Sprechakte enthalten sein wird.

Für Felman ist der sprechende Körper gerade deshalb skandalös, weil sein Sprechen nicht vollständig intentional gelenkt ist. Kein Sprechakt kann die rhetorischen Effekte des sprechenden Körpers vollständig kontrollieren oder festlegen. Er ist auch deshalb skandalös, weil die körperliche Handlung des Sprechens in keiner mechanischen Weise vorhersagbar ist. Daß der Sprechakt eine körperliche Handlung ist, bedeutet nicht, daß der Körper im Sprechen vollständig anwesend ist. Die Beziehung zwischen Sprechen und Körper ist chiastisch. Sprechen ist körperlich, aber der Körper geht über das Sprechen hinaus, das er hervorbringt, und das Sprechen läßt sich nicht auf die körperlichen Mittel seiner Äußerung reduzieren.

Bourdieus Perspektive setzt jedoch voraus, daß der Körper durch die wirksame Wiederholung und Akkulturierung von Normen gebildet wird. Nicht erklärt wird, was bei einer Anrufung zusammenbricht und eine Entgleisung von innen her ermöglicht. Körper werden durch gesellschaftliche Normen gebildet, aber dieser Bildungsprozeß hat seine Risiken. So läßt Bourdieu die Situation eingeschränkter Kontingenz unberücksichtigt, die die diskursive und gesellschaftliche Bildung des Körpers und seine (Re-)Produktion bestimmt. Das hat Konsequenzen für seine Erklärung der

Bedingung und Möglichkeit diskursiver Handlungsmacht. Mit der Behauptung, daß performative Äußerungen nur dann effektiv wirken, wenn sie von jenen ausgesprochen werden, die (schon) eine gesellschaftliche Machtposition innehaben, in der sie Worte als Taten ausführen können, verwirft Bourdieu unbeabsichtigt die Möglichkeit einer Handlungsmacht, die an den Rändern der Macht entsteht. Sein Hauptanliegen ist jedoch, die formale Erklärung performativer Kraft durch eine gesellschaftliche zu ersetzen; dabei stellt er sich mit einer Erklärung der gesellschaftlichen Macht, die strukturell dem Status quo verhaftet bleibt, gegen die angeblich bloß spielerische Dekonstruktion.

Bourdieus Erklärung performativer Sprechakte verortet das Subjekt der performativen Äußerung auf einer Karte der gesellschaftlichen Macht, die mehr als festgelegt ist, und die performative Äußerung funktioniert oder funktioniert nicht, je nachdem ob das Subjekt, das die Äußerung ausführt, bereits durch seine gesellschaftliche Machtposition autorisiert ist, sie wirkungsvoll einzusetzen. Mit anderen Worten, ein Sprecher, der einen Krieg erklärt oder eine Ehe schließt und damit das ins Leben ruft, was er erklärt, wird die »soziale Magie« der performativen Äußerung *in dem Maß* beleben können, in dem das Subjekt bereits dazu autorisiert oder, mit Bourdieu zu sprechen, *delegiert* ist, solch bindende Sprechakte auszuführen.[43] Obwohl Bourdieu sicher darin recht hat, daß nicht alle performativen Äußerungen »funktionieren«, daß nicht alle Sprecher an der dem

43 Bourdieu behauptet auch, daß diese Magie als die Macht aufgefaßt werden muß, eine kollektive Anerkennung der Autorität der performativen Äußerung herzustellen, und daß die performative Äußerung ohne kollektive Anerkennung keinen Erfolg haben kann. »Man sollte nie vergessen, daß die Sprache aufgrund ihrer unendlichen schöpferischen, aber auch *ursprünglichen* Kapazität im Sinne Kants, die von ihrer Macht herrührt, Existenz zu verleihen, indem sie die kollektiv anerkannte und somit real gewordene Repräsentation der Existenz erzeugt, wohl das Medium *par excellence* des Traums von der absoluten Macht ist.« (*Was heißt sprechen?*, a. a. O., S. 16f.)

Anschein nach göttlichen Autorisierung teilhaben, mit der die performative Äußerung ihre soziale Magie übt und die kollektive Anerkennung ihrer Autorität erzwingt, kann er nicht erklären, daß gesellschaftliche Positionen selbst aus einer verschwiegenen Performativität bestehen. Denn die »Delegation« ist nicht nur eine performative Äußerung, also eine Benennung, die zugleich Ermächtigung ist, sondern Autorisierung im allgemeineren Sinn besteht zu einem hohen Grad darin, daß jemand von herrschenden Formen gesellschaftlicher Macht adressiert oder aufgerufen wird. Darüber hinaus wird das verschwiegene performative Verfahren der Autorisierung und Ermächtigung nicht immer von einem Subjekt oder einem Repräsentanten des Staatsapparats eingeleitet. So geht die Festlegung der Rassen- oder Geschlechtszugehörigkeit eines Subjekts oder sogar seine gesellschaftliche Ächtung aus verschiedenen zerstreuten Bereichen hervor, die nicht immer als »offizieller« Diskurs arbeiten.

Sprachliche Praktiken spiegeln die Gesellschaftsordnung wider, die nach Bourdieu dem Diskurs äußerlich ist. Daher konstruiert er bei seinem Versuch, Saussures Paradox der »gesellschaftlichen Heterogenität, die der Sprache inhärent ist«, zu entfalten, eine mimetische Beziehung zwischen dem Sprachlichen und dem Sozialen und setzt das Basis-Überbaumodell wieder ein, in dem die Sprache zum Epiphänomen wird:

> »*Der eigentliche soziale Wert* der sozialen Verwendungen der Sprache liegt in ihrer Tendenz, Systeme von Unterschieden [...] zu bilden, die das System der sozialen Unterschiede [...] widerspiegeln. Sprechen heißt, sich einen der Sprachstile anzueignen, die es bereits im Gebrauch und durch den Gebrauch gibt und die objektiv von ihrer Position in der Hierarchie der Sprachstile geprägt sind, deren Ordnung ein Abbild der Hierarchie der entsprechenden sozialen Gruppen ist.«[44]

44 Bourdieu, *Was heißt sprechen?*, a. a. O., S. 31.

Er bezieht sich auf die »schöpferische Kapazität der Sprache [...], um *formal* richtige, aber semantisch leere Diskurse zu produzieren«, und behauptet: »Den Grenzfall aller Situationen des *Setzens* von Sinn stellen die Rituale dar, in denen über eine fachliche Kompetenz, die ganz unzulänglich sein kann, soziale Kompetenz geltend gemacht wird, nämlich die Kompetenz des legitimen Sprechers, der autorisiert ist, zu sprechen und mit Autorität zu sprechen.«[45] Interessant ist hier, daß er das »Zum-Sprechen-autorisiert-Werden« mit einem »Sprechen mit Autorität« gleichsetzt, denn es ist ohne Zweifel möglich, autoritativ zu sprechen, ohne zum Sprechen autorisiert zu sein.

Ich möchte sogar behaupten, daß gerade darin, daß der herrschende, autorisierte Diskurs *enteignet* werden kann, eine Möglichkeit seiner subversiven Resignifikation liegt. Was passiert zum Beispiel, wenn diejenigen, die nicht die gesellschaftliche Macht haben, »Freiheit« oder »demokratische Rechte« für sich in Anspruch zu nehmen, sich diese eifersüchtig gehüteten Begriffe aus dem herrschenden Diskurs aneignen, sie für eine neue politische Bewegung umarbeiten und resignifizieren?[46] Wenn die performative Äußerung kollektive Anerkennung erzwingen muß, um zu funktionieren, kann sie dann nur eine *bereits* institutionalisierte Anerkennung oder kann sie auch eine kritische Perspektive auf bestehende Institutionen erzwingen? Welche performative Macht liegt darin, wenn ein Anspruch auf Begriffe wie »Gerechtigkeit« oder »Demokratie« erhoben wird – Begriffe, die gebildet wurden, um diejenigen auszuschließen, die jetzt einen Anspruch auf sie erheben? Welche performative Macht liegt in der Forderung nach Freiheit oder nach dem Ende des Rassismus gerade dann, wenn

45 Ebd., S. 16.
46 Eine wichtige Darstellung des phantasmatischen Versprechens, das in der performativen Äußerung liegt, gibt Slavoj Žižek, *The Sublime Object of Ideology*, in: *Verso* 1989, S. 94-120.

demjenigen oder denjenigen »wir«, die diese Forderung stellen, die politischen Rechte dazu radikal abgenommen worden sind? Wenn diejenigen »wir«, die diese Forderung stellen, die Funktionsweise dieser Begriffe im herrschenden Diskurs eben dazu reterritorialisieren, um damit gegen ihre Marginalisierung anzutreten? Oder, was genauso wichtig ist, welche performative Macht liegt darin, wenn man sich gerade die Begriffe aneignet, von denen man verletzt wurde, um ihnen ihre degradierende Bedeutung zu nehmen oder aus dieser degradierenden Bedeutung eine Affirmation abzuleiten – wenn man sich im Zeichen des »Schwulseins« zusammenschließt oder die Kategorien »schwarz« oder »Frau« neubewertet.

Die Frage ist, ob der uneigentliche Gebrauch performativer Äußerungen den Effekt der Autorität erzeugen kann, wo kein Rückgriff auf eine vorgängige Autorität möglich ist; oder ob fehlangeeignete oder enteignete performative Äußerungen nicht sogar die herrschenden Formen von Autorität und deren Ausschlußmechanismen sichtbar machen können.

Wenn man behauptet, daß sich mit Sprache allein nur handeln läßt, soweit sie in der bestehenden gesellschaftlichen Macht einen Rückhalt hat, dann muß man auch theoretisch erklären, wie die gesellschaftliche Macht der Sprache in dieser Weise Rückhalt geben kann. Wenn Sprache nur größere, institutionelle Bedingungen repräsentiert, solche, die ihr Kraft verleihen, was ist das dann für eine »repräsentative Beziehung«, die erklären könnte, wie sich Institutionen in der Sprache repräsentieren? Ist das mimetische Verhältnis, das der Sprache und den vorgängigen institutionalisierten Formen gesellschaftlicher Macht zugeschrieben wird, nicht selbst eines der Bezeichnung; eines, in dem Sprache gesellschaftliche Macht bezeichnet? Anscheinend kann diese Beziehung nur mit einer weiterreichenden Theorie von Sprache und Bezeichnung erklärt werden.

Performative Äußerungen reflektieren nicht nur vorgängige gesellschaftliche Bedingungen, sondern haben auch eine Reihe gesellschaftlicher Wirkungen; und auch wenn sie nicht immer Effekte des »offiziellen« Diskurses sind, steuern sie mit ihrer gesellschaftlichen Macht nicht nur die Körper, sondern bilden sie auch. Tatsächlich geht die Arbeitsweise performativer Diskurse über die autorisierenden Kontexte hinaus, aus denen sie hervorgehen, und verwirrt sie. Performative Äußerungen können nicht immer an die Situation ihrer Äußerung zurückgebunden werden, aber in der Wirkungskraft, die sie ausüben, ist die Erinnerung des Körpers enthalten. Man braucht nur daran zu denken, wie sich die Geschichte der verletzenden Namen und Betitelungen verkörpert hat, wie Worte in Glieder eingehen, Gesten gestalten und das Rückgrat beugen. Man braucht nur daran zu denken, wie die Rassen- oder Geschlechterdiskriminierung im und als das Fleisch des Adressaten lebt und gedeiht, wie die einzelnen Verleumdungen mit der Zeit akkumulieren, ihre Geschichte unsichtbar machen, den Anschein des Natürlichen annehmen und die Doxa gestalten und eingrenzen, die als »Wirklichkeit« gilt. In diesen körperlichen Auswirkungen liegt die sedimentierte Geschichte der performativen Äußerungen; die Form, in der eine sedimentierte Anwendung dem Körper kulturelle Bedeutung gibt, ohne ihn zu determinieren. So vermag der Körper diese kulturelle Bedeutung auch in dem Moment zu verunsichern, in dem er die diskursiven Mittel enteignet, mit denen er selbst hergestellt wurde. In der Aneignung dieser Normen, die sich gegen deren geschichtlich sedimentierte Wirkungen richtet, liegt das Moment des Widerstands dieser Geschichte, das Zukunft durch den Bruch mit der Vergangenheit begründet.

Performative Äußerungen müssen nicht nur als Handlungen neu gedacht werden, die jemand, der Sprache öffentlich benutzt, ausführt, um bereits autorisierte Wirkungen zu implementieren, sondern gerade auch als gesellschaftliche Rituale, als wirkungskräftige Praxisformen, die »stumm und hinterhältig sind, beharrlich und manipulativ«. Wenn wir sagen, daß eine Beleidigung wie ein Schlag trifft, implizieren wir, daß solches Sprechen unseren Körper verletzt. Und das tut es – aber nicht in der gleichen Weise wie durch eine rein körperliche Verletzung. Genauso wie eine körperliche Verletzung auch die Psyche betrifft, so wirkt eine psychische Verletzung auf die körperliche Doxa, jenen gelebten und in der Materialität des Körpers gespeicherten Glauben, der die gesellschaftliche Wirklichkeit konstituiert. Die »konstruktive« Macht der stillschweigenden Performativität liegt gerade darin, daß sie eine praktische Wahrnehmung des Körpers herzustellen vermag, nicht nur eine Wahrnehmung dessen, was der Körper ist, sondern auch eine der Art, wie er sich Raum schafft oder nicht, wie er seinen Ort in den herrschenden kulturellen Koordinaten einnimmt. Die performative Äußerung ist keine einzelne Handlung eines schon fertigen Subjekts, sondern eine mächtige und hinterhältige Form, in der Subjekte aus zerstreuten sozialen Bereichen in ein gesellschaftliches Leben gerufen werden, in der ihr gesellschaftliches Leben mit einer Vielzahl diffuser und mächtiger Anrufungen inauguriert wird. In dieser Hinsicht ist die gesellschaftliche Performativität nicht nur ein wesentlicher Bestandteil der Subjekt*bildung*, sondern ebenso der aktuellen Auseinandersetzung um das Subjekt und seine Reformulierung. Die performative Äußerung ist nicht nur eine rituelle Praxis; sie ist eines der einflußreichen Rituale, mit denen Subjekte gebildet und reformuliert werden.

Für mich ist das ein entscheidender Punkt, denn er berührt erneut die Möglichkeit des Sprechakts als Akt des Widerstands. Die Behauptung, daß ein Sprechakt insoweit Autorität hat, als er *bereits* autorisiert ist, legt nahe, daß die autorisierenden Kontexte für solche Handlungen schon bestehen und daß Sprechakte nicht so funktionieren, daß sie die Kontexte verändern, durch die sie autorisiert sind oder nicht autorisiert sind. Wenn *hate speech* die Art von Handlung ist, die denjenigen zum Schweigen bringen soll, an den sie sich richtet, die aber in den Worten dessen, der zum Schweigen gebracht wird, als unerwartete Replik wieder aufleben kann, dann bewirkt die Antwort auf *hate speech*, daß die performative Äußerung entoffizialisiert und für neue Zwecke enteignet wird. In der Politik kann Performativität gerade in dieser Form gegen Herrschaft arbeiten. Jenes Moment, in dem ein Sprechakt ohne vorgängige Autorisierung dennoch im Vorgang seiner Äußerung Autorität gewinnt, kann einen veränderten Kontext seiner zukünftigen Rezeption antizipieren und setzen.[47]

Vom politischen Diskurs der Moderne kann man sagen, daß seine Grundbegriffe sämtlich korrumpiert sind und daß der Gebrauch solcher Begriffe die Kontexte der Unterdrückung wieder aufruft, in denen sie zuvor verwendet wurden. Paul Gilroy hat zum Beispiel darauf hingewiesen, daß Begriffe wie »Universalität« auf dem Ausschluß von Frauen oder Farbigen beruhen, daß sie von Klassengrenzen abgelesen werden und starke kolonialistische Interessen an ihnen hängen. Aber er fügt hinzu – und das ist entscheidend –, daß der Kampf gegen diese Formen des Ausschlus-

47 Hier wird deutlich, daß Derridas Begriff der performativen Äußerung als eines Sprechakts, der mit früheren Kontexten brechen muß, um performativ zu bleiben, und von einem Code der Iterierbarkeit beherrscht wird, eine wichtige Gegenposition zur funktionalistischen Gesellschaftstheorie darstellt. Man sieht in dieser Darstellung von Enteignung und Resignifizierung auch die spezifische gesellschaftliche Bedeutung von Derridas Begriff der Iterierbarkeit.

ses schließlich zu einer *Wiederaneignung* dieser Begriffe der Moderne führt, durch die eine andere Zukunft entworfen werden kann. Ein Begriff wie »Freiheit« bezeichnet irgendwann vielleicht einmal etwas, was er nie zuvor bezeichnet hatte, erfaßt vielleicht einmal Interessen und Subjekte, die aus seiner Zuständigkeit zuvor ausgeschlossen waren. »Gerechtigkeit« deckt vielleicht einmal genau das ab, was in ihrer Beschreibung bisher nicht vorkommen konnte. Der Begriff »Gleichheit« etwa hat eine Reichweite erlangt, wie man sie auf der Grundlage der früheren Fassungen nur schwer, wenn überhaupt, hätte voraussagen können.

Solche Wiederaneignungen zeigen, wie anfällig diese unreinen Begriffe dafür sind, unerwartet wieder unschuldig zu werden. Diese Begriffe sind kein Eigentum, sie nehmen jeweils ein Leben an und richten sich auf Ziele, für die sie niemals gedacht waren. Sie sind nicht bloß verdorbene Ware, allzusehr an die Geschichte der Unterdrückung gebunden; sie haben auch keine reine Bedeutung, die aus den verschiedenartigen Formen ihres politischen Gebrauchs herausdestilliert werden könnte. Die Aufgabe liegt wohl darin, diejenigen gesellschaftlichen Gruppen in die Begriffe der Moderne mit einzubeziehen, die diese traditionell ausgeschlossen haben, und dabei zu wissen, daß solches Einbeziehen nicht einfach ist – sein Prozeß müßte die Politik erschüttern und beschädigen, die ihn leistet. Es geht nicht um eine einfache Assimilierung und Eingliederung dessen, was aus den bestehenden Begriffen ausgeschlossen ist, sondern vielmehr darum, eine Vorstellung von Differenz und Zukünftigkeit in die Moderne einzubringen, die eine unbekannte Zukunft entwirft, eine, die jenen angst macht, die deren konventionelle Grenzen verteidigen wollen. Wenn es eine Moderne ohne letzte Grundsätze geben kann (und vielleicht ist es das, was mit der Postmoderne gemeint ist), dann werden ihre Schlüsselfunktionen nicht von vornherein gesichert sein, dann wird sie der Politik eine offene

Form geben, die nicht vollständig antizipiert werden kann – eine Politik der Hoffnung und der Angst, die Foucault »eine Politik der Unruhe« genannt hat.

Ich würde Bourdieus Kritik bestimmter dekonstruktivistischer Positionen zustimmen, die behaupten, daß ein Sprechakt aufgrund seiner eigenen Dynamik mit jedem Kontext bricht, in dem er auftritt. Das trifft einfach nicht zu, und für mich ist es besonders im Fall von *hate speech* klar, daß Kontexte mit bestimmten Sprechakten in einer Weise zusammenhängen, die nur sehr schwer zu erschüttern ist. Auf der anderen Seite würde ich darauf beharren, daß beim Sprechakt als institutionellem Ritus der Kontext nie von vornherein vollständig determiniert ist. Genau darin, daß der Sprechakt eine nicht-konventionale Bedeutung annehmen kann, daß er in einem Kontext funktionieren kann, zu dem er nicht gehört, liegt das politische Versprechen der performativen Äußerung, ein Versprechen, das die performative Äußerung ins Zentrum einer hegemonialen Politik stellt und dem dekonstruktivistischen Denken eine unvorhergesehene politische Zukunft eröffnet.

Es macht manchen angst, wenn sich unbekannte Kontexte eröffnen. Das Begehren, keine offene Zukunft zu haben, kann stark sein. Bei politischen Überlegungen darf die Kraft des Begehrens, die Zukunft zu verwerfen, nicht unterschätzt werden. Es ist ein Grund dafür, daß man es für gefährlich hält, bestimmte Fragen zu stellen, und daß in der Zeit, in der wir leben, intellektuelle Arbeit in der Öffentlichkeit so schlecht angesehen ist; dafür, daß das Klima an den Universitäten sich vor allem durch Anti-Intellektualismus auszeichnet. Man braucht sich nur vorzustellen, was mir einer meiner Studenten erzählt hat, der ein Buch las und sich dabei dachte: »Ich kann mir die Fragen, um die es hier geht, nicht stellen, denn damit würde ich anfangen, an meinen politischen Überzeugungen zu zweifeln, und das könnte dazu führen, daß ich diese Überzeugungen verliere.« In so einer Situation wird die Angst vor dem Denken und die Angst vor dem Fragen zur moralistischen Verteidigung der Politik; politische und intellektuelle Arbeit werden auseinandergerissen. Politik wird genau das, was einen gewissen Anti-Intellektualismus erfordert. Weigert man sich, seine politische Position zu überdenken, wenn sich bestimmte Fragen stellen, dann entscheidet man sich auf Kosten des Lebens und Denkens für einen dogmatischen Standpunkt.

Solcher Dogmatismus zeigt sich auch in dem Bestreben, Sprechen, das verletzt, erregt, bedroht und beleidigt, einzuschränken. Ob bestimmte Repräsentationsformen zensiert werden sollen oder der Bereich des öffentlichen Diskurses selbst eingeschränkt werden soll – immer dämpft der Versuch, Sprechen zu reglementieren, den politischen Impuls, den effektiven Widerstand des Sprechens zu nutzen. Die intellektuelle Ablehnung von Fragen, die den geläufigen Wirklichkeitsbezug bedrohen, liefert dafür den banalen Beleg.

Wenn man einen Begriff wie »das Subjekt« oder »Universalität« in Frage stellt, fragt man danach, welche Funktionen der Begriff erfüllt, was mit ihm auf dem Spiel steht, auf welche Ziele er sich richtet, wie er sich verändert. Das veränderliche Leben des Begriffs bedeutet nicht, daß er nicht zu gebrauchen ist. Wenn ein Begriff fraglich ist, soll das etwa heißen, daß er nicht weiter zu verwenden ist, daß wir also nur diejenigen Begriffe verwenden können, *die wir bereits beherrschen*? Wenn man einen Begriff befragt, warum sieht es dann so aus, als wollte man seine Verwendung verbieten lassen? Warum haben wir manchmal das Gefühl, daß unsere Lebensfähigkeit bedroht ist – unsere Fähigkeit zu überleben, Sprache zu verwenden und für uns selbst zu sprechen –, wenn ein Begriff aus seinem vorgängigen, bekannten Kontext gelöst wird? Welche Garantien liegen darin, daß ein Sprechakt auf seinen ursprünglichen

Kontext zurückbezogen wird, welche Schrecken werden dadurch gebannt? Liegt es daran, daß Begriffe in der konventionellen Form vorausgesetzt werden, Begriffe wie »das Subjekt« oder »Universalität«, und der Sinn, in dem sie vorausgesetzt werden *müssen*, ist eine *moralische* Verpflichtung, die in Befehlsform auftritt und, wie manches moralische Verbot, als Schutz vor dem, was uns am meisten ängstigt? Haben wir nicht eine lähmende Furcht vor der unbekannten Zukunft der Worte, die uns davon abhält, die Begriffe zu befragen, die wir zum Leben brauchen; und die uns daran hindert, das Risiko einzugehen, Begriffe zu leben, die noch ungeklärt sind?

Wir hatten am Anfang festgestellt, daß *hate speech* das sprachliche Überleben in Frage stellt, daß bei einem Namen genannt zu werden Ort einer Verletzung werden kann, und stellen nun am Ende fest, daß diese Bezeichnungen der Beginn einer gegenläufigen Bewegung sein können. Der Name, den man erhält, unterwirft und gibt zugleich Möglichkeiten an die Hand, er macht aus Ambivalenz ein Szenario der Handlungsmacht und hat Wirkungen, die über die ursprüngliche Absicht der Benennung hinausgehen. Wenn man den Namen, den man erhält, aufgreift, tut man mehr als sich nur einer vorgängigen Autorität unterzuordnen, denn der Name hat sich vom vorgängigen Kontext bereits gelöst und ist in das Projekt der Selbstdefinition eingegangen. Das Wort, das verwundet, wird in der neuen Anwendung, die sein früheres Wirkungsgebiet zerstört, zum Instrument des Widerstands. Bei einer solchen neuen Anwendung werden Worte ohne vorgängige Autorisierung ausgesprochen und setzen damit die Sicherheit des sprachlichen Lebens aufs Spiel, das Gefühl des eigenen Platzes in der Sprache, das Gefühl, daß die Worte tun, was man sagt. Aber dieses Risiko besteht bereits in der verletzenden Sprache, die das sprachliche Überleben ihres Adressaten in Frage stellt. Das Sprechen des Widerstands wird zur unumgänglichen Antwort auf eine verletzende Sprache: ein Risiko, das als Antwort darauf eingegangen wird, daß man Risiken ausgesetzt wird, eine Wiederholung in der Sprache, die einen Wandel erzwingt.

Nachbemerkung zur deutschen Taschenbuchausgabe

Die Veröffentlichung von *Haß spricht* in Deutschland schien zu keiner Zeit eine leichte Aufgabe zu werden. In den Vereinigten Staaten kreist die Diskussion über *hate speech* stets um den Ersten Zusatz der amerikanischen Verfassung, der die Redefreiheit als ein grundlegendes Bürgerrecht gewährleistet. Tatsächlich haben viele amerikanische Rechtsgelehrte die Ansicht vertreten, daß die Sicherung der Redefreiheit durch den Ersten Verfassungszusatz viel fundamentaler als andere Rechte ist und die Möglichkeit anderer Rechte bedingt. In Deutschland dagegen, wie auch in den meisten anderen Ländern Europas, kommt dem Recht auf Redefreiheit keine solche privilegierte Stellung zu. Die Vorstellung, daß Sprechen nicht nur beleidigend, sondern auch kriminell sein kann, ist Teil des Nachkriegsdiskurses in der deutschen Rechtswissenschaft. Der Hauptgrund dafür sind sicher die rassistischen und antisemitischen Reden im Nationalsozialismus, die, verständlicherweise, seit 50 Jahren einer Zensur unterliegen und die nicht nur einen Angriff auf die jüdische Bevölkerung, auf Einwanderer und auf Menschen anderer Hautfarbe darstellen, sondern eine Bedrohung der konstitutionellen Basis Nachkriegsdeutschlands schlechthin. Während also in den Vereinigten Staaten der Absolutheitsanspruch des Ersten Verfassungszusatzes eine Vorbedingung für andere verfassungsmäßig garantierte Rechte wie Religionsfreiheit, Versammlungsrecht und Gleichbehandlung gegenüber dem Gesetz ist, gründet in Deutschland die Verfassung in gewisser Weise auf fundamentalen Einschränkungen der Redefreiheit. Der Kontrast könnte nicht größer sein.

Dennoch entsteht hier eine bestimmte Grauzone, innerhalb deren der Kontrast zwischen diesen beiden verfassungsrechtlichen Traditionen nicht so drastisch ist, wie er auf den ersten Blick erscheint. Zunächst einmal ist es wichtig, daß eine öffentliche Diskussion solcher Themen in beiden Kontexten offenbleibt. Das bedeutet, daß über *hate speech* gesprochen werden muß, und damit auch, daß dieses Problem im öffentlichen Diskurs zulässig sein muß als ein Thema, das begreifbar, reflektierbar und bewertbar ist. Wir müssen bestimmte Fragen an die *hate speech* stellen – unabhängig davon, ob wir glauben, daß *hate speech* in toto kriminalisiert werden sollte. Wenn *hate speech* zum Beispiel verletzend ist, auf welche Weise wirkt sie so verletzend? Ist die Verletzung durch *hate speech* dieselbe Art von Verletzung, die ein Mensch durch körperliche Schläge und Hiebe erfährt? Oder sind wir als Personen bei Angriffen, die über Sprache erfolgen, zumindest auf ähnliche, wenn auch nicht identische Weise verwundbar wie bei körperlichen Schlägen? Weisen wir als Personen eine besondere sprachliche Verwundbarkeit untereinander auf? Und ist dies auf die Tatsache zurückzuführen, daß wir als Personen in gewissem Maße erst durch die Sprache konstituiert sind und daß wir demzufolge auch anfällig sind für eine Dekonstituierung durch die Sprache? Darüber hinaus erscheint es notwendig, daß wir erkennen, wie bestimmte Wörter tatsächlich wirken, wenn sie mit der Absicht gebraucht werden, eine andere Person zu erniedrigen oder sie aus der nationalen, ethnischen oder religiösen Gemeinschaft, der sie angehört, auszugrenzen. Sind Wörter, die unter bestimmten historischen Bedingungen beleidigend und ausgrenzend wirken, dies auch noch in späteren historischen Kontexten, und wie deuten wir die Art und Weise der Bedeutungsänderung, der Wörter, die als *hate speech* gelten, ausgesetzt sind oder sein können? Letzten Endes ist es jedoch so, daß die Verletzung nicht »in« den Wörtern selbst ist, sondern in der wiederholten Anrede des anderen, die ihn zu verletzen, zu lähmen oder von der Teilhabe an der Sprachgemeinschaft selbst auszuschließen sucht. Auch wenn *hate speech* darauf ausgerichtet ist, eine bestimmte Verletzung zu bewirken, gelingt ihr das nicht kraft der Worte, sondern kraft der Szene der Anrede und dem allumfassenden Effekt der rhetorischen Beziehung, die auf dem Spiel steht. Das Wort »Jude« kann in einem banalen Kontext gebraucht werden, indem ich mich selbst kennzeichne: »Ich bin ein Jude aus Cleveland, Ohio, einem Teil des Mittleren Westens der Vereinigten Staaten, in die meine Großeltern vor dem Zweiten Weltkrieg aus Ungarn immigriert sind.« Diese Erwähnung meines Jüdischseins ist jedoch nicht gleichzusetzen mit einer Situation, in der ich ebenfalls »Jude« genannt werde, in der ich aber versuche, über Politik zu sprechen und in der mein Sprechen durch diese Anrede erniedrigt und beschmutzt wird. Jemand kann mich auch in einer ganz gewöhnlichen Äußerung eine Jüdin nennen: »Sie feiert kein Weihnachten, sie ist Jüdin.« Aber selbst in diesem Kontext ist es, zumindest im Englischen, sehr viel milder zu sagen: »Sie ist jüdisch«. Wenn jemand sagt »Sie ist eine Jüdin«, dann wird sie in eine bestimmte Klasse eingeordnet, zu einem bestimmten Fall gemacht und ihre Identität auf ein Beispiel der größeren sozialen Gemeinschaft festgelegt. Dieses Vorgehen ist natürlich fragwürdig, denn auch wenn eine Person ein Jude ist, ist nicht jeder Jude genau mit dieser Person gleichzusetzen, und derart verallgemeinernde Kategorien sind nie ganz oder angemessen in der spezifischen Bezeichnung exemplifiziert.

Es ist sogar möglich, daß wir uns so vor Wörtern fürchten, daß wir nicht mehr länger über sie nachdenken können, uns ihrer emotionalen Last entziehen, ihnen eine Zensur auferlegen, und daß wir so die Aufgabe verhindern, über die Wörter zu diskutieren oder ihren historischen Bedeutungswandel zuzulassen. Es ist zudem wichtig zu erkennen, daß Kunstwerke, die bestimmte verletzende Begriffe umzudeuten versuchen, dies genau deshalb tun, damit die Rezeptionsgeschichte des Begriffs verändert wird, damit der Begriff einem anderen Bündel von Bedeutungen unterworfen und so die Geschichte aus ihrer Erstarrung gelöst wird. Natürlich existiert *hate speech*, und sie verletzt. Aber unsere Bemühungen, *hate speech* genau zu bestimmen, können immer nur vorläufig und der Geschichte unterworfen sein, da die Verletzung nicht von den Wörtern selbst vermittelt wird, sondern von der gesamten Szene der Anrede, die versucht, auf bedenkliche Weise denjenigen zu entwerten, an den die *hate speech* gerichtet ist. Die Tatsache, daß wir Namen benötigen, daß niemand von uns ohne einen Namen gesellschaftlich bestehen kann, bedeutet, daß wir von Anfang an dem Umstand überantwortet sind, daß wir von anderen benannt werden und daß wir uns an das halten, was sie sagen. Diese Verwundbarkeit kann nicht einfach weggewünscht werden. Aber wir können mit der Zeit beginnen, die Deutungshoheit über die Begriffe, die uns benennen, zu übernehmen; wir können uns in einem Kampf um die lexikalische Macht engagieren, und wir können die Macht der Benennung für unsere eigenen Zwecke zurückgewinnen. Dieser Kampf kann allerdings dann nicht erfolgreich sein, wenn es uns nicht gelingt zu verstehen, daß Sprache sich sowohl historisch als auch unter dem Druck der Sprachbenutzer verändert. Aus dieser Zwangssituation kann Deutungshoheit erlangt werden. Und wir müssen gelegentlich die verletzendsten Worte in ästhetische und kritische Praktiken einführen, um so die Art und Weise aufzudecken, wie sie verletzend wirken, und um ihnen ihre verletzende Macht zu nehmen und damit der Sprache zu erlauben, sich zukünftig in eine andere Richtung zu entwickeln.

Man kann die oben genannte Ansicht auch vertreten, ohne sich dabei für eine Befürwortung oder Ablehnung der Kriminalisierung auszusprechen. Man sollte jedoch hinterfragen, inwiefern ein Redeverbot wirklich die Macht hat, die *hate speech* in ihren verletzenden Eigenschaften zu mindern bzw. ihr entgegenzuwirken. Es ist natürlich einerseits möglich, bestimmte Ausdrücke zu verbieten, und es gibt oft genug gute Gründe, dies auch zu tun. Allerdings kann das Verbot allein nicht bis zur Quelle des Hasses, die der *hate speech* mit ihren verletzenden Eigenschaften zugrunde liegt, vordringen. Wenn Wörter einfach verboten bleiben, dann wird ihre Bedeutung als fest und unabänderlich verstanden, und eine bestimmte geschichtliche Szene wird auf diese Weise zeitlich eingefroren und bleibt nur als das Unausgesprochene und Unaussprechliche in Erinnerung. Um aber an die Wurzeln der *hate speech* zu gelangen, muß man darüber sprechen bzw. dagegen sprechen, und man muß Wege des Wieder-Sprechens finden, die dieser Rede ihre verletzende Wirkung entziehen. Sonst heiligt das Verbot die Verletzung erst und macht es letztlich sehr viel schwieriger zu verstehen, warum uns solche Verletzungen zugefügt werden und warum wir unter ihnen so leiden müssen. Wir sollten schließlich gründlich überdenken, wie wir eine Welt erschaffen können, in der unsere sprachliche Verwundbarkeit ausreichend geschützt ist.

Register

»Soziologie«
in der edition suhrkamp
Eine Auswahl

Pablo Alabarces. Für Messi sterben? Der Fußball und die Erfindung der argentinischen Nation. es 2608. 287 Seiten

Louis Althusser. Für Marx. Vollständige und durchgesehene Ausgabe. Herausgegeben von Frieder Otto Wolf. es 2600. 409 Seiten

Arjun Appadurai. Die Geographie des Zorns. Übersetzt von Bettina Engels. es 2541. 158 Seiten

Jakob Arnoldi. Alles Geld verdampft. Finanzkrise in der Weltrisikogesellschaft. Übersetzt von Niklas Hofmann. es 2590. 92 Seiten

Peter-Paul Bänziger/Stefanie Duttweiler/Philipp Sarasin/Annika Wellmann (Hg.). Fragen Sie Dr. Sex/Ratgeberkommunikation und die mediale Konstruktion des Sexuellen. es 2595. 376 Seiten

Zygmunt Bauman
- Flüchtige Moderne. Übersetzt von Reinhard Kreissl. es 2447. 260 Seiten
- Gemeinschaften. Auf der Suche nach Sicherheit in einer bedrohlichen Welt. Übersetzt von Frank Jakubzik. es 2565. 180 Seiten
- Wir Lebenskünstler. Übersetzt von Frank Jakubzik. es 2594. 206 Seiten

Zygmunt Bauman/David Lyon. Daten, Drohnen, Disziplin. Ein Gespräch über flüchtige Überwachung. Übersetzt von Frank Jakubzik. es 2667. 204 Seiten

NF 350/1/9.13

Ulrich Beck

- Das deutsche Europa. Neue Machtlandschaften im Zeichen der Krise. edition suhrkamp digital. 79 Seiten
- Die Erfindung des Politischen. Zu einer Theorie reflexiver Modernisierung. es 1780. 303 Seiten
- Nachrichten aus der Weltinnenpolitik. es 2619. 149 Seiten
- Die Neuvermessung der Ungleichheit unter den Menschen: Soziologische Aufklärung im 21. Jahrhundert. Eröffnungsvortrag zum Soziologentag »Unsichere Zeiten« am 6. Oktober 2008 in Jena. 57 Seiten
- Risikogesellschaft. Auf dem Weg in eine andere Moderne. es 1365 und es 3326. 396 Seiten

Ulrich Beck/Angelika Poferl (Hg.). Große Armut, großer Reichtum. Zur Transnationalisierung sozialer Ungleichheit. es 2614. 694 Seiten

Ulrich Beck/Anthony Giddens/Scott Lash. Reflexive Modernisierung. Eine Kontroverse. es 1705. 364 Seiten

Ingolfur Blühdorn. Simulative Demokratie. Neue Politik nach der postdemokratischen Wende. es 2634. 304 Seiten

Pierre Bourdieu

- Ein soziologischer Selbstversuch. Übersetzt von Stephan Egger. Mit einem Nachwort von Franz Schultheis. es 2311. 160 Seiten
- Praktische Vernunft. Zur Theorie des Handelns. Übersetzt von Hella Beister. es 1985. 226 Seiten
- Rede und Antwort. Übersetzt von Bernd Schwibs. es 1547. 237 Seiten
- Soziologische Fragen. Übersetzt von Hella Beister und Bernd Schwibs. es 1872. 256 Seiten

NF 350/2/9.13

- Über das Fernsehen. Übersetzt von Achim Russer. es 2054. 140 Seiten

Elena Esposito. Die Fiktion der wahrscheinlichen Realität. Übersetzt von Nicole Reinhardt. es 2485. 127 Seiten

Mischa Gabowitsch. Putin kaputt!? Russlands neue Protestkultur. es 2661. 441 Seiten

Anthony Giddens. Entfesselte Welt. Wie Globalisierung unser Leben verändert. Übersetzt von Frank Jakubzik. es 2200. 116 Seiten

David Harvey. Rebellische Städte. Vom Recht auf Stadt zur urbanen Revolution. Aus dem Englischen von Yasemin Dinçer. es 2657. 283 Seiten

Hartmut Häußermann/Dieter Läpple/Walter Siebel. Stadtpolitik. es 2512. 403 Seiten

Wilhelm Heitmeyer (Hg.)
- Deutsche Zustände. Folge 1. es 2290. 304 Seiten
- Deutsche Zustände. Folge 2. es 2332. 320 Seiten
- Deutsche Zustände. Folge 3. es 2388. 300 Seiten
- Deutsche Zustände. Folge 4. es 2454. 320 Seiten
- Deutsche Zustände. Folge 5. es 2484. 300 Seiten
- Deutsche Zustände. Folge 6. es 2525. 308 Seiten
- Deutsche Zustände. Folge 7. es 2552. 328 Seiten
- Deutsche Zustände. Folge 8. es 2602. 319 Seiten
- Deutsche Zustände. Folge 9. es 2616. 348 Seiten
- Deutsche Zustände. Folge 10. es 2647. 336 Seiten

Wilhelm Heitmeyer/Hans-Georg Soeffner (Hg.). Gewalt. Neue Entwicklungen und alte Analyseprobleme. es 2246. 560 Seiten

NF 350/3/9.13

Karl Otto Hondrich
- Enthüllung und Entrüstung. Eine Phänomenologie des politischen Skandals. es 2270. 166 Seiten
- Liebe in Zeiten der Weltgesellschaft. es 2313. 176 Seiten
- Der Neue Mensch. es 2287. 222 Seiten.
- Wieder Krieg. es 2297. 194 Seiten

Claudia Honegger/Sighard Neckel/Chantal Magnin (Hg.). Strukturierte Verantwortungslosigkeit. Berichte aus der Bankenwelt. Mit einem Text von Elfriede Jelinek. es 2607. 395 Seiten

Eva Illouz. Die neue Liebesordnung. Frauen, Männer und *Shades of Grey.* Übersetzt von Michael Adrian. edition suhrkamp digital. 88 Seiten

Marie Jahoda/Paul F. Lazarsfeld/Hans Zeisel. Die Arbeitslosen von Marienthal. Ein soziographischer Versuch über die Wirkungen langandauernder Arbeitslosigkeit. Mit einem Anhang zur Geschichte der Soziographie. es 769. 148 Seiten

Christoph Kucklick. Das unmoralische Geschlecht. Zur Geburt der negativen Andrologie. es 2538. 379 Seiten

Martina Löw/Renate Ruhne. Prostitution. Herstellungsweisen einer anderen Welt. es 2632. 215 Seiten

Daniel Miller. Der Trost der Dinge. Fünfzehn Porträts aus dem London von heute. es 2613. 226 Seiten

Stephan Moebius/Markus Schroer (Hg.). Diven, Hacker, Spekulanten. Sozialfiguren der Gegenwart. es 2573. 462 Seiten

NF 350/4/9.13

Richard Münch.
- Die akademische Elite. Zur sozialen Konstruktion wissenschaftlicher Exzellenz. es 2510. 474 Seiten
- Akademischer Kapitalismus. Über die politische Ökonomie der Hochschulreform. es 2633. 457 Seiten
- Globale Eliten, lokale Autoritäten. Bildung und Wissenschaft unter dem Regime von PISA, McKinsey &. Co. es 2560. 266 Seiten

Sighard Neckel/ Greta Wagner (Hg.). Leistung und Erschöpfung. Burnout in der Wettbewerbsgesellschaft. es 2666. 216 Seiten

Ludger Pries. Die Transnationalisierung der sozialen Welt. Sozialräume jenseits von Nationalgesellschaften. es 2521. 398 Seiten

Shalini Randeria/Andreas Eckert (Hg.). Vom Imperialismus zum Empire. Nicht-westliche Perspektiven auf Globalisierung. Herausgegeben von Andreas Eckert und Shalini Randeria. es 2548. 337 Seiten

Werner Schiffauer. Nach dem Islamismus. Die Islamische Gemeinschaft Milli Görüş. Eine Ethnographie. es 2570. 391 Seiten

Mark Terkessidis. Interkultur. es 2589. 220 Seiten

Bernhard Zangl/Michael Zürn. Frieden und Krieg. Sicherheit in der nationalen und postnationalen Konstellation. es 2337. 338 Seiten

NF 350/5/9.13